Georg Luft

AF564967

# BURGEN-WANDERUNGEN

## IM HERZEN DER OBERPFALZ

SPANNENDE TOUREN ZWISCHEN SEEN, WÄLDERN UND RUINEN

BUCHVERLAG

Bibliografische Information der Deutschen Nationalbibliothek

Die Deutsche Nationalbibliothek verzeichnet diese Publikation in der Deutschen Nationalbibliografie; detaillierte bibliografische Daten sind im Internet über http://dnb.dnb.de abrufbar.
ISBN 978-3-95587-411-7

FSC www.fsc.org MIX Papier aus verantwortungsvollen Quellen FSC® C014138

Für uns, die Battenberg Gietl Verlag GmbH mit all ihren Imprint-Verlagen, ist Nachhaltigkeit ein wichtiger Teil unserer Unternehmensphilosophie. Daher achten wir bei allen unseren Produkten auf den Einsatz umweltschonender Ressourcen und Materialien.
Dieses Buch wurde auf FSC®-zertifiziertem Papier gedruckt. FSC (Forest Stewardship Council®) ist eine nicht staatliche, gemeinnützige Organisation, die sich für die verantwortungsvolle und ökologische Nutzung der Wälder unserer Erde einsetzt.

Unsere Partnerdruckerei kann zudem für den gesamten Herstellungsprozess nachfolgende Zertifikate vorweisen:
- Zertifizierung für FOGRA PSO
- Zertifizierungssystem FSC®
- Leitlinien zur klimaneutralen Produktion (Carbon Footprint)
- Zertifizierung EcoVadis (die Methodik besteht aus 21 Kriterien in den Bereichen Umwelt, Einhaltung menschlicher Rechte und Ethik)
- Zertifikat zum Energieverbrauch aus 100 % erneuerbaren Quellen
- Teilnahme am Projekt „Grünes Unternehmen“ zum Schutz von Naturressourcen und der menschlichen Gesundheit

**Bilder:** Georg Luft (falls nicht anders angegeben)
**Kartographie:** © mapz.com – Map Data: OpenStreetMap ODbL,
Battenberg Gietl Verlag GmbH, Regenstauf, Andreas Preßl

Ein kurzer **Hinweis** zu den im vorliegenden Wanderführer angegebenen Infos zu **Gaststätten, Wirtshäusern und Biergärten:** Es kann immer zu spontanen Änderungen von Öffnungszeiten oder auch zu generellen Schließungen kommen. Wir bitten Sie, dies bei Ihrer Tourplanung zu berücksichtigen und sich vorab selbst über die tagesaktuellen Öffnungszeiten der jeweiligen Gaststätte zu informieren – telefonisch oder auf der Website (falls vorhanden).

1. Auflage 2022
ISBN 978-3-95587-411-7
Alle Rechte vorbehalten!
© 2022 MZ-Buchverlag in der
Battenberg Gietl Verlag GmbH, Regenstauf
www.battenberg-gietl.de

## WANDERN MIT GPS

Dieses Buch ist so aufgebaut, dass Sie die Wege mithilfe der Tourbeschreibungen und der abgebildeten Karte auch ohne moderne Technik finden können. Es kann aber sicher nicht schaden, wenn man im Zweifelsfall auf technische Hilfsmittel zurückgreifen kann; besonders nützlich ist die elektronische Unterstützung auf unmarkierten Streckenabschnitten. Deshalb bieten wir unseren Lesern auf der Webseite des Verlags die GPS-Daten zu diesem Wanderführer kostenlos zum Download an. Die Adresse der Webseite lautet: **https://gps.battenberg-gietl.de/**. Geben Sie zuerst das Passwort **NzSj7W46** in das entsprechende Feld ein und klicken Sie dann bei der Tour Ihrer Wahl auf den Download-Button.

Die GPS-Daten wurden sorgfältig vom Autor erstellt. Es kann aber vorkommen, dass Ihre Position aus technischen Gründen nicht exakt angezeigt werden kann. Mithilfe der Wegbeschreibungen und einer Wanderkarte sollten Sie sich aber stets orientieren können.

Die Touren sind im gängigen GPX-Format gespeichert. Sie können einzelne Touren direkt herunterladen oder gleich alle auf einmal; in dem Fall erhalten Sie eine ZIP-Datei, die Sie erst einmal „entpacken“ müssen.

Um die GPS-Daten benutzen zu können, benötigen Sie ein Smartphone (iPhone oder Android) mit GPS-Empfänger und eine App, die GPX-Dateien darstellen kann (z. B. Komoot, Bergfex, Outdooractive o. ä.). Sie sollten nach Möglichkeit die Dateien so speichern, dass Sie sie offline nutzen können, da häufig Wälder und Berge beim Netzausbau nicht vorrangig behandelt werden und es im Online-Betrieb bei schlechtem Netz zu lästigen Verzögerungen kommen kann.

Navigationsaufgaben verursachen meist einen höheren Energieverbrauch auf dem Smartphone. Achten Sie daher besonders bei längeren Touren darauf, dass der Akku ausreichend aufgeladen ist.

## LITERATUR


**Böckl, Manfred.** Der Tote am Kalten Baum. Buch & Kunstverlag Oberpfalz, 2013.

**Gradl, Leonhard.** Gedichte und auch Sagen nach wahrer Begebenheit. Eigenverlag Oberlehrer Leonhard Gradl in Waldthurn.

**Heimatlicher Arbeitskreis (HAK) in der Volkshochschule e.V. Vohenstrauß.** Von Weißen Frauen, Kapuzinern und Grauen Mönchen. Streifzüge 13/1992.

**Krötz, Eva.** 111 Orte im Oberpfälzer Wald, die man gesehen haben muss. Emons, 2018.

**Lang, Paul.** Am Sagenborn des Bayernlandes. Schöne Sagen zur deutschen Geschichte. I. D.D. Buchners Verlag, Bamberg.

**Motyka, Gustl.** Sagen und Legenden aus dem Land um Regensburg. MZ-Verlag in der Battenberg Gietl Verlag GmbH, Regenstauf. 5. Auflage 2020.

**Plecher, Hans (Hrsg.).** Zwischen Böhmerwald und Naab (Cham). Bayernheft Nr. 29. Verlag R. Oldenburg München.

**Raum, Hans.** Alle Wege führen nach Lichtenegg. Freizeit, Natur und Kultur erleben, erwandern, genießen. Hans Raum Eigenverlag. www.lichtenegg.info

**Schönwerth, Franz.** Sitten und Sagen aus der Oberpfalz. Holzinger, Berliner Ausgabe 2013; Erstdruck 1857–1859.

**Schöppner, Alexander.** Sagenbuch der Bayer. Lande 1–3. München 1852–1853.

**Straßer/Löffler.** Die Oberpfalz wo's no stad is. Reisen in die Oberpfalz. 1976.

**Wagner, Illuminatus.** Leuchtenberg in Geschichte und Sage. 6. Auflage 1958

**https://www.donaukurier.de/**lokales/riedenburg/Breitenbrunn-Zwei-Schloesser-sorgen-fuer-Verwirrung;art602,2297717 [210816]

# DIE OBERPFALZ

Die Oberpfalz, Erdäpflreich, des is mei Hoamatland.
Aus Gschbood hoißst's a Kartoffelpfalz, der Nam is weit bekannt.

Als obs Erdäpfl dao blous gäb, des is a komisch Gred.
Woust hischaust af da ganzn Welt, a Erpflstauan steiht.

D' Stodderer songs, dai gschaidn Laid, die Stoi san uns scha rächt,
Vo dene Stoi ihr liabn Laid, dou nährt sie unsa Gschlächt.

Basalt, Granit und Eisenerz, dös gits in unsern Land,
Und döi Fabriken, döi ma hom, drong Geld, dös is bekannt.

Und Burgen, Schlösser ohne Zahl, findst as da altn Zeit,
A Zeichen, daß die Oberpfalz bekannt woar weit und brait.

Wai häin si denn dö Ritter sunst ansässi durtn gmacht,
Wen niad vo jeden Berch schon baal a Schlösserl oia lacht?

Ja unser Pfalz is naid sou schlecht, wai anner Leid oft song,
Mir hom Gottlob an gutn Mong und kinna vül vodrong.

Dem wer a sauers Kraut verdragt mit Knila kuglrund,
a schweiners Fleisch halt a dazu, der is do kerne gsund.

Drum leb si hauch mei Oberpfalz mit ihrane vüln Stoi,
mit ihram Wold sou schottiggreü,
mit ihre Bachln hell und kloar,
mit ihren Burgen groß und kloa:

**Houch Ouberpfalz, houch Hamatland, scheds in Dir mächt i sa.**

Unbekannter Verfasser um ca. 1930; aus dem Hochdeutschen ins Oberpfälzische übertragen von Maria Scheibert; abgedruckt in: Die Oberpfalz, Heimatzeitschrift für den ehemaligen Bayerischen Nordgau, Heft 6, Juni 1989.

# LIEBE WANDER- UND BURGENFREUNDE,

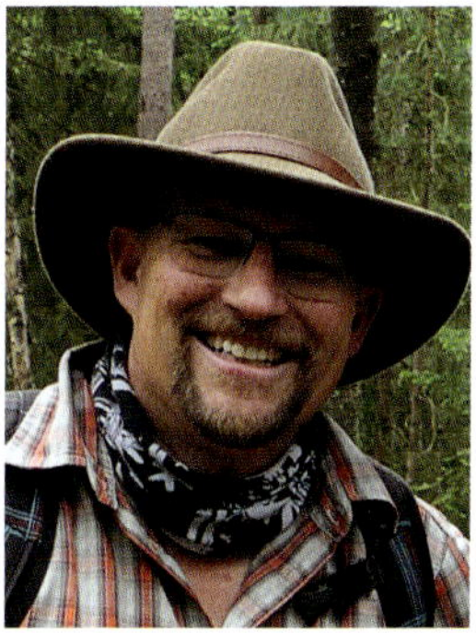

das vorliegende Buch ist für uns beide – für Sie und mich – ein absoluter Glücksfall. Für Sie, weil Sie nach dem erfolgreichen „Burgen, Ritter, Schlossgespenster"-Buch der südlichen Oberpfalz nun abenteuerlich zu Burgen in (fast) der gesamten Oberpfalz wandern können. Für mich ist dieses Buch ebenfalls wanderbar erfreulich, weil ich Sie erneut ein wenig aus der Komfortzone herausholen kann, um Sie auf Pfaden abseits der ausgetretenen Routen zu (meinen) Lieblingsplätzen in unserer herrlichen Heimat zu lotsen. Es ist aber auch aus einem anderen Grund die Erfüllung eines lange gehegten Wunsches: Seit Jahren pflege ich eine Minibibliothek heimatkundlicher Literatur. Diese wurde mir von meinen Vorfahren vererbt. Eigentlich hatte ich mir für die Rente aufgehoben, diesen Schatz irgendwann zu heben und aufzubereiten. Dass ich dieses Vorhaben jetzt schon, ein paar Jahre eher als geplant, umsetzen kann, ist doch sehr erfreulich – und verschafft mir Luft für andere Rentenprojekte.
Mit diesem Buch haben Sie nun die Möglichkeit, viele wunderbare Ecken zwischen Steinwald und Donau, Kastl und Stadlern zu entdecken.
Verlaufen Sie sich nicht, und wenn, dann nehmen Sie's mit Humor. Glücklicherweise sind wir nicht am Yukon. Aber dort gibt es ja auch keine sehenswerten Burgen, geschweige denn Ruinen. Wie schon beim ersten Buch gilt mein ganz besonderer Dank sowohl meiner wanderbaren Frau als auch meinen konstruktiven Testwanderern: Eva Mühlbauer, Corinna Lessle, Gerhard Göser und Helmut Baumgartner sowie Thomas Müller und Familie Scholz.

Georg Luft

www.wanderbar.bayern
Instagram: wanderbar.bayern

# INHALTSVERZEICHNIS

# ÜBERSICHTSKARTE

Die Nummerierung verweist auf die verschiedenen Touren dieses Wanderführers. Auf den vorherigen beiden Seiten, im Inhaltsverzeichnis, finden Sie die zugehörige Seitenzahl, auf der die Tour näher beschrieben ist.

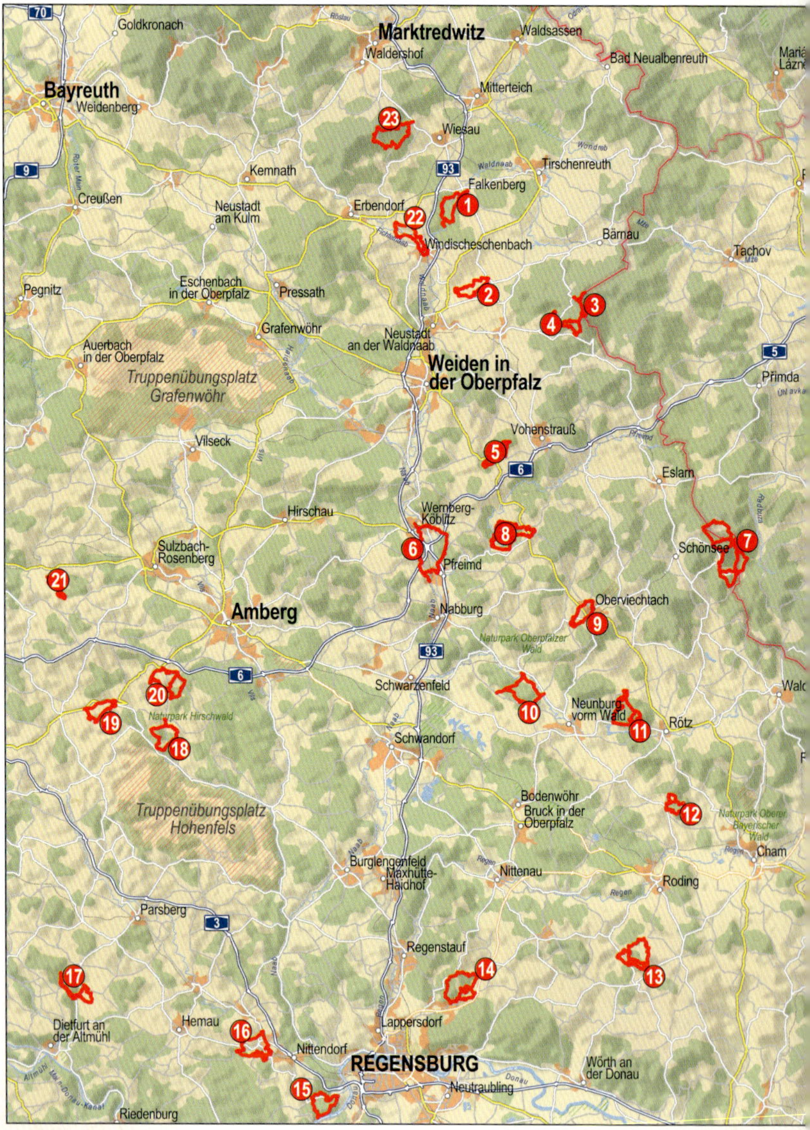

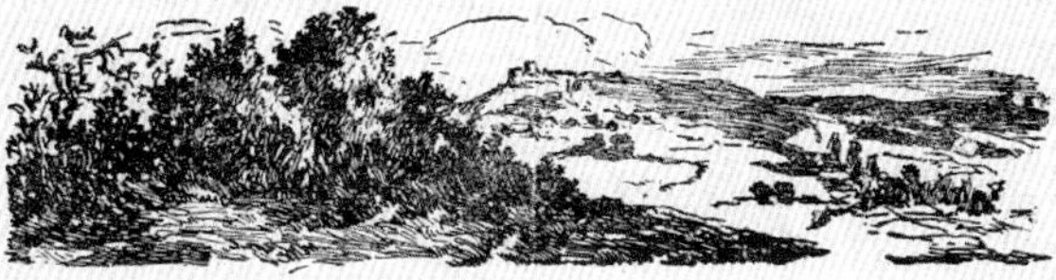

# Oberpfalz-Lied

Von Heinz Schauwecker

Marschmäßig

Musik: Rudolf Eisenmann

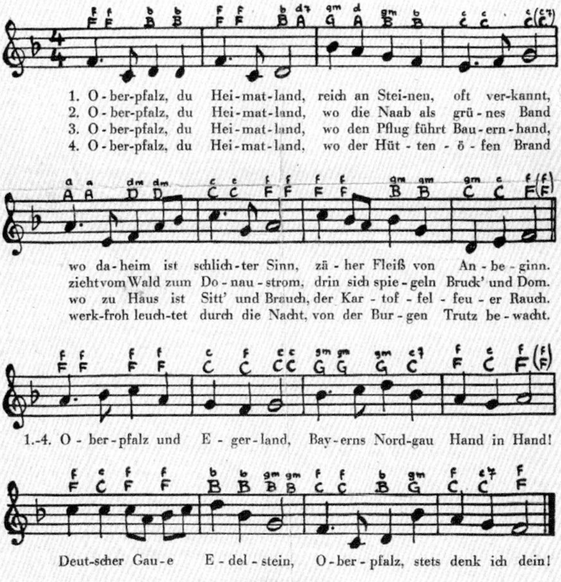


Sonderabzüge von diesem neuen Oberpfalz-Lied (mit einigen Harmoniebezeichnungen für Gitarre oder Klavierharmonika) sind zum Preise von 5 Pfennig das Stück vom Verlag der „Oberpfalz“ in Kallmünz zu beziehen. Von 10 Stück ab erfolgt portofreie Zusendung.

Quelle: Laßleben Verlag, Kallmünz

TOUR 1

# FALKENBERG – WALDNAABTAL – BURGSTALL ALTNEUHAUS – BURGSTALL SCHWARZENSCHWALL

## EIN WAHR GEWORDENER WANDERTRAUM!

VERSION L: 14,3 KM / 4:30 H / 99 HM

VERSION M: 11,2 KM / 3:15 H / 99 HM

VERSION S: 9,2 KM / 2:30 H / 90 HM

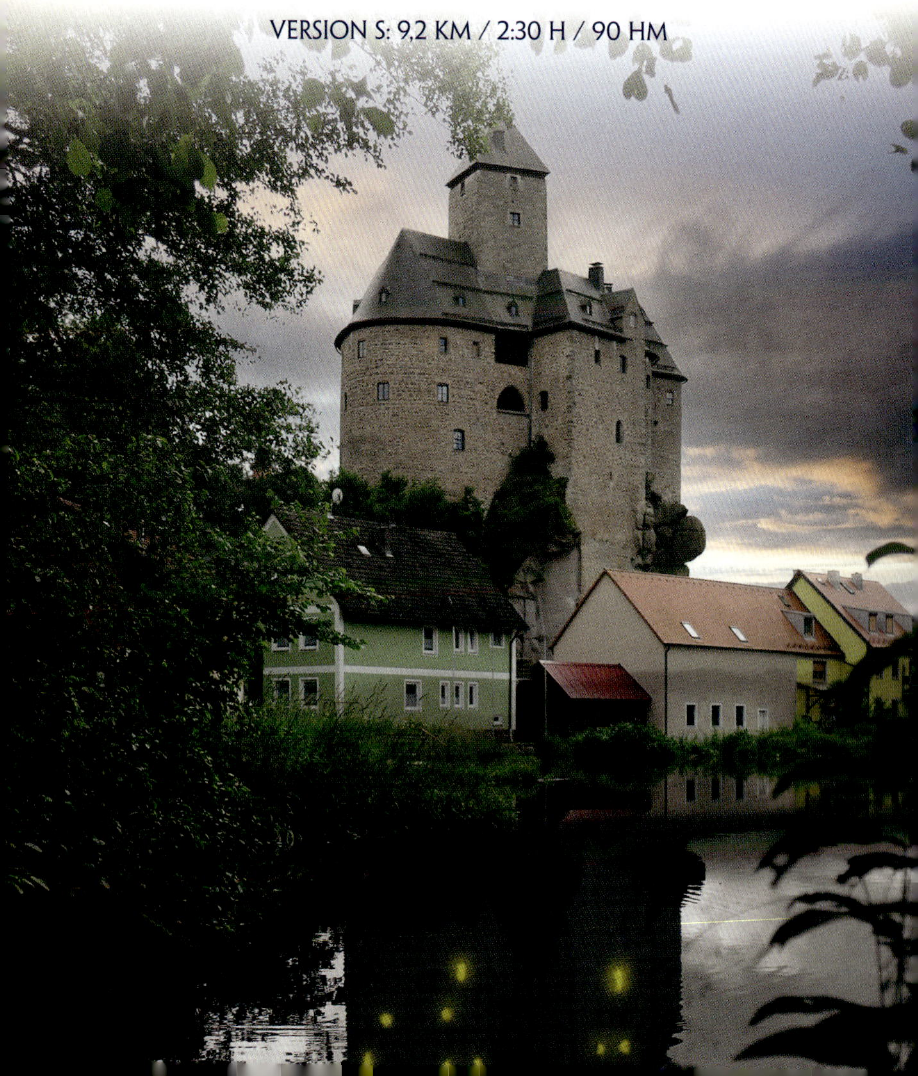

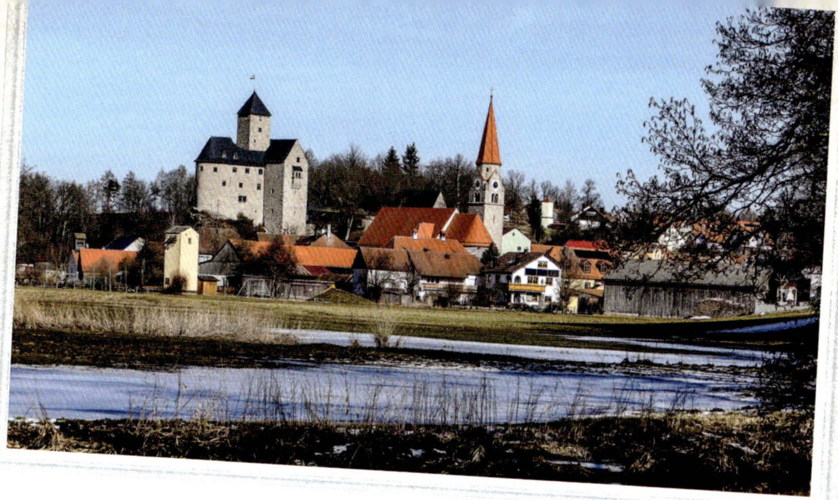

Ursprünglich soll die Burg Naabberg geheißen haben. Dann hielt der Kaiser eine Jagd ab und sein bester Falke verletzte sich dabei. Er landete auf dem Geotopfelsen, den man dann nach ihm benannte. So die Legende.

Die vorliegende Wanderung ist das Ergebnis zahlloser Wanderungen meinerseits auf so gut wie allen Wegen zwischen Windischeschenbach, Falkenberg und Reuth. In diesem vorliegenden Kondensat kriegen Sie richtig was fürs Geld, und dabei die ganzen Points of Interest (altdeutsch „Sehenswürdigkeiten") so verteilt, dass garantiert keine Langeweile aufkommt. Ach, was schreibe ich, Sie werden begeistert sein von so viel wunderschöner, geheimnisvoller Oberpfalz, dass Sie Ihre sämtlichen Freunde und Bekannten zu dieser grandiosen Tour nötigen werden! Sollten Sie von der Tour – wider Erwarten – enttäuscht sein, dann schicken Sie Ihre bucklige Verwandtschaft los! Aber nicht bei Gruselwetter, denn sonst könnten Ihre Lieben noch Gefallen an den zahlreichen Sagen und der mystischen Stimmung finden!

Nehmen Sie sich selbst das Waldnaabtal auch mal bei Wetter vor, das Ihre Verwandtschaft nicht als „gutes Wetter" definieren würde: Regen, Winter, Graupelschauer in der Dämmerung oder an Weihnachten. Es lohnt sich immer!

## INFO:

**Ort und Burg Falkenberg - Felsenkeller - 2 Kapellen - Burgstall Altneuhaus - romantisches Waldnaabtal - Burgstall Schwarzenschwall - Blockhütte - Amboß - Sauerbrunnen - Kammerwagen**

**Anfahrt:** A93, Ausfahrt 19 „Falkenberg"; Richtung Falkenberg; bei der ersten Möglichkeit nach Falkenberg; am Ortseingang vor der Schäferkapelle rechts zur Hammermühle, dort Wanderparkplatz

**Parken & Navi:** 95685 Falkenberg, Hammermühlweg 1 (oder 2)

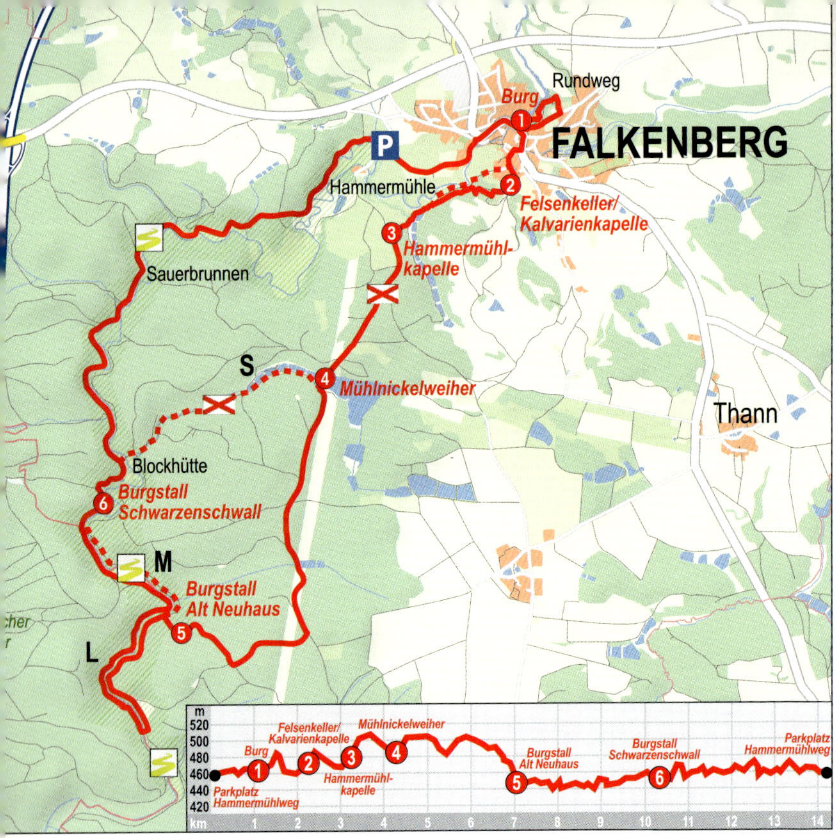


## WEGBESCHREIBUNG:

❊ Start vom Wanderparkplatz. An der Sitzgruppe betreten Sie den Goldsteig Richtung „Zum Steg“. Sie gehen weiter bis zur Hauptstraße (Kontrolle: Karpfenskulptur an der Kreuzung). Ignorieren Sie den Goldsteig ab hier und gehen Sie stattdessen weiter auf der alten Hauptstraße in den Ort, bis Sie nach Rechtskurve und Überqueren der Tirschenreuther Waldnaab auf den TZB-Parkplatz unterhalb der **Burg Falkenberg** ❶ nach links einbiegen können.

❊ Sie stehen jetzt am Fuß der imposanten Burg. Wenn Sie sich sattgestaunt haben, gehen Sie diese kurze Sackgasse weiter. Sie steuern auf eine Schiebetürengarage samt Grundstück zu und wähnen sich am Ende. Dem ist nicht so. Rechts von der Garage geht ein Saumpfad weiter, kurz bergauf, kurz wieder bergab, weiter am Grundstück entlang, an dessen Ende Sie nach links erneut zum Fluss gelangen. Drehen Sie sich zur Burg um. Super Fotografierecke!

Danach steigen Sie leicht zum **Wackelstein** auf, rütteln diesen ordentlich und gehen dann weiter auf dem Rundweg, der Sie nach einer Kehre zum Graf-Schulenburg-Weg hinaufbringt. Auf diesem gehen Sie nun zur **Burg Falkenberg** und über den Durchgang vor der Zugangsbrücke wieder hinunter bis zum Marktplatz.

Am Marktplatz gehen Sie an der **Kirche St. Pankratius** links vorbei (oder auch durch sie hindurch), Richtung Weiden, lassen die Kirchgasse rechts liegen und biegen erst bei „Am Netzbach" nach rechts ab. Sie sind wieder auf dem Goldsteig. Nach einem kurzen Stück zweigt der Kalvarienbergweg ab, der u. a. den Main-Mies-Weg trägt. Kleine Entscheidung bei der nächsten Gabelung: Möchten Sie abkürzen, folgen Sie diesem Wanderweg nach rechts in den Holzbrunnenweg (Richtung Blockhütte). Ich würde aber die **Felsenkeller** und den **Ölberg** 2 mit der Kalvarienbergkapelle empfehlen. Dazu gehen Sie – was Sinn macht – den Kalvarienbergweg weiter und nach Passage der Keller den Saumpfad rechts hinauf zu Kapelle und Gedenkstätte (die auch einen herrlichen Blick durch die Bäume zur Burg bietet).

Gehen Sie den Weg vor der Gedenkstätte geradeaus weiter. Dieser führt zunächst bergab. Beim Ende des ersten Handlaufs führt der Pfad Nr. 1 bzw. über die Holzbrücke erst etwas bergan, dann bergab zum Holzbrunnenweg. Diesen schlagen Sie nach links über den Jägersteig ein, halten sich an der nächsten Gabelung rechts und erreichen alsbald die **Hammermühlkapelle** 3. Von dieser aus geht's nach links auf dem weiter, bergauf. Sie erreichen die Figur des **Antonius hinter Gittern** und nach kurzem Abstieg den **Mühlnickelweiher** 4.

Die kurze Version (S) geht am Ende des Weihers nach rechts, hinunter zur **Blockhütte,** dem folgend und Burgstall Altneuhaus auslassend. Die sportliche Fassung geht unsportlich auf der Schotterstraße weiter, bis Sie nach 1,5 km bei der „Zeit-steht-still-Granitstele" wieder den Wald erreichen. Hier betreten Sie den Wald, um ihn nach 100 Metern wieder

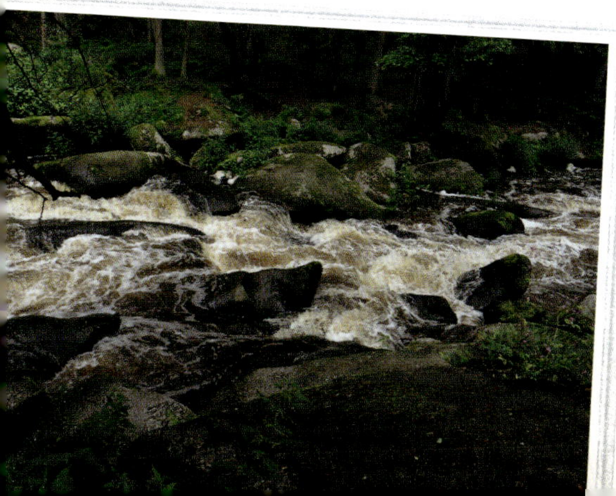

Und ewig dreht sich das Butterfass.

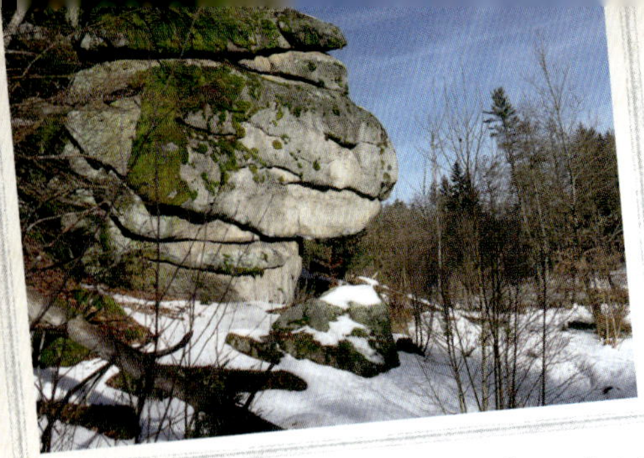

Burgstall Schwarzenschwall

nach rechts zur Stromschneise zu verlassen. Sie stehen wieder kurz unter Strom und betreten danach Naturschutzgebiet-Wald. Es geht weiter, 600 Meter auf dem Forstweg, der etwas später eine leichte Linkskurve macht und sich ein weiteres Stück später gabelt. Hier gehen Sie weder noch. Sie nehmen den unscheinbaren Weg, der im scharfen Rechtsschwenk in den Wald führt.

Jetzt wird es sportlich: Alte, verborgene Äste im Gras sowie heimtückische Zecken lauern – aber es ist an dieser Stelle der direkte Weg zum **Burgstall Altneuhaus 5.** Wenn Sie dem Weg folgen und nicht rechtzeitig bremsen, purzeln Sie ins Waldnaabtal hinunter. Deshalb: Folgen Sie 20 Meter vor Ihrem Absturz dem Weg nach halblinks, hinunter zum Burgstallfelsen. Von oben kommend erkennt man ihn perfekt. Auf halbem Weg zum Fluss hinunter kann das Felsenensemble auch bestiegen werden. Alte Grabenreste sind noch erkennbar.

Wenn Sie sich unten im **Waldnaabtal** für den langen, anstrengenden Uferpfad entscheiden (Version L), dann gehen Sie links weiter und an der nächsten Brücke nach rechts über die Naab und dann wieder nach rechts auf **U** zurück. Wenn Sie es gemütlicher wollen, dann gehen Sie unterhalb Altneuhaus nach rechts (Version M) und queren bei

## GASTRONOMIE:

Romantik im Waldnaabtal. Natürlich bietet sich die Blockhütte für Einkehr an:

**Blockhütte Waldnaabtal**
95685 Falkenberg
Tel. 0 96 37/4 15

## SAGENHAFTES:

Ritter Kuno von Falkenberg muss wohl ein Schürzenjäger gewesen sein. Von #metoo hielt er jedenfalls nicht viel. Wieder einmal hatten er und seine Knappen Witterung aufgenommen und stellten einer holden Maid nach. Die war nun auch nicht langsam am Ufer der Naab unterwegs, hatte aber das Pech, dass sich ihr plötzlich eine Felswand in den Weg stellte. Zack. Einfach so. In ihrer Verzweiflung stürzte sich die Bedrängte in den

... Fortsetzung nächste Seite

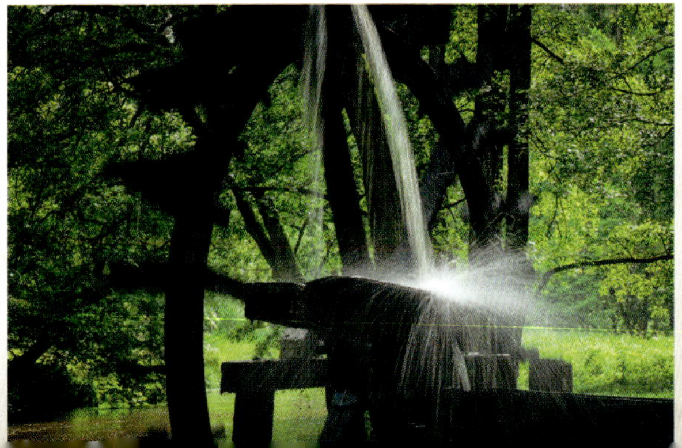

der nächsten Brücke zum Uferpfad. So oder so, kurz vor der Blockhütte erreichen Sie das Infoschild zum **Burgstall Schwarzenschwall** 6.

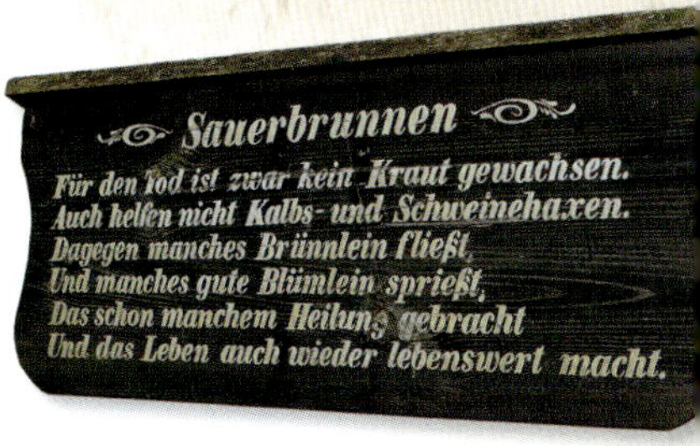


Nun ist es nur noch ein kurzes Stück bis zur **Blockhütte** und dem romantischen Wasserrad. Sie haben sich eine ordentliche Pause und Brotzeit verdient. Trinken und essen Sie, so viel Sie wollen. Einige Schlucke aus dem **Sauerbrunnen** im nächsten Wegstück unterstützen Sie gerne bei Ihrer Verdauung. Nach der Brotzeit geht es auf dem Goldsteig zurück. Sie sehen noch das **Butterfass** sowie den **Amboß.** Nach einem letzten kleinen An- und Abstieg erreichen Sie nach dem **Kammerwagen** Ihren Personenwagen am Parkplatz.

Fluss und rief: ‚Dass Gott genad!' Das rief die höheren Mächte auf den Plan, welche Ritter und Knappen in Stein verwandelten.

Immer zur Zeit des Abendläutens hört man nun die Jammerklagen der versteinerten Herren. Meine Damen, es sind leider keine Exitstrategien bekannt, aber wer wollte diese Lüstlinge schon erlösen?

## SEHENSWÜRDIGKEITEN:

**Burg Falkenberg** 1: Diese auf Wollsackgranit stehende Höhenburg wurde 1154 in Verbindung mit dem Namen „Pilegrin de Valkenberch" erstmals erwähnt. Wie bei allen Burgen in dieser Gegend waren nach den Falkenbergern die Leuchtenberger einstige Besitzer, sowie auch das Kloster Waldsassen. Nach 1486 war sie ein Altersruhesitz eines Abts namens Udalrich II. Birker, 1571 im Besitz der Kurpfalz. Auch Beschuss und Eroberung durch die Schweden zum Ende des Dreißigjährigen Krieges ist fast obligatorisch. Mit der Säkularisation 1803 im Besitz Bayerns und danach Verwendung als Steinlieferant für den Pfarrhof. Auch typisch.

Friederich-Werner Graf von der Schulenburg baute die zwischenzeitlich unter Denkmalschutz gestellte Ruine zwischen 1936 und 1938 denkmalgerecht wieder auf. Sein eigenes Leben endete am 10. November 1944 in Plötzensee wegen seiner Verstrickungen im Attentat vom 20. Juli 1944 auf Hitler.

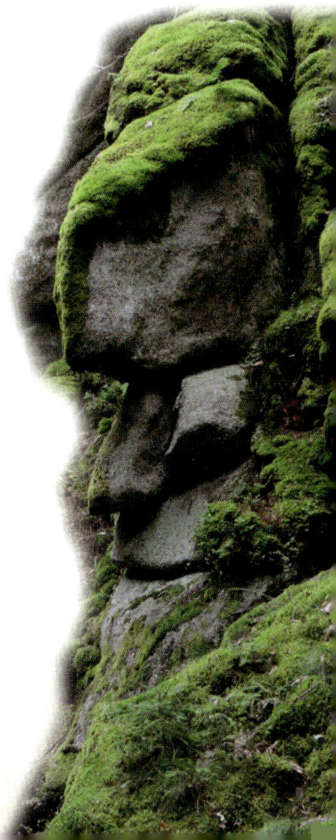

## SAGENHAFTES:

**Der Tischstein**

Der Tischstein, der wackeliger aussieht, als er ist, lud nicht etwa einen angetrunkenen Geiger ein, auf ihm zu spielen (als Mutprobe oder so). Vielmehr war er Rettungsanker, als selbiger Garrett-Vorläufer auf dem Fluss dahergetrieben kam. In ebendiesen war er nämlich im Suff gefallen. Der Sage nach rief er zunächst. Aber erfolglos. Dann packte er, nebenbei im Fluss wild um sich schlagend, die Geige aus und hob ein Rettungslied an. Auch umsonst. Es kam niemand. (Moderne Menschen zahlen freiwillig viel zu viel Geld für einen Stargeiger.) Er ertrank. Heute sieht man ihn im Morgengrauen seines Todestages auf dem Stein sitzen und spielen. Leider ist auch bei ihm nicht bekannt, wie man ihn erlösen könnte.

2008 verkauften die Erben das Gebäude an den Markt Falkenberg. Edmund Stoiber weihte die Hotel-Veranstaltungsort-Kombi 2016 ein.

Das Landesamt für Umwelt (LfU) belohnt den Wollsacksockel, auf dem die Burg steht, mit dem Siegel „Bayerns schönste Geotope.“

**Burgstall Altneuhaus 5:** Über dem Waldnaabtal thronend stand hier eine Spornburg im Falkenberger Wald. Werdegang zunächst siehe Falkenberg: Erbaut von den Falkenbergern, 1274 an die Leuchtenberger, danach – richtig – an das Kloster Waldsassen. Aufgabe und Verfall nach 1400. Grabungsfunde finden Sie im Heimatmuseum in Burg Neuhaus (Windischeschenbach).

**Burgstall Schwarzenschwall 6:** Wie Altneuhaus als Spornburg von den Falkenbergern erbaut, danach an die Leuchtenberger, danach Kloster Waldsassen. Anschließend noch weitere Besitzerwechsel und schon 1363 eine Ruine. Letzte Erwähnung eines Schlosses Schwarzenschwall 1513. Heute sind noch zwei Abschnittsgräben in diesem Bodendenkmal erkennbar.

Eine bekannte Falkenberger Sage erzählt von einem Mädchen aus Falkenberg, das unbedingt einen Liebhaber und Ehemann haben wollte. Sie sagte: „Bis Jakobi muss ich einen haben und wenn es der Teufel ist.“ Die Bauernmagd ging regelmäßig zum Grasholen auf die Wiese und begegnete dort fortan einem Jäger, der ihr den Hof machte. Er begleitete sie sogar in ihre Kammer, ließ sich aber nie berühren. Dennoch versprach er, sie an Allerheiligen zu heiraten. Am Jakobi-Tag führte er sie zum Tanz.

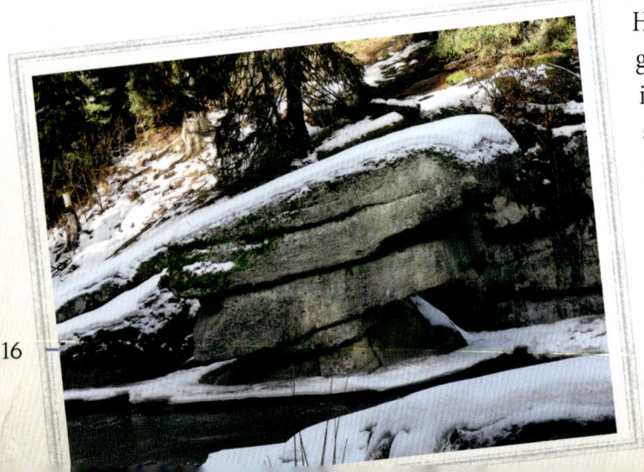

## Der Ritter von Falkenberg

„Ich bin der Graf von Falkenberg,
Reit' in das Land hinein,
Wo ich ein' schöne Maid erblick',
Darf sie nicht spröde sein."

Dort an der Mühle kühlem Grund,
Im grünen Naabgefild,
Ein lieblich Mägdlein Linnen bleicht
Mit Augen wundermild.

Sein Roß lenkt von dem Wege ab
zur Wiese Kuno hin.
„Ist's nicht der Herr von Falkenberg?
Er führt nichts Guts im Sinn."

Die Maid entflieht, ein flüchtig Reh,
Bis an des Ufers Rand;
Entehrung dort und hier der Tod –
Doch rasch sie sich ermannt.

Und mit dem Ruf: „Dass Gott genad!"
Stürzt sie die Flut hinein;
Nicht wie der Mensch erbarmungslos
Wird ihr die Welle sein.

Doch Kuno folgt am Fuß ihr nach;
Erreicht ist fast das Ziel;
„Du süße Maid entkommst mir nicht!"
Doch plötzlich ist es still.

Verwundert blickt die Jungfrau um,
Sieht nirgends eine Spur,
Von Ritter und den Knappen nichts
Als rohe Felsen nur.

Wenn zum Gebet die Glocke ruft,
Da wimmert's im Gestein;
Der Wandrer lauscht dem Klageton –
Es soll der Ritter sein.

A. Lindner. In: Schöppner, Alexander. Sagenbuch der Bayer. Lande 1–3. München 1852–1853, S. 152–153.

Um Punkt Mitternacht war er plötzlich verschwunden. Ein Pfarrer riet der Magd, sich davon zu überzeugen, dass er auch wirklich ein Mensch ist. Bei der nächsten Gelegenheit riss sie dem Jäger die Weste auf und fühlte, dass sich dahinter kein Körper verbarg. Der Pfarrer gab ihr Ehren- und Myrrhenkräutl, die sie bei sich tragen sollte. Als ihr seltsamer Liebhaber sie kurz vor Allerheiligen besuchen wollte, konnte er ihre Kammer nicht betreten. Bis Mitternacht weinte er fürchterlich und verschwand dann für immer mit den Worten: „Ehrenkräutl und Myrrhenkräutl bringa mi um mei Bräutl." Bis zu ihrem Tod blieb die Bauernmagd unverheiratet.

https://www.cooper-magazin.info/zu-fuss/sagenhaftes-sehenswertes-im-waldnaabtal/

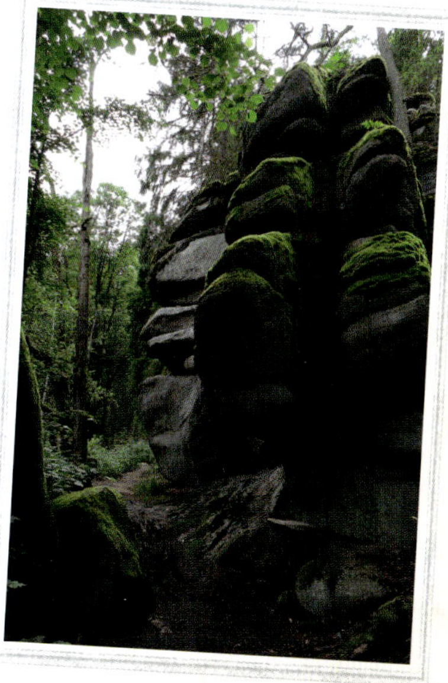

Der Kammerwagen. Eine Warnung an alle Frauen, leicht zu reisen.

TOUR 2

# WILDENAU – BURGSTALL SCHLÖSSL – ST. QUIRIN

## O-HAAAA!

11,3 KM / 3:30 H / 141 HM

In meiner Sturm- und Drangzeit meines Vorhabens „Ich-schließe-sämtliche-weißen-Flecken-meiner-Oberpfalzkarte“ kam ich auch nach Wildenau. Obwohl ich schon viel in der Gegend unterwegs gewesen war, auch schon in Ilsenbach und St. Quirin, hatte mir Wildenau gar nichts gesagt. Als ich Ort und Burg erstmals erblickte, entfuhr mir ein lautes O-haaaa (das sagen junge Menschen heute so, wenn sie etwas beeindruckt).
Gott-sei-Dank für die marode Burg wurde sie vor einigen Jahren vorbildlich instandgesetzt. Eine touristische Besichtigung ist nicht möglich. Aber mieten Sie doch die Burg samt Kreuzerhöhungskapelle, Gewölbesaal, Rittersaal und Prunksaal. Party im Rahmen einer Heirat würde sich anbieten (um einen brauchbaren Partner müssen Sie sich leider selbst kümmern!).
Eine zu jeder Jahres-, Tages- und Nachtzeit interessante, abwechslungsreiche Rundtour!

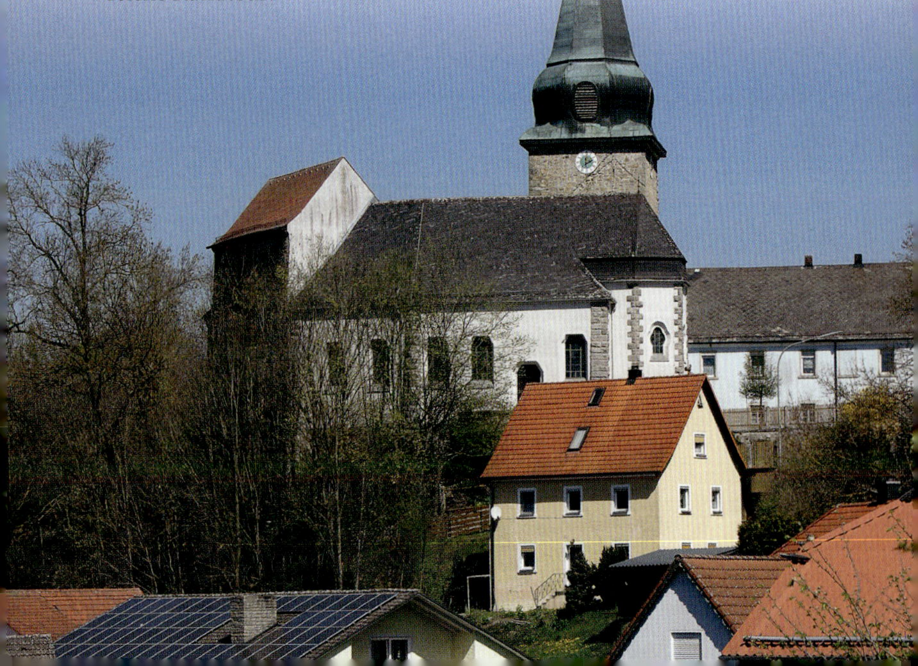

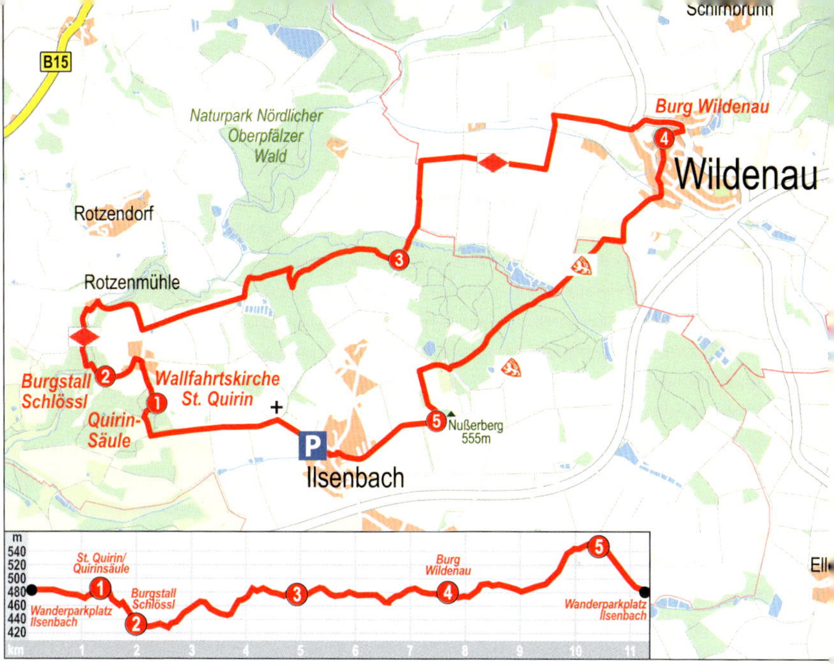


## WEGBESCHREIBUNG:

Ihr heutiges Wanderabenteuer im Herzen der Oberpfalz startet am Wanderparkplatz in **Ilsenbach**. Es geht zunächst 250 Meter Richtung St. Quirin. Allerdings zweigt der Wanderweg nach links ab (Kontrolle: rechts steht ein mittelalterliches Sühnekreuz mit eingeritzter Pflugschar). Nach weiteren 600 Metern führt der offensichtliche Weg zur Kirche hinauf, aber gehen Sie bitte noch weiter bis zum Ende des hier beginnenden Waldes.

Dort angekommen biegen Sie nach rechts ab auf den Feldweg (nicht scharfrechts!). Nach einem kurzen Stück am Waldrand treffen Sie auf die Säule, die den Beginn der Wallfahrt markiert. (Merken Sie sich die Jahreszahl für die spätere Lernzielkontrolle!) Danach steht Ihnen der Aufstieg zur Kirche St. Quirin (1) frei!

Der Weg geht weiter zum pittoresken Mesnerhaus. An diesem rechts vorbei und bei der Quirinsäule kurz auf Trampelpfad hinunter nach Botzersreuth. In diesem Ort angekommen umrunden Sie

## INFO:

**Wallfahrtskirche St. Quirin - Burgstall Schlößl - Schlattein - Burg Wildenau - Tiergehege - herrlicher 270°-Fernblick: Havran, Ruine Flossenbürg, Fahrenberg, Parkstein, KTB, Steinwald - Schloss Ilsenbach**

**Anfahrt:** A93, Ausfahrt 21a „Neustadt a. d. Waldnaab"; nach 5 km nach links Richtung Ilsenbach bzw. St. Quirin

**Parken:** Wanderparkplatz Ilsenbach am westlichen Ortsrand (an der Straße nach St. Quirin)

**Navi:** 92715 Püchersreuth, Ilsenbach 47

das erste Anwesen auf der linken Seite. Sie gehen an der Scheune links vorbei und passieren einen „Lebensraumturm“ (Habitat für Insekten) und sind dann auf dem Abstieg zur Stelle, wo einst die **Kronmühle** stand – und zuvor die alte Burg, eben der **Burgstall.** ❷ Der Ort heißt seitdem „Schlößl“. Damals gab es auch hier schon eine Kapelle – die Vorgängerin von St. Quirin.

Abstieg zur Schlattein. Nach der Brücke rechts. Sie sind auf einem ◆ Teil des Skulpturenwegs mit ritterlichen Gestalten. Genießen Sie dieses Stück besonders. An der Rotzenmühle rechts vorbei. Auf der Straße nach rechts, erneut über die Schlattein – und dann 400 Meter im S leicht bergauf, der Straße folgend.

70 Meter vor Botzersreuth biegen Sie nach links auf den ①. Vor dem Waldrand taucht rechts ein tümpeliger Weiher auf. Danach biegen Sie nach links ab – am Brunnenhaus vorbei in den Wald. Nach guten 100 Metern nehmen Sie die Forstweggabel nach rechts hinauf, doch aufgemerkt: Bereits am Ende der engen Kurve führt ein Waldweg links in den Wald hinein (weswegen er Waldweg heißt ...). Gute 200 Meter, dann scharfe Rechtskurve bergauf. Nach einem kurzen Anstieg (100+ Meter) geht's im scharfen Linksknick wieder leicht bergab, dann auf gleicher Höhe weiter.

Nach dem Rechtsbogen gabelt sich der Weg. Entscheiden Sie sich für einen. Nach weniger als 10 Minuten vereinigen sich beide Wege wieder in einer schiefen T-Kreuzung, um Sie nach guten 100 Metern auf die Straße zu bringen. Diese schlagen Sie nach links – bergab – ein ❸.

Abstieg zum Auerbach. Fischteiche rechter Hand. Sie gehen geradeaus weiter. Leichter Anstieg. Folgen Sie nach 250 Metern nicht den Wanderschildern bzw. der Straße nach rechts, sondern gehen Sie am Hain entlang, an dessen Ende Sie nach rechts abbiegen. Kurz danach sehen Sie wieder die rote Raute ◆. 10 Minuten geradeaus auf Feldweg. Am Ende nach

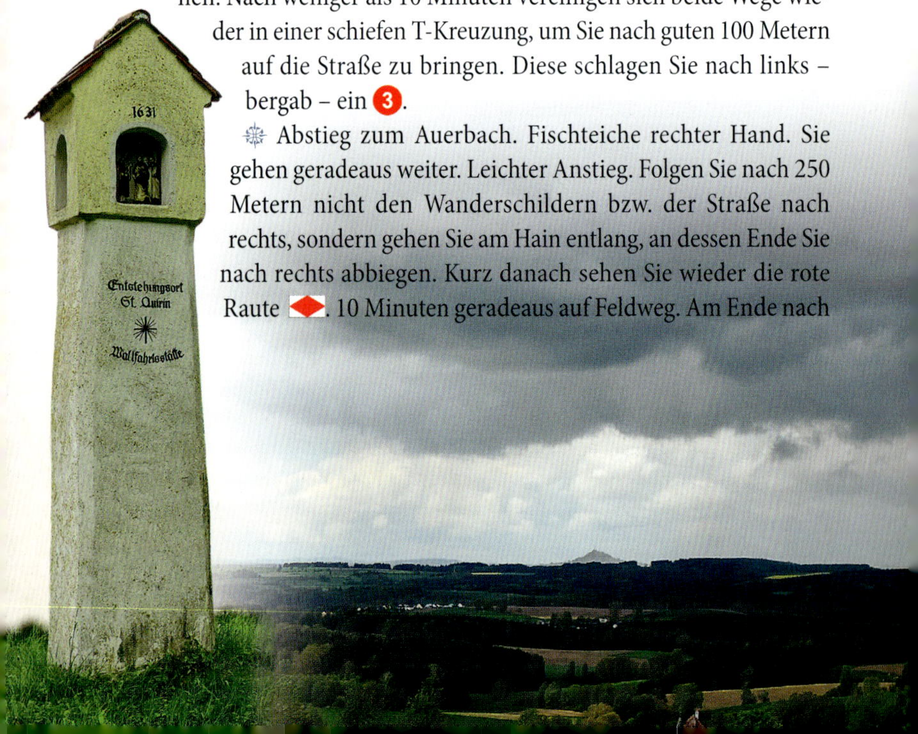

links, hinunter zur Schlattein. Auf der etwas größeren Straße geht es dann nach rechts Richtung Wildenau.

Vor dem Ortseingang biegen Sie an der großen Straße nach links ab – dem „Burg“-Schild folgend. Aufstieg bis zur **Burg Wildenau** („Am Schloßberg“) **4**. Wenn Sie keine weitere Einkehr oder Besichtigung oder andere Eskapaden im Ort geplant haben, dann gehen Sie auf der gegenüberliegenden Seite an der Kirche links vorbei („Mühlgrabenweg“) wellig bergab. „Unten“ treffen Sie auf die Schilder der Goldenen Straße. Überquerung der Schlattein (letztes Mal!), dann mit Aufstieg zur Marienkapelle. Hier können Sie für Ihr Seelenheil beten (sofern die Zeit reicht), aber auch dem Körper (auf der Bank außerhalb!) einen Kalorienboost zukommen lassen.

Jetzt kommt ein sensationell schönes Wanderstück: Nach der Kirche noch kurz auf der Straße weiter, dann – den verlassend – am Waldrand nach rechts abbiegen, um nach gut 100 Metern die erste Möglichkeit in den Wald einzuschlagen. Waldpfad. Am nächsten Waldrand links halten, hinunter zum Teich voraus. Den Teich tangieren Sie an seiner linken Seite (Zeckenalarm!) und überqueren eine alte Steinbrücke über den Auerbach.

130 Meter später eine Kreuzung: Sie halten sich halbrechts, ebenerdig, am Hochsitz rechts vorbei. Insgesamt dann 600 Meter herrlicher Aufstieg. Oben wartet wieder eine Straße. Dieser folgen Sie nach rechts bergauf – am Rand des Wildgeheges (Rotwild, Hühner, Pfauen …) vorbei. 100 Meter nach der Kuppe biegen Sie nach links ab (Sie sehen hier schon das Wäldchen auf dem Nußerberg). Bevor Sie dieses Wäldchen passieren, blicken Sie über die rechte Schulter zurück. Im Norden liegt der Steinwald, links davon sieht man das Kontinentale Tiefbohrloch KTB (das heißt natürlich, man sieht den Turm davon …).

An der Straße angekommen erneut sensationeller 270°-Panoramablick mit Flossenbürg im Südosten, Fischerberg-Sendeturm, Parkstein, St. Quirin. Sobald Sie genug Fotos gemacht haben, steigen Sie nach Ilsenbach ab.

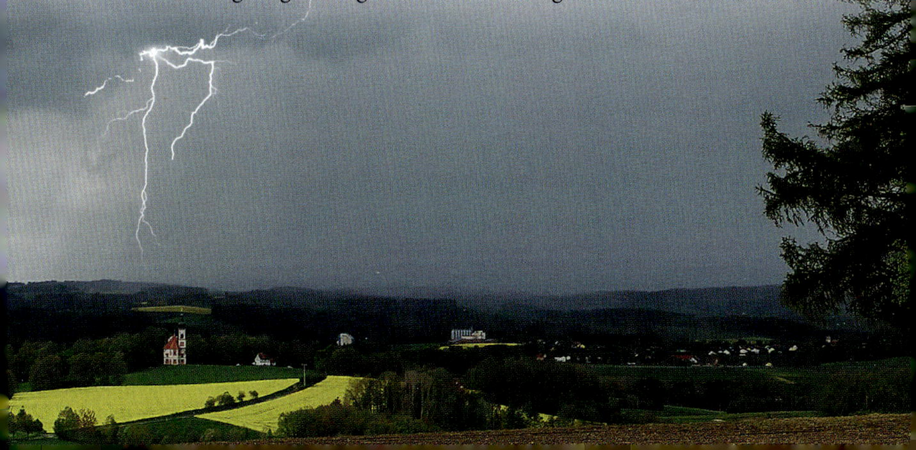

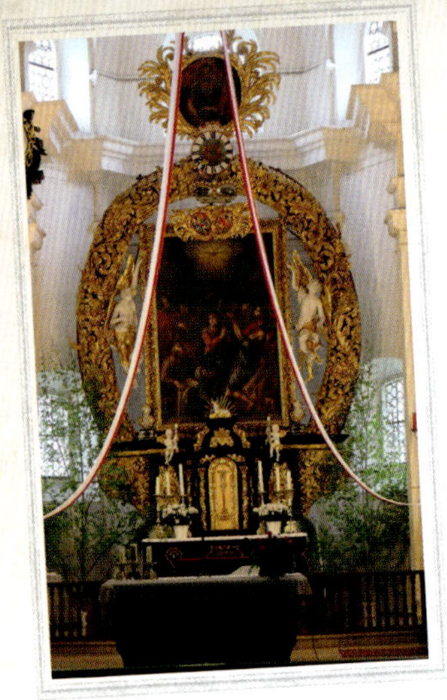

SEHENSWÜRDIGKEITEN:

**Wallfahrtskirche St. Quirin 1:**
In der heutigen Form 1678 unter Fürst Ferdinand August von Lobkowitz erbaut und 1687 geweiht. Interessant sind der Akanthusaltar und die Originalorgel aus dieser Zeit, aber auch die auf den Altären dargestellten Personen, allen voran Quirinius, den wir als Statthalter aus dem Lukas-Evangelium kennen. Auf dem Altar befindet sich sogar eine Reliquie vom Haupt des bekehrten Römers, welche der Pfarrei im Jahr 2000 übergeben wurde.
In früheren Zeiten führte eine beliebte Wallfahrt von Neustadt/Waldnaab nach St. Quirin hinauf. Heute rennen die Ego-Trip-Wallfahrer alle lieber ins ferne Santiago …

**Burg Wildenau 4:**
Die Burg wurde 1125 erstmals erwähnt und zur Verteidigung des Grenzlandes erbaut. Später diente sie dem Schutz der Goldenen Straße, die hier heute als harmloser Wanderweg durchführt. Der Kern der Burg wurde in den Hussitenkriegen (um 1430, siehe auch Tour 10 „Zangenstein/Schwarzach") zerstört, danach aber wieder aufgebaut. Die Burg war danach Ministerialensitz, d. h. wer hier residierte, repräsentierte einen übergeordneten Herren, z. B. den Grafen von Sulzbach. Im Gegenzug für die Landesverteidigung erhielt man Abgaben von den Bauern (in Form von Frondiensten und Naturalien) und durfte die niedere Gerichtsbarkeit ausführen (alles, was nicht mit dem Tod bestraft wurde). Wussten Sie eigentlich, dass das

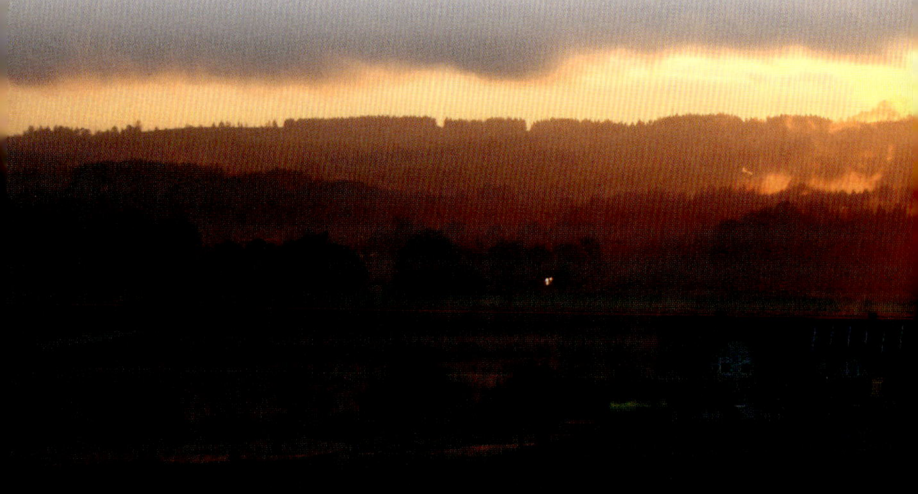

Mittelalter keine längere Inhaftierung als Strafe kannte? Gefängnisse gab's dann logischerweise nicht.
Während der wechselvollen Jahre der Religionsgeschichte (Luther und so) betrieb man die Schlosskirche als Simultaneum (Protestanten und Katholiken durften abwechselnd (!) gleichzeitig rein). Dieser Zustand endete 1908, als man eine Kirche für jede Konfession baute. Danach landwirtschaftliche Nutzung des ehemaligen Gotteshauses, Verfall der Burg. 1982 brach die Nordwand ein. Bis 2004 wurde die Burg preiswürdig saniert und die Kapelle 2005 erneut geweiht.

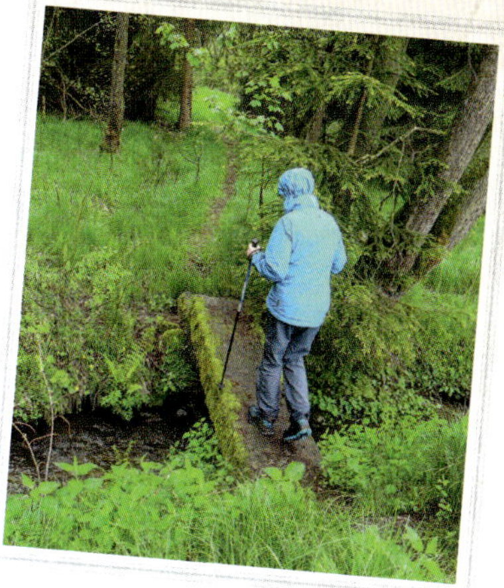

Quelle und Kontakt für Buchungsanfragen:
www.burg-wildenau.de

**Ort und Schloss Ilsenbach:**
Der sehr gepflegte Ort Ilsenbach entzückt durch sein malerisches Ortsbild, den Dorfbrunnen, seine schmucke Filialkirche St. Johannes der Täufer und vor allem durch sein vitales Gasthaus Miedl (siehe „Gastronomie").
Dahinter (räumlich gesehen) versteckt sich das Schloss, ein dreigeschossiger Walmdachbau aus dem 17. Jahrhundert. Das ehemalige Landsassengut möchte aber unbehelligt bleiben.

GASTRONOMIE:

Nach der Wanderung ins
**Gasthaus Miedl**
Ilsenbach 44
92715 Püchersreuth
Tel. 0 96 02 / 86 23
www.gasthaus-miedl.de

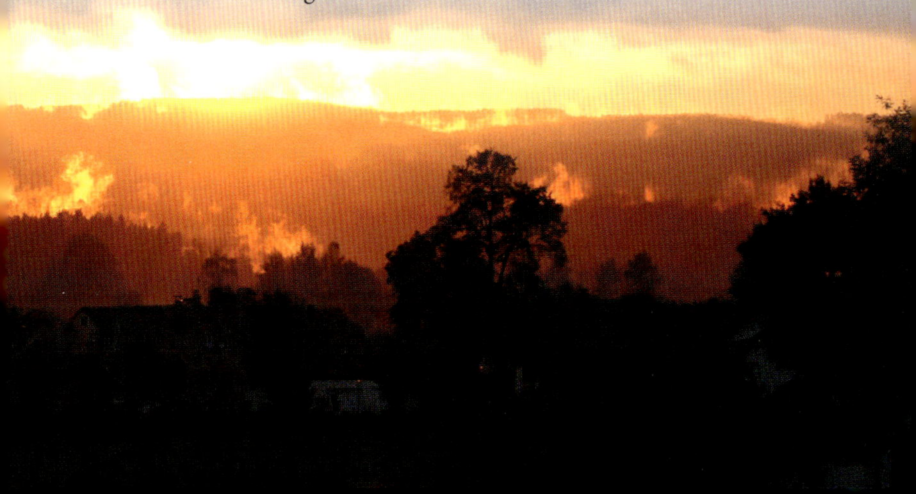

TOUR 3

# SCHELLENBERG – HAVRAN

## MEHR TOP-SEHENSWÜRDIGKEITEN IN UNTER 10 KM GEHEN NICHT.

9,9 KM / 3 H / 200 HM

Der höchste Berg der Welt? Mount Everest. Weiß jeder. Der höchste Berg Deutschlands? Zugspitze. Weiß auch jeder. Der höchste Berg Tansanias? Kibo. Das weiß schon jeder zweitklassige Drittklässler. Der höchste Berg der Oberpfalz auf deutscher Seite? Weiß kein Mensch. Es ist der Entenbühl mit 901 Metern. Sollte man eigentlich schon wissen! Und oben gewesen sollte man auch mal sein.

Die Runde, die ich hier vorstelle, ist ein Muss für jeden, der im Oberpfälzer Wald gewesen sein will. Schöner Nebeneffekt der Tour: In weniger als 10 Kilometern kriegt man so viele Sehenswürdigkeiten wie bei kaum einer anderen Wanderung, hat 0,0 Meter Asphalt und vom Havran einen Blick über 80 Prozent der Oberpfalz und 30 Prozent Tschechiens. Ein Bekannter kam auf 65.000 Quadratkilometer, die man von diesem frei zugänglichen Turm aus sehen kann – bei entsprechendem Wetter.

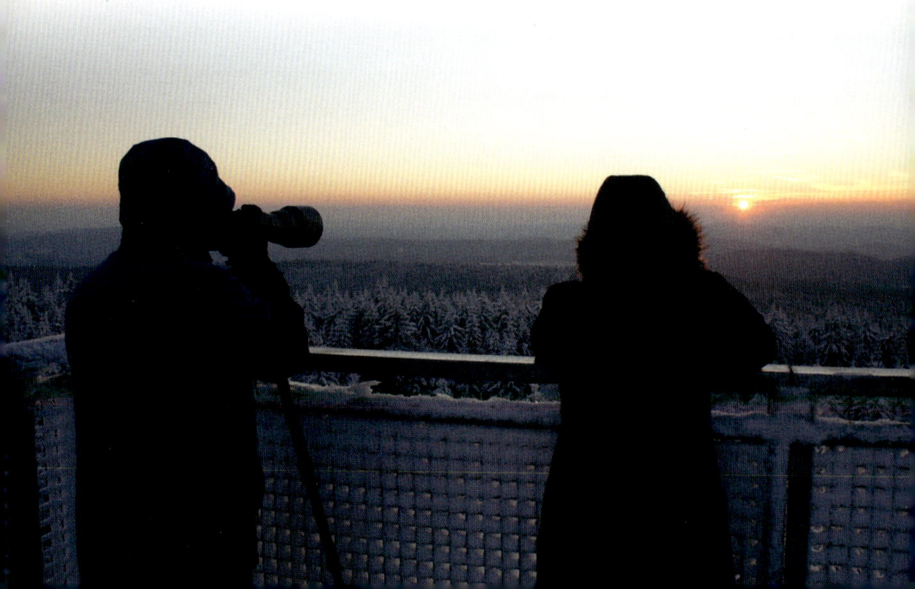

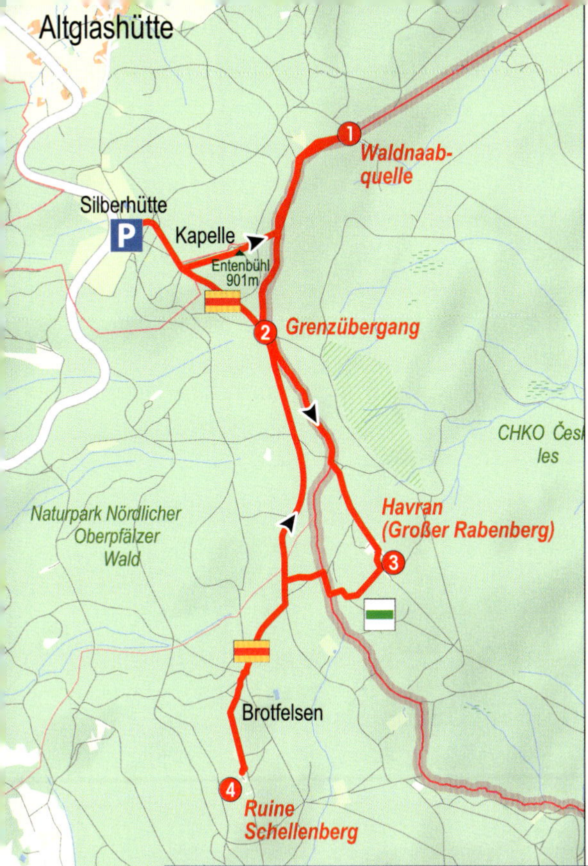


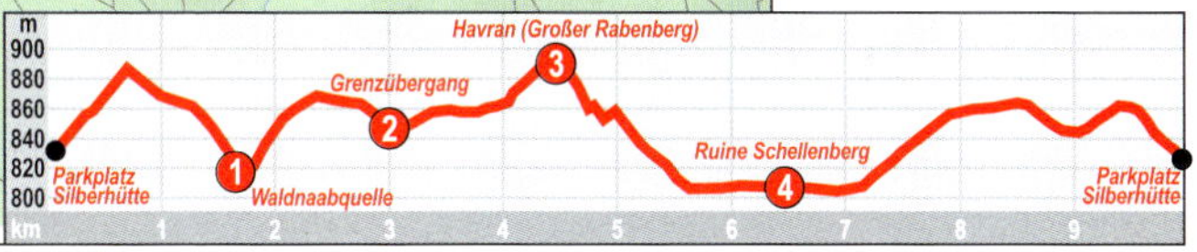


## INFO:

**Silberhütte – Entenbühl – Waldnaabquelle – Havran mit spektakulärem Rundblick – Brotfelsen – Burgruine Schellenberg**

**Anfahrt:** Autobahn A93, Ausfahrt 21a; der Beschilderung nach Flossenbürg folgen; durch den Ort Flossenbürg Richtung Bärnau; in Silberhütte rechts zum Wanderparkplatz abbiegen

**Parken:** Parkplatz an der Silberhütte

**Navi:** 92696 Flossenbürg, Silberhüttenstraße 3

## WEGBESCHREIBUNG:

❊ Sie starten beim **Gasthaus Silberhütte** und gehen gerade bergan an den Wegweisern vorbei, folgen der Gas-Pipeline (gelbe Sichtmarker) und stoßen nach 150 Metern erneut auf die Loipe. Nach 100 Metern biegen Sie links in den Wald hinein und erreichen nach 200 Metern die **Hubertuskapelle** und den **Entenbühl.** Auf der gegenüberliegenden Seite des Berges steigen Sie bergab, bis Sie zur Grünen Grenze zwischen Tschechien und Deutschland kommen (erkennbar an den weißen Stelen mit blauem Top). Sie halten sich links und folgen dem Grenzverlauf ein paar hundert Meter bis zur **Waldnaabquelle** ❶.

Nach kurzem Aufenthalt gehen Sie den Weg zurück bis zum vorherigen Abstieg vom Entenbühl und folgen jetzt aber dem Grenzverlauf geradeaus weiter entlang. Nach ein paar hundert Metern erreichen Sie beim Kreuzfelsen die Loipe und den Holzschirm beim „grünen“ **Grenzübergang** **2**. Dort sehen Sie Schilder, die zum Aussichtsturm (Rozhledna) auf dem **Havran/Rabenberg** **3** führen. Diesem Weg folgen Sie knapp einen Kilometer auf dem Grenzverlauf, danach noch einen Kilometer leicht links bergauf nach Tschechien hinein.
Besteigung des Aussichtsturms mit Studium der Infotafeln zum Vorgängerturm und anderer interessant-unbequemer „Grenzgeschichten“. Gehen

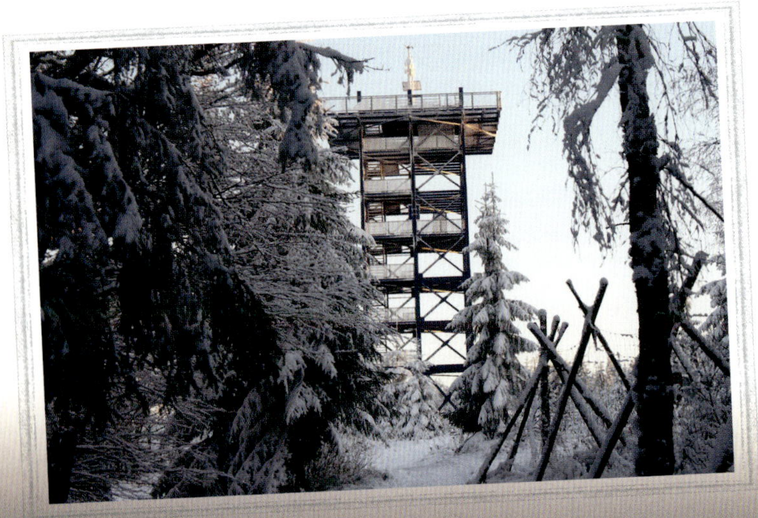

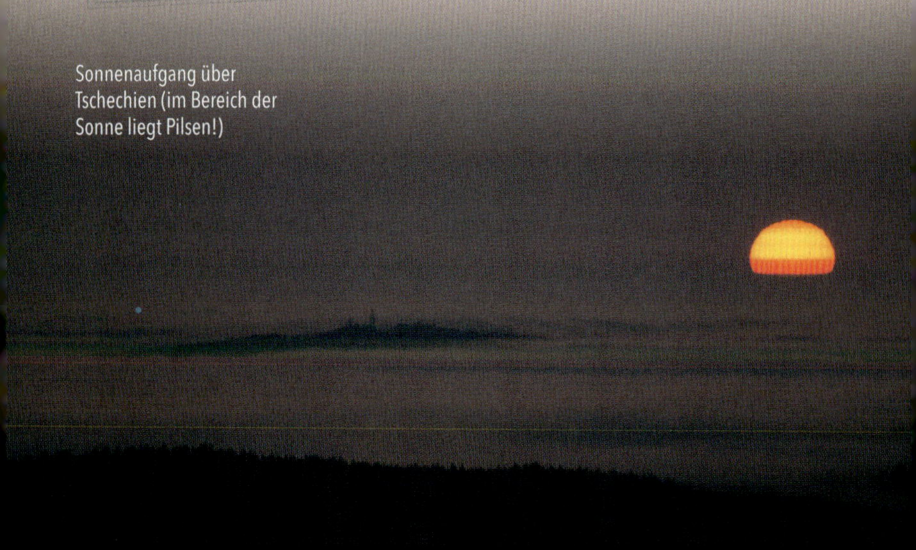

Sonnenaufgang über Tschechien (im Bereich der Sonne liegt Pilsen!)

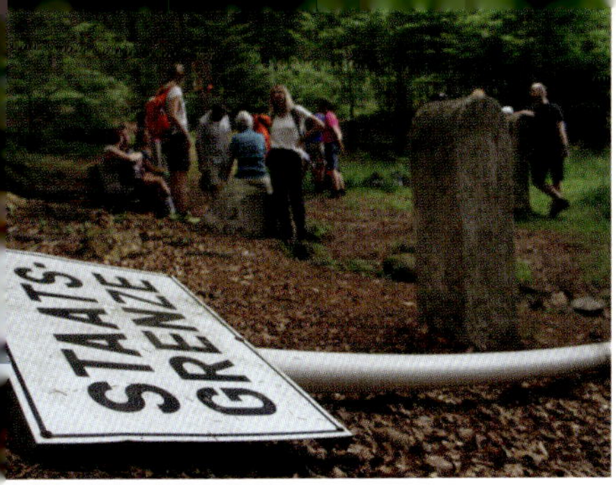


An der Waldnaabquelle. Je nach Regenmenge variiert die Schüttung.

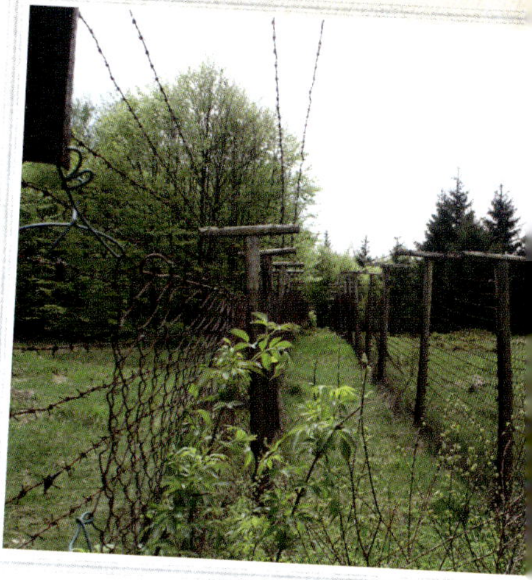

Reste des alten Zauns auf dem Rabenberg (Havran)

Sie dann an der Lichtung weiter, an den weiß-grün-weißen Schildern entlang, links lassen Sie die Reste des alten Zauns liegen. Sie steigen relativ steil und direkt zur Grenze ab. Dort angekommen, halten Sie sich rechts, folgen dem Grenzverlauf 100 Meter und biegen dann links hinunter, dem Burgensteig folgend. Nach weiteren 150 Metern erreichen Sie die Schotterstraße und folgen dieser samt Beschilderung bis zum **Brotfelsen** und weiter zur **Ruine Schellenberg** 4.

Zurück geht es auf der Schotterstraße bis zum Parkplatz an der Silberhütte.

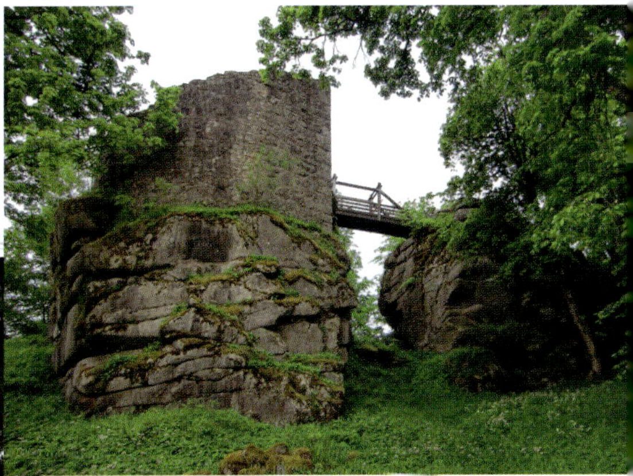

Ruine Schellenberg

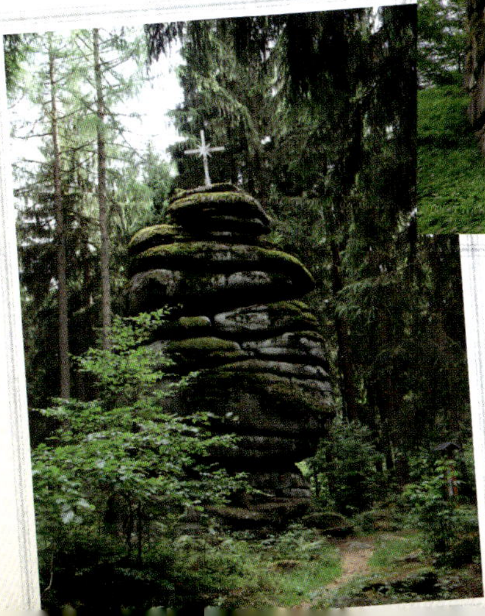

Der Brotfelsen

TOUR 4

# FLOSSENBÜRG – SCHELLENBERG

## WO DIE OBERPFALZ NICHT ZU TOPPEN IST!

14,8 KM / 4:30 H / 450 HM

Flossenbürg. Ein Name, der schreckliche Assoziationen hervorruft und den viele ausschließlich mit dem Konzentrationslager verbinden. Seit Jahren empfängt das didaktisch und methodisch aufbereitete Gelände Besucher und wird so auch regelmäßig von Schulgruppen „meiner“ Schule als Pflichtprogramm besucht. Eine sicherlich wichtige Maßnahme, junge Staatsbürger vor Ort zu bilden. Die nahegelegene Ruine hingegen wird geflissentlich missachtet.
In meinen Ausführungen zu diesem Buch klammere ich das Kapitel KZ bewusst komplett aus. Besuchen Sie die KZ-Gedenkstätte Flossenbürg selbstständig und lesen Sie auch die Ausführungen auf dem Burgenrundweg zum Thema „Granit“. KZ und Granit sind hier eine unsägliche Verbindung eingegangen. Das reicht bis in die Gegenwart. Oder warum sonst hätte man den für die Sanierung der Steinernen Brücke in Flossenbürg computer-maschinell geschnittenen Granit als „Bayerwaldgranit“ deklarieren müssen? Oder geht man immer noch davon aus, dass die Menschen mit dem Begriff „Oberpfälzer Wald“ wenig anfangen können? Wäre auch eine (traurige) Erklärung. Zu Flossenbürg konnte ich keine mittelalterliche Sagen-Schauergeschichte finden. Das KZ ist schaurig genug.

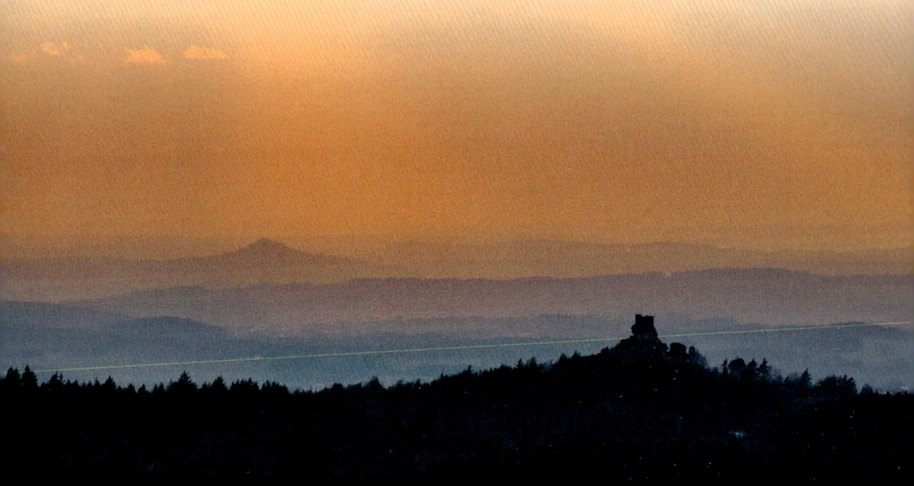

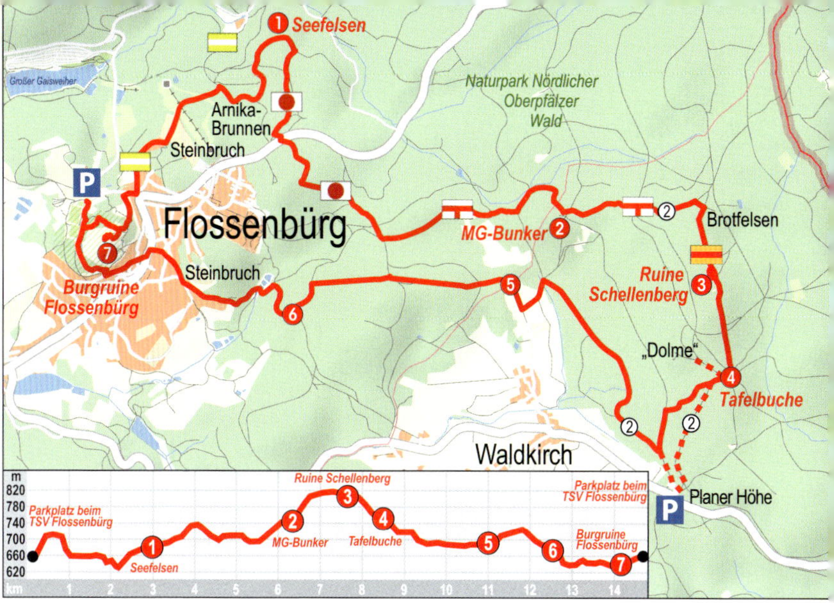


## WEGBESCHREIBUNG:

Diese herausragende Wanderung startet am Flossenbürger Sportplatz. Wenn Sie am Miniparkplatz stehen, sehen Sie Laterne Nr. 191 am Eck. Steigen Sie hier 2 Meter steil auf den Trampelpfadspuren auf. Es geht vor zum Sportheim, knapp daran vorbei, dann nach halblinks in den Wald. Nach wenigen Metern kommt das „Rundweg“-Schild. Nach links beginnt nun der Aufstieg zur Burgruine. Der Weg ist nicht weiter markiert. Halten Sie sich immer rechts, schlimmstenfalls enden Sie an Aussichtspunkten.

Zwischen Nebenturm links und Hauptburg rechts geht es über ein kleines Joch, dann Aufgang zur Burg. Burgbesteigung. Für den Abstieg gehen Sie den geraden Aufgang zurück und folgen diesem Weg bergab, immer geradeaus, bis Sie bei der Schranke die Straße erreichen, und ein Stück weiter am Kiosk in der Kreuzung samt Wanderparkplatz stehen.

Hier schlagen Sie den Oberpfalzweg ein, der Rumpelbachstraße folgend. Sie überqueren wenig

## INFO:

**Burgruine Flossenbürg - Granitsteinbrüche - Arnikabrunnen - Seefelsen - MG-Schartenstand aus dem 2. Weltkrieg - Brotfelsen - Burgruine Schellenberg - eine Keine-Dolme**

**Anfahrt:** Autobahn A93, Ausfahrt 21a; der Beschilderung nach Flossenbürg folgen; durch den Ort Flossenbürg; in der Kurve nach dem Friedhof nach links zum Fußballplatz (Richtung Rumpelbach/St. Ötzen) abbiegen

**Parken:** Beim TSV Flossenbürg; wenn voll, dann alternativ im Gaisthalweg am Ortsausgang. Start: am Fußballplatz von Flossenbürg

**Navi:** 92696 Flossenbürg; Gaisthalweg

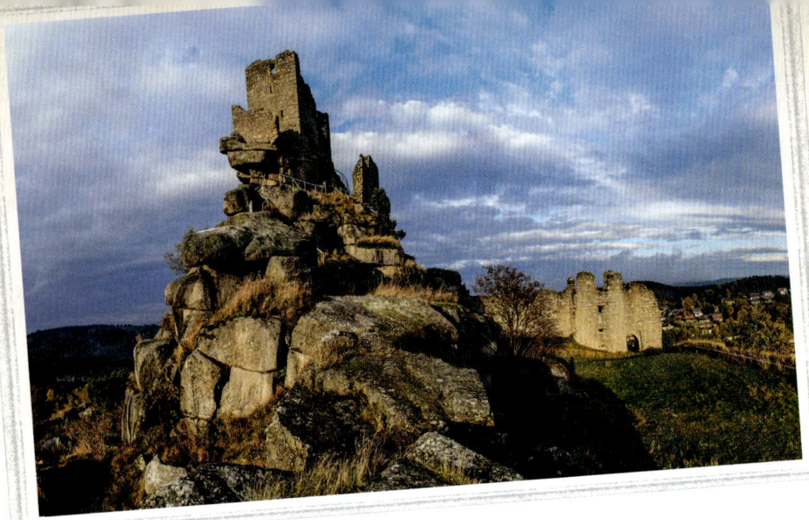

später das Gelände des Steinbruchs. Keine Sorge, das ist in Ordnung – außer, es wird gerade gesprengt. Unterm Skilift durch und weiter. An der ersten T-Kreuzung biegen Sie nach rechts ab, ab jetzt dem roten Punkt ● des Ringwegs folgend. Die Stationen dieses Ringwegs lauten nun: **Arnikabrunnen** nach 100 Metern. Abstecher zum **Seefelsen** ❶ nach weiteren 600 Metern. Abzweigung auf Waldweg nach rechts am Ende der Forstwegkurve. Überquerung der Straße nach 600 Metern nach links schräg gegenüber, Umrundung der Felsen des Brückelbergs.

250 Meter nach Erreichen der Forststraße entschwindet der rote Punkt in einen Hohlweg nach rechts. Wir werden ihn auf dem Rückweg noch einmal kurz sehen. Sie hingegen erreichen wenig später eine Kreuzung mit roter Bank. Hier nach links Richtung Schellenberg auf ━┳━. Nach einer Lichtung links mit Holzhaus setzt die Froststraße zu einem Linksbogen an. Sie folgen dem ━┳━ geradeaus auf den Waldweg. Weiter auf diesem Waldweg, bis erneut Forststraße. Wenden Sie sich dort angekommen nach rechts, um zum alten **MG-Schartenstand** ❷ zu gelangen. Nach Inspektion dieses 2.-Weltkriegs-Relikts wieder zurück und in den Wanderweg nach halbrechts abbiegen (② / ━┳━).

Am Ende dieses Wegs stoßen Sie auf den Nurtschweg ▬. Diesem folgen Sie nach rechts und erreichen kurz darauf am oder schon im Wald den **Brotfelsen.** Brotzeit ist hier aber wenig ratsam. Dafür eignet sich die **Burgruine Schellenberg** ❸ viel besser, die Sie nach weiteren 350 Metern erreichen. Abstieg von der Burgruine auf dem Nurtschweg bis zur Kreuzung **Tafelbuche** ❹**.** Hier die erste Abzweigung nach rechts Richtung Dolme. Ob Sie den Abstecher vom Hauptweg zur angeblichen Dolme machen, entscheiden Sie selbst. Seit das Areal total ausgelichtet wurde, hat es an Romantik stark eingebüßt. Außerdem spricht vieles dafür, dass der vermeintliche Opfertisch eher eine Laune der Natur ist.

Von der Dolme zurück, biegen Sie nach 50 m auf dem Hauptweg erneut nach rechts ab, auf einen zunächst unwirtlich wirkenden Weg (Kontrolle: wenig später Hochsitz im Unterholz, an diesem links vorbei). Steigen Sie auf diesem Weg ab bis zum Forstweg. Nach 250 Metern – am Marterl für den verstorbenen Fortstwirt Hartwig – scharf rechts. Jetzt folgt 1,4 km ein Forstweg ②, dann an der Kreuzung nach links, aus dem Wald hinaus. Sie folgen diesem Weg, eine Abzweigung nach links ignorieren Sie.

Beim Hochsitz rechts abbiegen, dem Weg in den Wald hinein folgen **5**. Linkskurve. An der Forstwegs-T-Kreuzung gehen Sie geradeaus auf den unmarkierten Waldweg und folgen diesem 600 Meter. Dann stoßen Sie auf eine Waldwegkreuzung, wo Sie im Prinzip geradeaus weitergehen, soll heißen, über die kleine Kreuzung und dann mit leichtem Anstieg weiter. Am Ende dieses Wegs stoßen Sie wieder auf einen Forstweg, den Sie nach halblinks betreten. In der Linkskurve tauchen wieder ●-Schilder auf. An dieser Stelle sind Sie es, die nach rechts auf den Waldweg „abtauchen" **6**. Kurvig zu den Weihern, den Bach überqueren und auf der anderen Seite Anstieg durch einen Hohlweg.

Aus dem Flugzeug sieht man den Aufbau des „Exfoliationsdoms" hervorragend: So genannter Zwiebelschalengranit scheint abzublättern. Entstanden ist dieser Granit, als sich der erkaltende Granitdom langsam hob und es zu Entlastungsrissen kam.

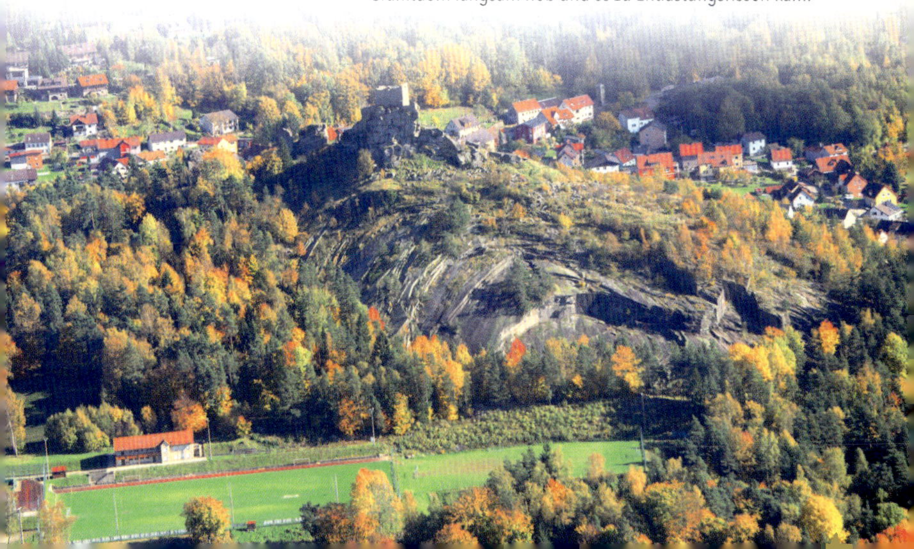

Sie erreichen Flossenbürg bei einem weiteren Steinbruch. Auf der Waldkirchener Straße bis zur Hauptstraße vor. Auf dieser ein kurzes Stück nach links und vor der katholischen Granitquader-Kirche in die Schloßbergstraße. Nach knapp 300 Metern (nach 2 Garagen und vor dem Holz-Wohnhaus) scharf rechts und wenige Meter später scharf links auf den Rundweg. Dieser bringt Sie zum See unterhalb der **Burgruine Flossenbürg** 7. Foto- und Picknickstation.

## SEHENSWÜRDIGKEITEN:

**Burgruine Flossenbürg 7:** Erste Nennung des „castrum flozzen" 1124. Von Berengar von Sulzbach erbaut, einst eine der wichtigsten Burgen des Nordgaus. Wichtige Burg auch für Kaiser Barbarossa, der plante, die reiche Region Eger weiter auszubauen, bzw. seinen Einfluss dort. Der Enkel des Kaisers, Friedrich II., hatte wenig Interesse und verlieh die Burg. Danach ständig wechselnde Besitzer (Ludwig der Bayer, Böhmenkönig Johann (1314), Karl IV. (1366), Wittelsbacher). Endgültiger Untergang – wie so oft – im Dreißigjährigen Krieg. Seitdem Ruine. Umfassende Ausgrabungen und Wiederherstellung nach 1990.
Burgmuseum im Ort (Info unter Tel. 0 96 03/9 20 60, Gemeinde Flossenbürg)

**MG-Schartenstand 2:** Relikt der bayerisch-tschechischen Grenzanlage, errichtet 1935 – 1937. Aus Furcht vor Zusammenschluss der Tschechen und Franzosen, plante Hitlers Regime 99 solcher Bunker. 1938 waren die Bunker bereits überflüssig. Grund war das Münchner Abkommen. Das Abkommen bestimmte, dass die Tschechoslowakei das Sudetenland an das Deutsche Reich abtreten und binnen zehn Tagen räumen musste.

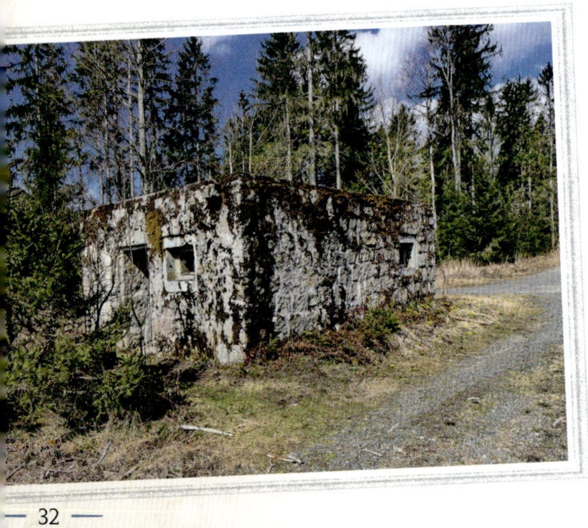

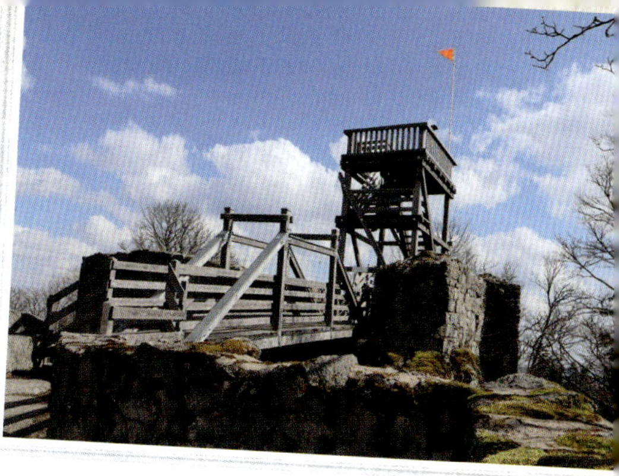

**Ruine Schellenberg 3:** Gründung am Donnerstag, 23. August 1347, von den Herren von Waldau unter dem Namen „Lug ins Land". Nach der Verpfändung an den fränkischen Ritter Philip von Guttenberg und seiner Fehde mit einem Markgrafen wurde die Burg von Mittwoch auf Donnerstag (11./12. Juli 1498) von einem markgräflichen Hauptmann erobert, aber dann geschleift, heißt demoliert und damit unbrauchbar gemacht.
Später verkauften die Erstbesitzer die Burg an die Eroberer (komische Logik). 1648 ging die Burg an Wenzel von Lobkowitz, der an dieser Stelle ein Jagdschloss errichten ließ. 1865 Zerstörung auch dieses Gebäudes.
Begehbarer Aussichtsturm mit wunderbarem Blick nach Westen (Sender auf dem Fischerberg, Flossenbürg). Bei guter Sicht sieht man genau im Westen den breiten Zantberg und das Ossinger-Sutzerberg-Doppel (Westgrenze der Amberg-Sulzbacher Landkreises). Dahinter fränkisches Ausland.

**Möchtegern-Dolme:** Beim Abstieg vom Schellenberg führen Sie Schilder zu einer angeblichen Dolme, heißt, ein megalithisches (Riesenstein) Grab. Diese Behauptung dürfte aber dem Wunsch der örtlichen Marketingstrategen entsprungen sein. Argument 1 gegen die Dolmentheorie: Zur Zeit der Megalithgräber war der Oberpfälzer Wald noch nicht erschlossen, vielleicht sogar noch unentdeckt. Argument 2: Wäre es etwas Historisches, wäre es im Bayerischen Denkmal-Atlas als Bodendenkmal eingetragen. Ist es aber nicht. QED.

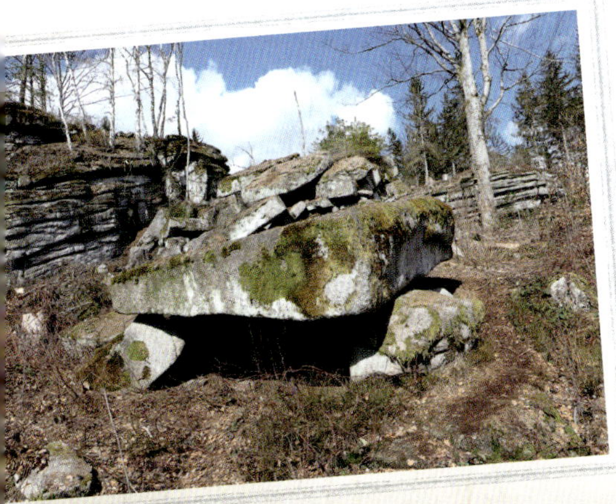

**Weitere Sehenswürdigkeiten in der Nähe:**
Mittelpunkt Mitteleuropas in Hildweinsreuth. Dem Gaisthalweg weiter nach Norden folgen.
Jüdischer Friedhof in Floß. Geschlossen, aber Parkplatz davor.

TOUR 5

# LERAUTAL – ELM – LEUCHTENBERG

## AUS DEM FINSTEREN ELM INS ROMANTISCHE LERAUTAL.

12 KM / 4 H / 200 HM

Meine Familie mütterlicherseits stammt aus der Vohenstraußer Ecke, die Großmutter mit Wurzeln in Lohma und Altenstadt/Voh, der Großvater in Waidhaus und Pfrentsch. Ende der 1980er Jahre nahm mich mein Großvater mit auf große Tour. Es sollte eine Art „Übergabegespräch" werden, in dem er mir zeigte, was ich über die Gegend wissen sollte. Dabei standen Verwandtschaftsbesuche ebenso auf dem Programm wie Anekdoten und eben auch Sagen.

Bis zum Bau der unnahbaren Autobahn A6 führte eine gezeichnete Landstraße am Kaltenbaum vorbei. Bei besagter Fahrt mit dem *pater familias* stiegen wir endlich dort auch einmal aus, blickten nach Leuchtenberg hinüber, und Großvater erzählte mir die Geschichte von der unglücklichen Liebe: Landgraf Ulrich I. hatte einen Edelknecht, also einen Ritter von niederem Rang. Dieser verliebte sich in die Tochter des Hauses. Als der Burgherr die beiden in flagranti in einer Hütte beim Kaltenbaum erwischte (beim Liebe machen und so), erhängte er vor den Augen der Tochter den Knappen am Baum. Die Tochter ließ er lebendig in den Turm ganz oben einmauern, und nur ein Schlitz blieb frei: Der, mit Blick zum Kaltenbaum.

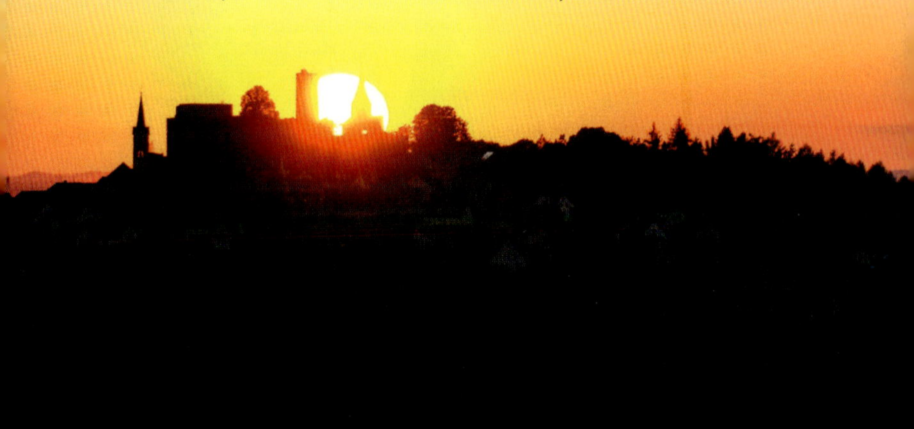

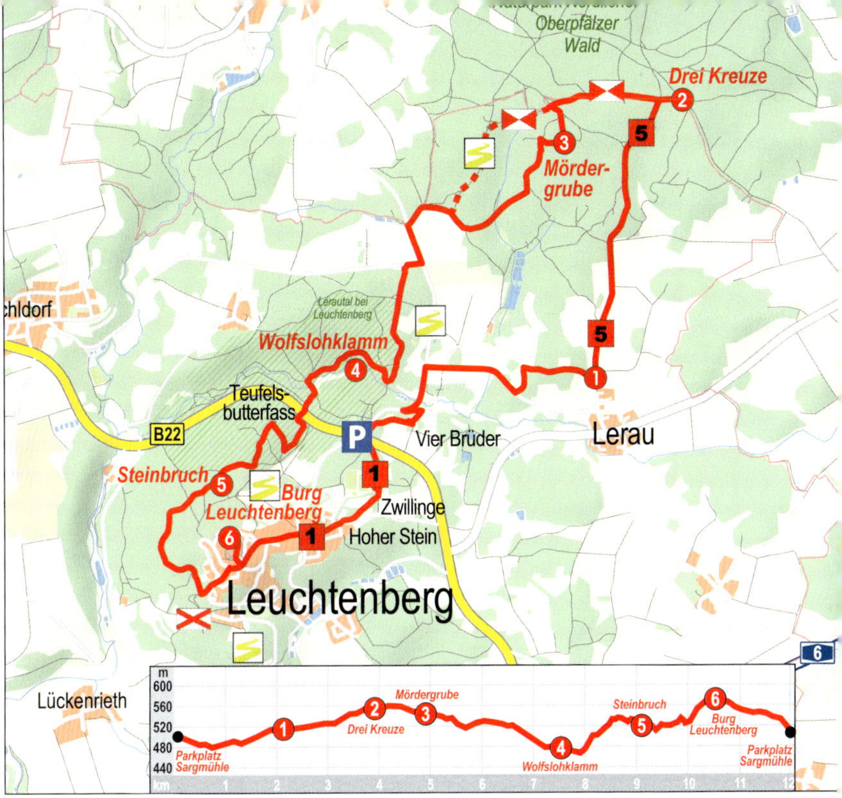


## WEGBESCHREIBUNG:

Diese Wanderung starten Sie vom Wanderparkplatz an der B22 nordöstlich von Leuchtenberg. Sie folgen der Straße nach Kleinpoppenhof und biegen sofort wieder nach rechts auf die **5** ab. Folgen Sie dem Weg ein kurzes Stück bis zur Felsengruppe **Vier Brüder.** Dann wieder ein paar Meter zurück und auf dem Trampelpfad schräg hinunter zur Sargmühle. Dort seit 2021 wieder nach links, zurück zur Straße. Auf dieser nach rechts, Überquerung der Lerau. Nach 200 Metern biegen Sie nach rechts ab. Die **5** taucht wieder auf, Sie gehen auf Asphalt geradeaus weiter.

## INFO:

**Zahlreiche Steinformationen (Teufelsbutterfass, Vier Brüder, Zwillinge) - sagenumwobener Elm-Wald - Handsteine - romantisches Lerautal - ein alter Steinbruch - Burgruine Leuchtenberg**

**Anfahrt:** Autobahn A6, Ausfahrt 72 „Leuchtenberg"; auf der Ostmarkstraße 22 an zwei Abzweigungen nach Leuchtenberg vorbei; Wanderparkplatz rechter Hand bei der Abzweigung zur Sargmühle

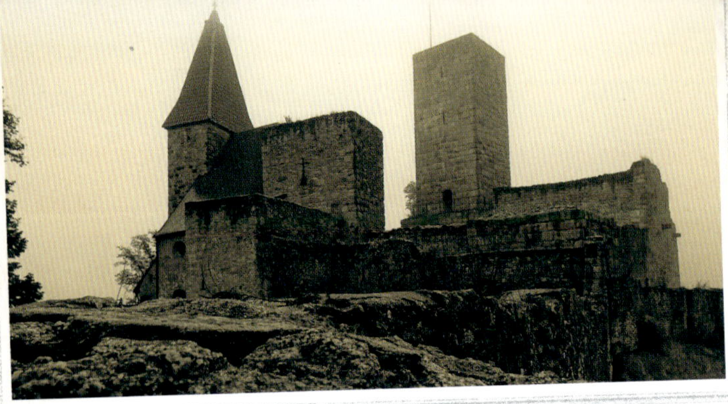

## GUT ZU WISSEN:

Das Kellergewölbe auf Burg Leuchtenberg – die besterhaltene Burgruine der Oberpfalz – ist heute noch beeindruckend. In meiner Fantasie wurde das Burgfräulein, also Ex-Fräulein, tief unten eingemauert. Die Version mit der höchsten Turmstube entstammt der Erzählung von Manfred Böckl (Böckl, 2013).

Vor der zweiten Waldpassage biegen Sie am Knubbelfelsen nach links auf einen Feld-/Waldweg ab. Folgen Sie ihm in einem großen Rechtsbogen – an einer Lichtung vorbei – bis zur Sitzgruppe mit dem Steintisch 1. Sie treffen danach wieder auf Asphalt und wieder auf die 5, der Sie jetzt nach links folgen – knapp einen Kilometer (im Osten sieht man unterwegs übrigens Vohenstrauß!).

Beim Waldrand gehen Sie geradeaus in den Wald hinein, beschildert: **Drei Handkreuze.** Es folgt jetzt ein wunderbares Waldstück. Sie sind im sagenumwobenen **Elm** angekommen. 900 Meter leichter Anstieg. Links am Baum taucht ein Marien-Votivbild auf. Sie biegen nach rechts ab, dem ⧓ folgend. Nach 150 Metern stehen Sie bei den **drei Handkreuzen** 2. Zählen Sie beim Zurückgehen dieses Stichwegs 60 Schritte ab. 6 Meter rechts im Wald steht das vierte Handkreuz.

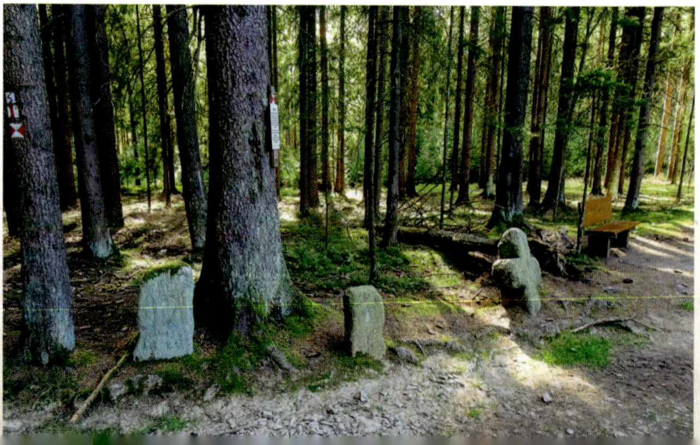

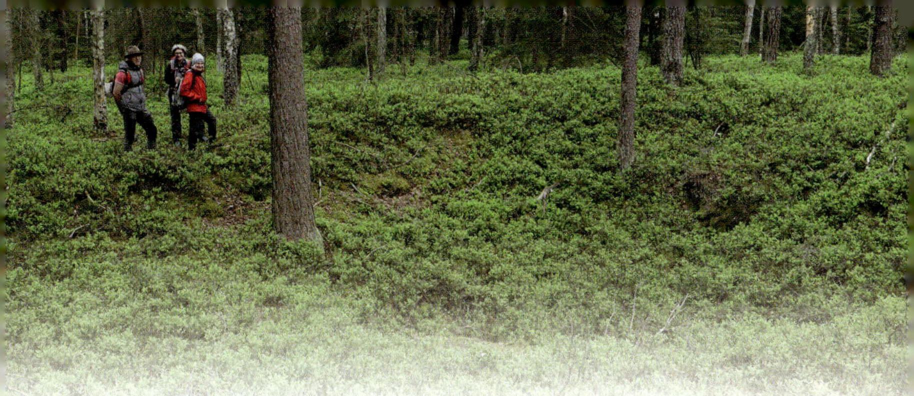

Gehen Sie zum Votivbild zurück und dann auf dem ⧓ geradeaus weiter. Nachdem uns rechts ein alter Hohlweg begleitet hat, zweigt der ⧓ nach links ab. Folgen Sie ihm ein kurzes Stück bis zu einer Kreuzung. Wenn Sie keine Aufregung vertragen, dann gehen Sie auf dem ⧓ weiter, bis er sich mit dem Goldsteig vereint, und auf beiden nach halblinks bis zur Bank an der Lichtung mit Blick auf Leuchtenberg. Dort warten Sie, bis die anderen aus der Mördergrube vielleicht wieder zu Ihnen stoßen. Den Weg zur **Mördergrube** 3 gehen Sie am besten mit GPS-Unterstützung! Um dorthin zu gelangen, biegen Sie an besagter Kreuzung scharf links ab, es geht kurz leicht bergauf. Dann teilt sich der Weg. Sie halten sich zunächst rechts und haben weniger Meter später das „Rechts-oder-Links-Problem". Weder noch. Gehen Sie – wie Moses – mutig geradeaus, nur halt durch die Blaubeeren. 150 Meter direkt nach Süden. Dann sollten Sie auf die Delle im Wald stoßen. Hier müssen Sie aus Ihrem Herzen keine Mördergrube machen. Erzählen Sie freiweg alles, es hört Sie niemand!

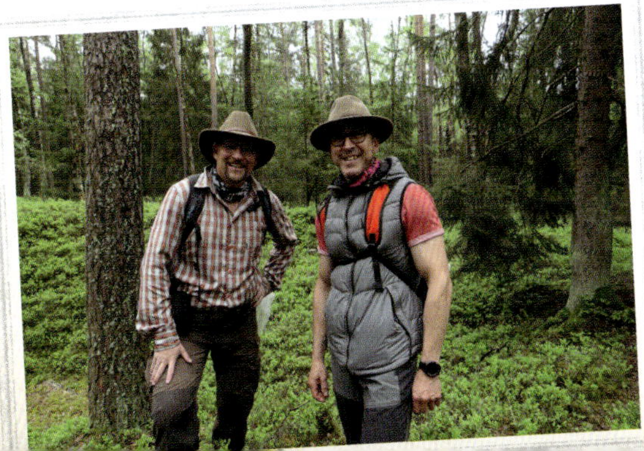

## AN DIESER STELLE EIN KLEINER, PERSÖNLICHER TIPP:

200 Meter vor Kaltenbaum Richtung Vohenstrauß führt eine Straße unter der Autobahn hindurch und dann nach links weiter Richtung Steinach/Lerau. Fahren Sie vor dem Trafoblock in der Kurve ein kurzes Stück auf dem Feldweg und machen Sie dann Picknick. Ich sitze dort jedes Jahr mindestens einmal mit einem Klappsessel, einer Pizza, einem Bier und einem guten Freund. Dann feiern wir die hinter Leuchtenberg untergehende Sonne und blicken weiter hinüber zu zum Parkstein und Rauen Kulm. Anfang April und Ende September geht die Sonne direkt hinter der Burg unter und bringt die Lichtscharten im Burgturm zum Leuchten! Dann prosten wir zur unbekannten, tragischen Schönen von Leuchtenberg hinüber.

## MUSS MAN GESEHEN HABEN:

**Burgruine Leuchtenberg:** Mit 585 Metern über dem Meer genauso hoch gelegen wie Haus Murach, aber viel besser erhalten und überhaupt die besterhaltene Ruine der Oberpfalz. Von den Landgrafen von Leuchtenberg um 1300 erbaut, vermutlich auf der Stelle eines Vorgängerbaus. 1322 zogen die Leuchtenberger zum Regieren nach Pfreimd (da war man dann gleich auf der Autobahn). 1646 gingen die Leuchtenberger unter, und die Burg verfiel. 1842 gab ein Großbrand der Anlage den Rest.
Im 20. Jahrhundert wurde die erhaltene Bausubstanz nicht nur gesichert, sondern wieder aufgebaut. Der Bergfried bietet eine wunderbare Fernsicht, aber auch die übrige Anlage bietet viele Ecken und Winkel zum Erforschen. Tipp: In der Burgkapelle lässt es sich gut heiraten. Wenn Sie das schon hinter sich haben, dann wäre vielleicht der Besuch eines Theaterstücks eine Empfehlung. Die Kulisse ist immer großartig!

**Waldgebiet Elm:** Der Name leitet sich wohl von „Ulme" ab, aber der Umbau zum Nutzwald lässt das heute nicht mehr erkennen. Noch meine in Vohenstrauß

... Fortsetzung nächste Seite

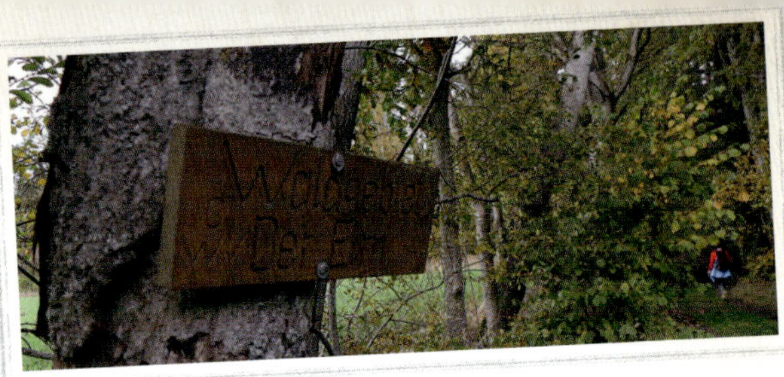

Es bleibt spannend: Gehen Sie 90 Grad (π mal Daumen) nach rechts aus dem Loch heraus. Querbeerenein. (Tun Sie sich nicht weh!) Sie sollten dann auf einen kleineren Weg stoßen, dem Sie kurz nach rechts folgen können. Dann, nach erneut insgesamt 150 Metern, treffen Sie auf einen angenehmen Waldweg. Er kommt von der „Rechts-oder-Links-Kreuzung". Sie gehen nach links weiter, ignorieren die harte Abzweigung nach rechts. Danach nehmen Sie die nächsten zwei Abzweigungen nach jeweils halbrechts in ein finsteres Tälchen hinunter, dorthin, wo die hiesigen Waldbauern ihr Holz stapeln. Der Saumpfad führt über ein Bächlein. Auf der anderen Seite geht es wieder hinauf, 200 Meter.

Oben angekommen, treffen Sie auf den Goldsteig. Ihm folgen Sie nach rechts, also Norden, bis zur Bank, wo die weniger Mutigen (oder Vernünftigen?) schon warten. Es geht nach links (Westen), am Waldrand entlang, wieder auf dem ⧓. Folgen Sie den Schildern (nur kurz Mal Richtung Kleinpoppenhof, dann sofort wieder in den Wald), und Sie erreichen nach einem Kilometer den romantischen **Schafsteg** über die sagenhafte Lerau. Die Brücke nicht überqueren, sondern rechts flussabwärts, den Schildern des Goldsteigs folgen. Nach der **Wolfslohklamm** (4) links über die Brücke und Aufstieg zur rücksichtslosen Ostmarkstraße B22.

Der offizielle (Goldsteig-)Weg geht nach der Straße halblinks weiter. Sie gehen halbrechts und erreichen einen unmarkierten Weg, der in einer S-Kurve parallel zum Goldsteig ansteigt. Knapp 300 Meter später Abzweigung nach rechts, dann erreichen Sie das **Teufelsbutterfass.** Von diesem nach links, leicht bergauf weiter, bis die Abzweigung zur **Felsengruppe Hohes Bäuml** auftaucht. Hier rechts. Diese Felsengruppe ist langweilig, aber wenn Sie diesen Weg 1 geradeaus weitergehen, kommen Sie per Beschilderung zum **Alten Steinbruch 5,** der ist cool. Dann geht es an der steinernen Sitzgruppe vorbei und auf dem Rundwanderweg des OWV im Wald unterhalb der für uns aktuell unsichtbaren Burg weiter.

Dieser Weg stößt nach 800 Metern auf den Wallenstein-Tilly-Weg ✕. Auf diesem hinauf in den Ort und dann zur **Burg Leuchtenberg 6**! Nach Burgbesichtigung und Einkehr in der Gaststätte Maier verlassen Sie den Ort auf der Hauptstraße nach Osten. Nach der Links-Abzweigung „Zum Sportplatz" läuft die 1 in den Wald hinein, am Felsen **Hoher Stein** vorbei und nach Abstecher zu den **Zwillingen** direkt zum Parkplatz zurück.

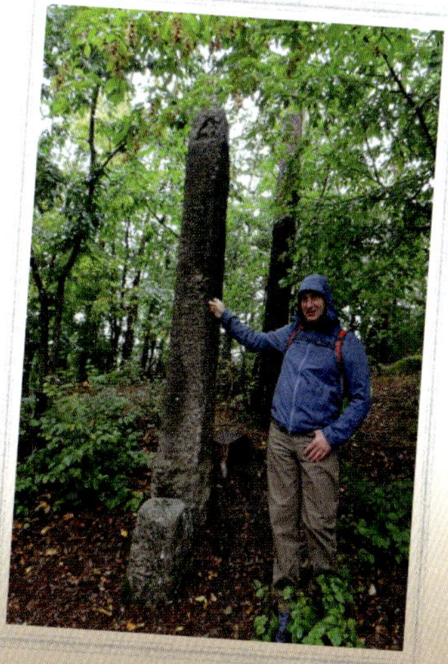

aufgewachsene Mutter erzählt heute mit Respekt vom Elm, wo angeblich die Wilde Jagd ihren Anfang nahm und dann zum Kaltenbaum hinaufrauschte.

## MUSS MAN NICHT GESEHEN HABEN, ABER INTERESSANT, WENN MAN ES GESEHEN HAT:

**Mördergrube:** In der Literatur werden mehrere Persönlichkeiten genannt, die in dieser Gegend ihr Unwesen trieben und sich in Höhlen und Senken versteckten oder dort lauerten, um Reisende und Einheimische zu überfallen. So wird der Name Hans Greif genannt, der eine bestens organisierte Bande unterhielt, die vom Fichtelgebirge bis Wien operierte und vielleicht auch an der alten Straße zwischen Regensburg und Eger lauerte.
Auch zwei Diebe werden genannt. Wenzeslaus und Hinz. Angeblich gutaussehend, gaben sie sich als Köhler aus, kundschafteten ihre Opfer aus und verschlupften sich dann wieder im Wald.
http://www.heimat-now.de/k_elm_wahrheit_u__sage.htm

# WERNBERG – EIXLBERG – PFREIMD

## DAS KREUZ MIT DEM AUTOBAHNKREUZ. ANSONSTEN ALLES TOP.

19,9 KM / 5:30 H / 300 HM

WESTSPANGE (PFREIMD-WERNBERG): 8,3 KM / 2:30 H / 180 HM

OSTSPANGE (WERNBERG-PFREIMD): 13,5 KM / 4 H / 200 HM

Als imposantes, beeindruckendes Bauwerk thront Burg Wernberg solide am Fuß des Oberpfälzer Waldes. Fest verankert in der Landschaft ist leider auch das Oberpfälzer Kreuz. Dabei handelt es sich nicht um ein ehrwürdiges Kruzifix am Wegesrand, sondern um die gigantische Kreuzung zweier Autobahnen. Ganz bewusst führt dieser Rundweg um dieses Kreuz herum. Ganz bewusst hört man vier Mal das Anschwellen des Autoverkehrs und das Abschwellen, wenn man sich wieder entfernt.
Mir ist bewusst, dass die wenigsten von Ihnen Phonofetischisten sind. Trotzdem hat es diese Tour als Rundweg in dieses Buch geschafft. Man muss dieses Autobahnkreuz als kolossale Gegebenheit akzeptieren. Wenn man dann unter der Brücke über den Schilternbach wandert, kann man sich nur über das Maß an Eingriffen in die Natur wundern – und freuen, wenn man beim Weiterwandern langsam wieder in die Stille des Waldes eintaucht.

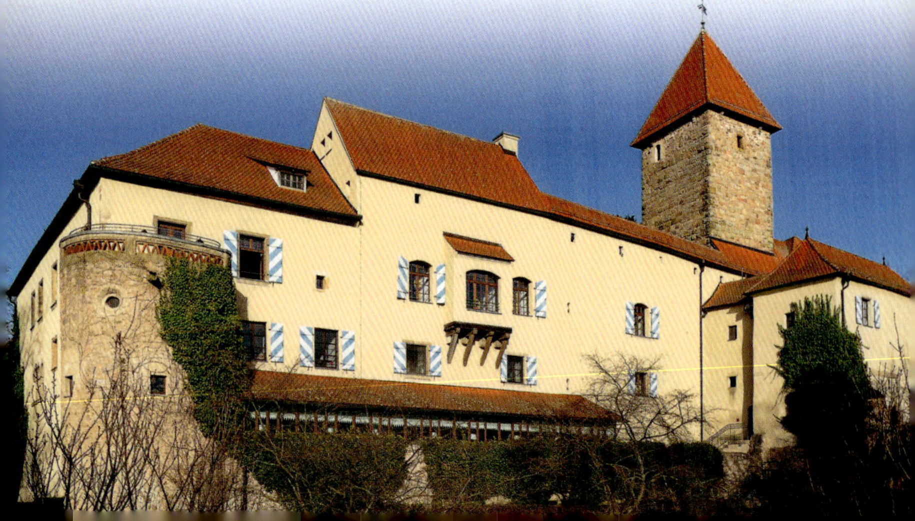

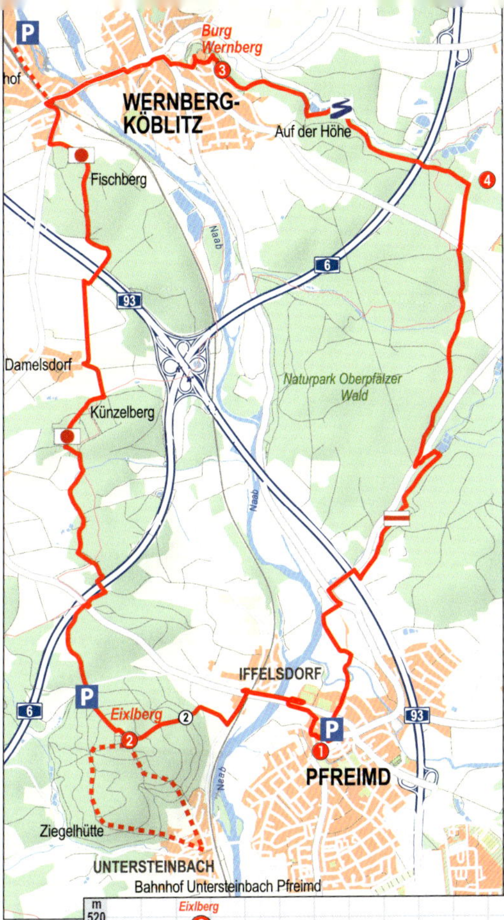


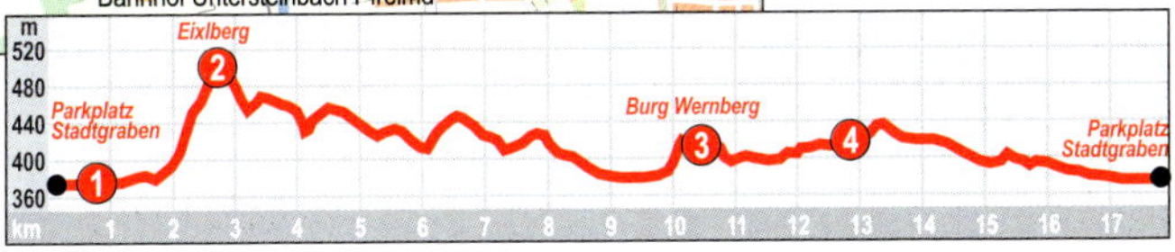


## INFO:

**Wallfahrtskirche St. Barbara, Eixlberg - Wernberg mit Burg - alte Hohlwege - Felsenquelle - Burg Pfreimd**

**Anfahrt:** Autobahn A93; Ausfahrt 29 „Pfreimd"; in den Ort hinein, die Hauptstraße überqueren und vorm Sportplatzgelände nach rechts auf den Großparkplatz

**Parken & Navi:** 92536 Pfreimd, Stadtgraben 15

## WEGBESCHREIBUNG:

## WENN SIE DIESE WANDERUNG ALS KOMPLETTEN RUNDWEG GEHEN MÖCHTEN:

Sie starten vom Stadtgraben-Parkplatz in Pfreimd und gehen an Feuerwehr und Schloss vorbei zur **Pfarrkirche Mariä Himmelfahrt.** Gleich daneben befindet sich das **Document Schloss Preimd.** Gehen Sie nun im Uhrzeigersinn um die Gebäude im Bereich des Document. Die Straße heißt ebenfalls Marktplatz (Nr. 21 – 29). Weiter nach links in die Kürschnergasse. Sie finden einen Durchlass zum runden **Turmmaurerhaus.** Dann Fischergasse nach rechts, Hofwehr. Beim Obst- und Gartenbauverein links, stadt-

auswärts. Unter der großen Autobrücke hindurch, kurz zurück zur Rampe. Diese bringt Sie ziemlich schräg zur Brücke hinauf, mittels derer Sie Naab und Eisenbahn trocken bzw. sicher überqueren.
Gleich nach der Bahn nehmen Sie die Treppe und unterqueren die gerade noch überquerte Brücke. Sie gehen jetzt nach Süden und sehen nach den letzten Häusern des Ortes halbrechts eine Kapelle im Feld stehen. Diese steuern Sie an und folgen dann dem Weg Nr. 2 bis zur **Kirche St. Barbara** auf den Eixlberg hinauf **2**.

Hinter der Kirche führt Weg Nr. 2 wieder bergab. Nachdem Sie einen Querweg überquert haben, treffen Sie wenig später auf die Schotterstraße, der Sie bis zur Fahrstraße folgen, wo sich – Kontrolle – ein Wanderparkplatz befindet.

Ab hier können Sie den Wanderzeichen des „Japanwegs“ folgen: ●. Dieser Weg bringt Sie bis Wernberg. Ein paar Ecken gibt es zu beachten: Wenn Sie zum ersten Mal auf die Autobahn treffen, dann diese nicht auf der Brücke überqueren, das wäre zu einfach. Gehen Sie noch ein kleines Stück zwischen Autobahn und Wald bergab. Danach unterquert der ● die Autobahn und der Weg geht im Wald weiter. Linker Hand sehen Sie dann Saltendorf, etwas später geht's über den Künzelberg. Von dort aus passieren Sie auf Asphalt den Weiler Damelsdorf. (Das Oberpfälzer Kreuz liegt Ihnen nun zu Füßen.) Der Rest bis Wernberg ist kaum zu verfehlen. (Vor dem „Abstieg“ nach Wernberg passieren Sie noch die stilistisch interessante **Banneaux-Kaplle** von 1967.) Sobald Sie an der großen Nürnberger Straße sind, wenden Sie sich nach Osten, überqueren die Naab und erreichen dann **Wernberg.**

Die gleichnamige Burg **3** erreichen Sie, indem Sie nach der Wernberger Pfarrkirche die Regensburger Straße nach rechts einschlagen und auf dem Schlossbergweg am Gasthaus „Alter Pfarrhof“ (sehr empfehlenswert!) vorbei die Straße, dann den Fußweg zur Burg nehmen. Wenden Sie sich vor der Burg stehend nach rechts und nehmen Sie die Treppe zum Parkplatz

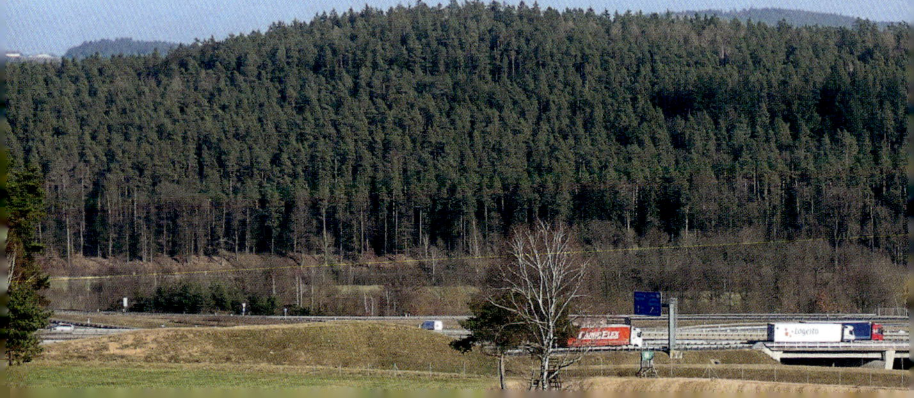

hinunter. Dort tut sich ein Durchlass zur Nordseite der Burg auf, und Sie stoßen auf den Ringweg, den Sie nach rechts einschlagen – nach Osten. Dieser idyllische Weg bringt Sie an einem historischen Tennisplatz vorbei, ehe er langsam, aber sicher zum Schilternbach absteigt. Hier, an einer Furt, liegt eine weitere **Banneux-Kapelle.**

Ab hier folgen Sie dem Goldsteigzubringer. Sie umrunden einen Fischteich, unterqueren ein drittes Mal die Autobahn, durchqueren einen sumpfigen Wald und stoßen letztendlich – noch im Wald – auf eine kleinere Straße. Diese nehmen Sie nach rechts. (Der Goldsteigzubringer verabschiedet sich nach links.)

Nach einem halben Kilometer erreichen und queren Sie die etwas größere Straße (links am Hang sehen Sie den Ort Weihern). Am Herrgott vorbei geht es erneut in den Wald hinein. Die meisten Menschen folgen wohl dem nach rechts. Aber wir wollen ja nicht Mainstream sein: Deshalb gehen Sie geradaus weiter, um dem leicht verwilderten Weg zu folgen. Bleiben Sie dieser eingeschlagenen Richtung treu. Es geht am Waldrand entlang, durch ein Wäldchen und dann in den Wald hinein. Insgesamt 1,5 Kilometer gehen Sie hier, folgen teilweise den alten Hohlwegen.

Am Ende erreichen Sie die dicke Straße, die von Pfreimd nach Weihern führt. Sie setzen auf die andere Straßenseite über, gehen auf dem alten Parkplatz ein Stück zurück und nehmen vor den Teichen

## SAGENHAFTES:

Wunder gibt es immer wieder: Waldbauern hatten ein Bild der Heiligen Barbara in einem Baumstock gefunden. Das machte die Runde, und schon bald wurde der Wunsch laut, das Bild nach Pfreimd zu bringen. Aber Barbara wehrte sich und war am nächsten Tag wieder auf dem Eixlberg. Noch einmal brachte man das Bildnis nach Pfreimd – mit Feierlichkeiten und unter strenger Bewachung. Am nächsten Tag war es wieder auf dem Eixlberg. Ein Zeichen?! Das bewog Landgraf Ulrich II. von Leuchtenberg, der schon nach Pfreimd umgezogen war (siehe Tour 5), hier eine Kapelle zu bauen und das Barbarabild in einer feierlichen Prozession ein für alle Mal zu installieren. (Die Büste von Ulrich II. steht hinter der Pfreimder Pfarrkirche!)

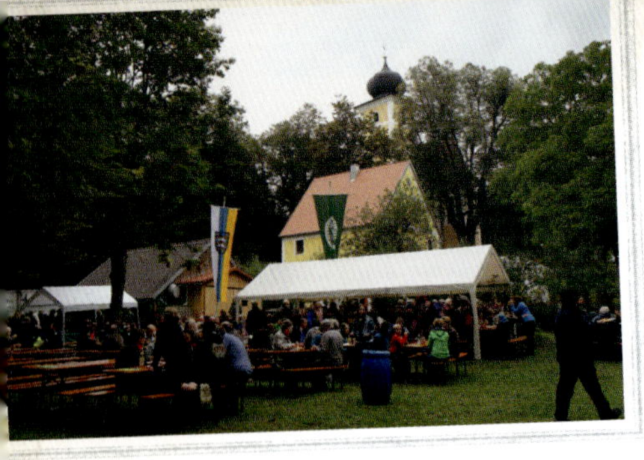

die Brücke nach rechts über den Eichelbach. Auf ✕ und ▬ geht es zuverlässig und romantisch bis Pfreimd. Unterwegs können Sie noch an der Felsenquelle frisches Wasser trinken!

Danach unterqueren Sie die Autobahn ein viertes Mal, wechseln ins Industriegebiet und folgen den Schildern bis Pfreimd.

## WENN SIE DIE BEIDEN HÄLFTEN SEPARAT GEHEN WOLLEN:

**Preimd-Wernberg:** Sie fahren mit dem Auto zum Bahnhof Wernberg (92533 Wernberg-Köblitz, Bahnhofstraße 27), nehmen einen der stündlichen Züge nach Pfreimd (Ziel Regensburg, Tickets kann man in der Oberpfalzbahn lösen!) und beginnen die Wanderung am Bahnhof in Pfreimd. Vom Bahnhof aus erklimmen Sie den Eixlberg auf dem ●. In Wernberg gehen Sie nicht über die Naab, sondern geradeaus weiter über die fette Nürnberger Straße zum Bahnhof zurück.

**Wernberg-Pfreimd:** Sie parken Ihr Auto am Bahnhof von Pfreimd (92536 Pfreimd/Untersteinbach, Bahnhofstraße 1), fahren eine Station mit der Oberpfalzbahn nach Norden (Ziel Weiden, Tickets kann man in der Oberpfalzbahn lösen!) und starten vom Bahnhof Wernberg. Gehen Sie bis zur Nürnberger Straße und überqueren Sie dann die Naab nach links in den Ort Wernberg und dann weiter zur Burg. Am Ende steigen Sie vom Eixlberg ab und gelangen so wieder zum Auto.

## SEHENSWÜRDIGKEITEN:

**Burg Wernberg 3:** Diese imposante, bestens erhaltene Burg liegt an der Kreuzung zweiter bedeutender Verkehrswege. Die Straßen verbanden und verbinden West- und Osteuropa, den Norden und den Süden (nicht umsonst befindet sich hier auch das Oberpfälzer Autobahnkreuz).
Erste Nennung dieser Burg 1280, die auf die Leuchtenberger zurückgeht. Schon bald danach ging die Burg in den Besitz einer Familie Notthafft über. 1509 gelangte die Burg sogar in den Besitz von Georg Wispeck von Velburg (siehe „Burgen, Ritter, Schlossgespenster"), kam aber fast umgehend wieder

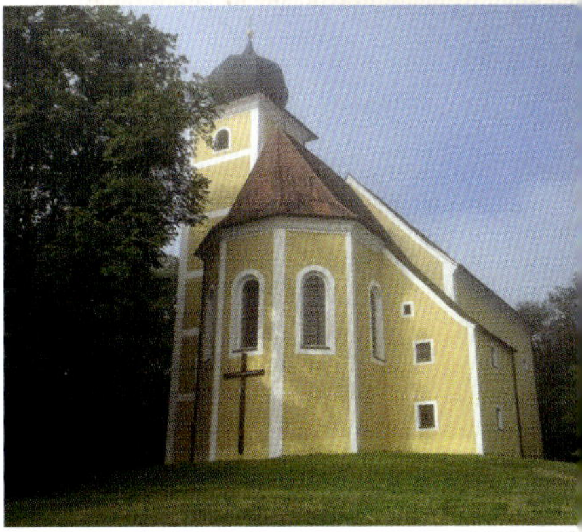

zu den Leuchtenbergern zurück. Lange nach dem Aussterben der Ritter zogen unterschiedliche Ämter ein (die Burg galt wohl als uneinnehmbar), 1804 sogar Häftlinge (auch war die Burg ausbruchsicher). Nach 1861 fanden gefallene Frauen und verwahrloste Mädchen hier Rettung und Zwangsarbeit. 1873 wollte man die Burg abreißen, ließ es aber dann doch bleiben. 1918 wurde die Burg Eigentum der Grafen Scholl-Riacour. Danach blieb die Geschichte wechselhaft: Löw'sche Wasserkur, Heim für körperlich und geistig behinderte Kinder, Flüchtlingsunterkunft. 1992 Verkauf an Conrad Electronic und Nutzung als Nobelhobelhotel. Seit 2020 befindet sich die Vincera-Privatklinik für Psychosomatik und Psychotherapie in den lichtdichten Gemäuern. Aber die Geschichte der Burg ist sicher noch lange nicht zu Ende. Spuken Sie einfach in 200 Jahren wieder mal vorbei …

**Wallfahrtskirche St. Barbara, Eixlberg** 2:
Version 1.0 der Eixelbergkapelle ging im Dreißigjährigen Krieg 1621 in Flammen auf. Das nahm man dann gleich zum Anlass, 1625 an selbiger Stelle eine etwas größere Version 2.0 zu planen und zu bauen. Die Idee war nämlich, die Wallfahrt auszubauen. Der Plan ging auf. Im Jahre 1702 wurde Version 3.0 eingeweiht.

Pfreimd hat eine überbordende Vielzahl von Sehenswürdigkeiten. Leider rast man meist nur auf der Autobahn an diesem wunderbaren Ort vorbei. Es ist kein Platz hier, alles zu beschreiben: Pfarrkirche Mariä Himmelfahrt, Franziskanerkloster, Pfreimder Schatz, Renaissanceschloss etc.
Westlich der Pfarrkirche findet man die Ausgrabungen mit Resten der **Burg Pfreimd.** Ein Steinbau löste im 10. und 11. Jahrhundert einen hölzernen Vorgängerbau ab. Die Errichtung der Toranlage wird mit Landgraf Ulrich von Leuchtenberg in Verbindung gebracht.

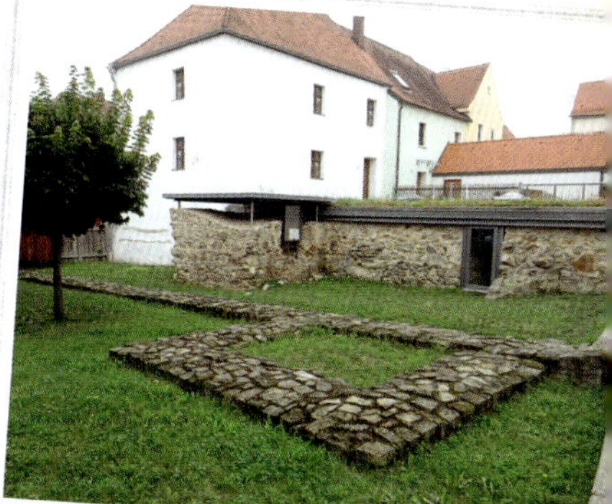

www.pfreimd.de

TOUR 7

# REICHENSTEIN – BÜGELLOHE

## DURCH DIESE HOHLE SAUTREIBERGASSE MUSS ER KOMMEN!

S: 7,4 KM / 2:30 H / 200 HM
(REICHENSTEIN, OBERPFALZTURM, BÜGELLOHE)

M: 12,8 KM / 4 H / 320 HM
(ERWEITERUNG NACH WALDHÄUSER)

L: 15,4 KM / 5:30 H / 430 HM
(ERWEITERUNG UM SAUTREIBERGASSE)

XXL: 23 KM / 7 H / 550 HM
(ZWEI ABSTECHER NACH TSCHECHIEN)

Sie kennen das: Man ist im Urlaub und möchte das Restaurant „Zum Goldenen M" meiden. Also geht man in ein Thekenlokal mit zahlreichen profi-freundlichen *front desk sales people* und sieht die riesige Anzeigenwand mit allen angebotenen Leckereien, die man sich selbst zusammenstellen muss. Man legt den Kopf leicht in den Nacken und beginnt mental, die 15,325 Quatrilliarden Kombinationsmöglichkeiten mit dem „Glusterer" und dem Geldbeutel abzugleichen. Neben einem quengeln die vom Hunger gequälten Kinder, die Schlange hinter einem wird bösartig länger, der Magen knurrt kompromisslos. Das unterversorgte Hirn läuft Amok. Als Exitstrategie bestellt man einen Hamburger nach Art des Lokals.

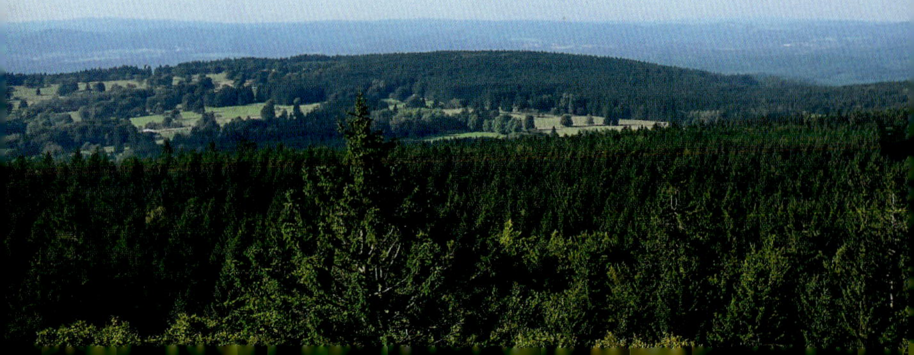

Blick vom Böhmerwaldturm zum Velky Zvon

So in der Art, hatte ich mir vorgestellt, bereite ich Ihnen die Wanderungen um den Reichensteiner Burgturm auf. Das Zwischenergebnis war eine völlig unübersichtliche Karte mit 15 Großbuchstaben an den entscheidenden Punkten. Ihr Hirn wäre Amok gelaufen, die Tour gescheitert, Ihr Partner hätte mit Liebesentzug gedroht, die Kinder hätten Wandern ein für alle Mal für erledigt erklärt.
Ich habe es uns leichter gemacht und vier Basistouren erstellt, die Sie aber nach Belieben und Kartenkompetenz erweitern oder kürzen oder umverlegen können. Toben Sie sich richtig aus hier!

## WEGBESCHREIBUNG:

**Alle vier Varianten** starten vom Wanderparkplatz unterhalb vom Hochfelsen 1. Alle vier Varianten führen auf dem Nurtschweg bzw. dem Goldsteigzubringer bzw. 1 zur **Ruine Reichenstein,** die 2021 aus dem Dornröschenschlaf im Wald zu neuer Schönheit erweckt wurde.

**Tour S:** Ab **Ruine Reichenstein** (s. o.) weiter auf Nurtschweg et al. bis zum **Böhmerwaldturm** 3 mit herrlicher 720°-Aussicht. Weiter auf dem Nurtschweg mit Abstieg auf der gegenüberliegenden Seite. Abzweigung nach links und dann den

## INFO:

**Stadlern – Naturdenkmal Hochfels – Ruine Reichenstein – Oberpfalzturm mit Mega-720°-Rundblick – Freiluftkino – versunkenes Dorf Bügellohe – Friedrichshäng – versunkene Dörfer Plöss, Wenzelsdorf, Rappauf – Weißbachquelle – Grenzübergang Schwarzach**

**Anfahrt:** Autobahn A93; Ausfahrt 30 „Nabburg"; nach Oberviechtach; von dort weiter nach Schönsee und über Dietersdorf nach Stadlern (dann haben Sie das Ende der bekannten Welt erreicht)

**Parken & Navi:** 92549 Stadlern, Waldhäuser Straße 3 – dann noch 250 Meter bis zum Wanderparkplatz „Am Hochfels"

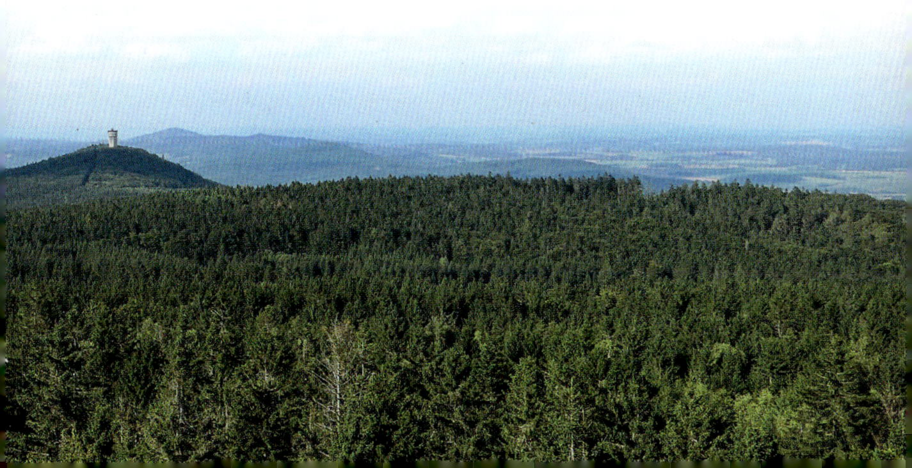

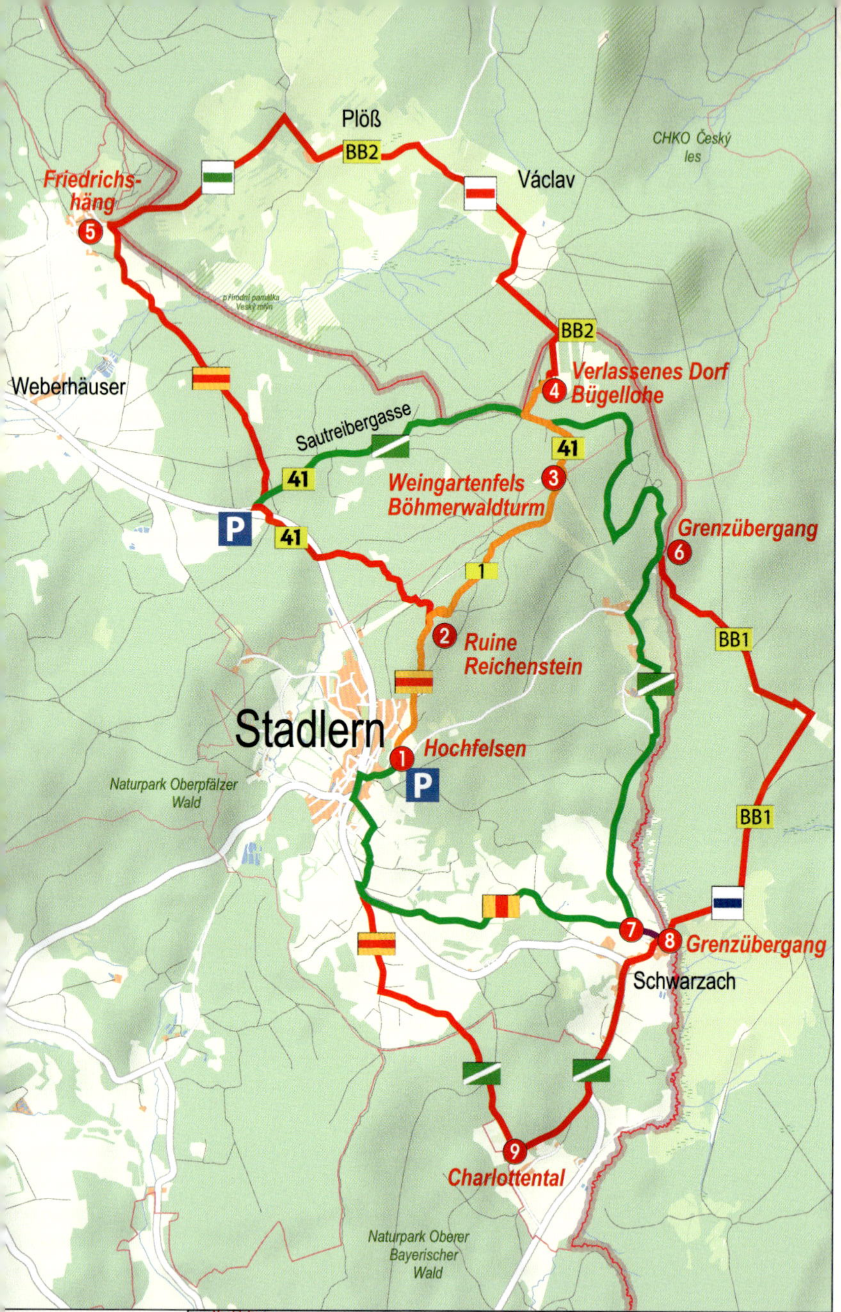
Plöß
BB2
Václav
CHKO Český les
Friedrichs-häng
5
Weberhäuser
BB2
Verlassenes Dorf Bügellohe
4
Sautreibergasse
41
41
3
Weingartenfels Böhmerwaldturm
P
41
Grenzübergang
6
1
2
Ruine Reichenstein
BB1
Stadlern
1
Hochfelsen
P
Naturpark Oberpfälzer Wald
BB1
7
8
Grenzübergang
Schwarzach
9
Charlottental
Naturpark Oberer Bayerischer Wald

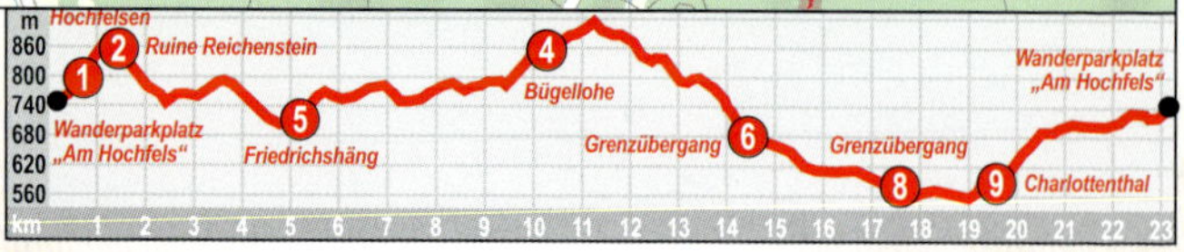
m
860
800
740
680
620
560
km
1 2 3 4 5 6 7 8 9 10 11 12 13 14 15 16 17 18 19 20 21 22 23
Hochfelsen
Ruine Reichenstein
Wanderparkplatz „Am Hochfels“
Friedrichshäng
Bügellohe
Grenzübergang
Grenzübergang
Charlottenthal
Wanderparkplatz „Am Hochfels“

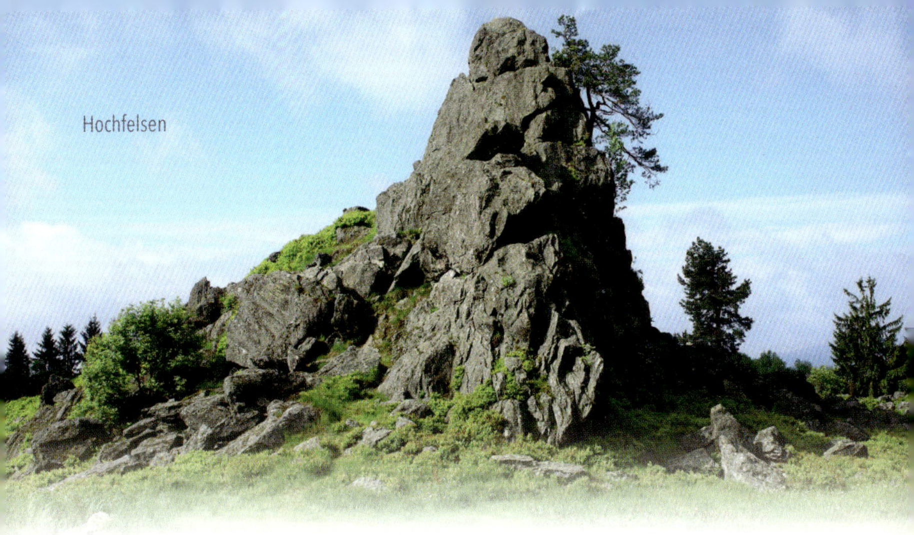

Hochfelsen

Schildern (u. a. BB2 41) zum Ort **Bügellohe** 4 folgen. Danach auf selbigem Weg zurück. Wenn Sie noch weiter, leicht bergab, bis fast zur tschechischen Grenze gehen, stoßen Sie auf die **Weißbachquelle.**

**Tour M:** Geht wie Tour S zum **Böhmerwaldturm** 3 sowie auf BB2 / 41 zur Ortschaft **Bügellohe** 4. Dann wieder zurück zur Wanderwegskreuzung zwischen Turm und Bügellohe. Dort geht jetzt nach links (Richtung Schwarzach) der **Sautreiberweg** ab. An der Ortschaft **Waldhäuser** vorbei, Abstieg fast bis **Schwarzach.** Dort 7 beginnt der **Karl-Krampol-Weg**. (Gehen Sie diesen wunderbaren Weg mal auch bis zum Zielpunkt Amberg – 82 km.) Heute reicht es, wenn Sie ihm bis zurück nach Stadlern folgen. Der Weg zum Auto geht über den sagenhaft romantischen Kreuzweg an der Kreuzigungsgruppe vorbei.

**Touren L und XXL:** Für beide Touren gilt: 100 Meter unterhalb des Burgturms **Reichenstein** zweigt (vom Turm kommend rechts) inzwischen ganz unscheinbar ein Saumpfad ab. Folgen Sie diesem Pfad. An der Gabelung links halten (also nicht bergauf) und auf dem Weg leicht bergab 150 Meter bis zur einstigen Liftschneise und Skipiste. Die Ex-Piste gehen Sie wenige Meter nach links bergab und

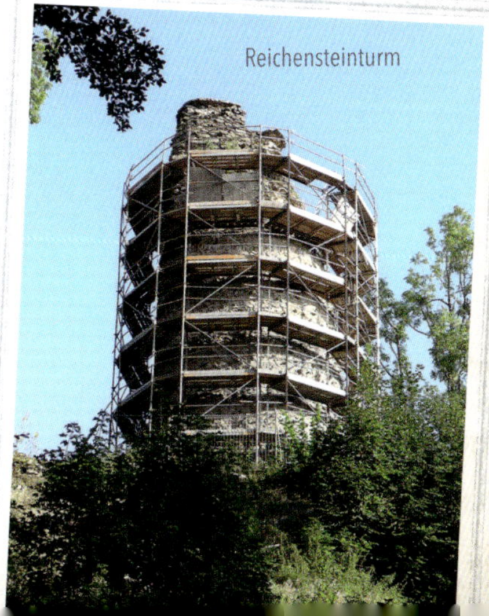

Reichensteinturm

## SAGENHAFTES:

**Reichenstein:** Im Heft „Von Weißen Frauen, Kapuzinern und Grauen Mönchen" des Heimatkundlichen Arbeitskreises Vohenstrauß (13/1992) liest man: Ein Schuster hatte 7 Kinder und nichts zu leben, denn seine Frau war faul. Da ging er zum Nachbarn und bat um Hilfe. Der gab ihm einen Kreuzer auf einen Strick zum Hängen. Dann könnten Weib und Kinder betteln und fänden überall Mitleid. – Er kauft sich einen Strick und geht in den Wald. Da sieht er auf Reichenstein Licht. Er geht also auf die Burg und in die Stube. Da war gedeckt: 12 Kannen Wein, 12 Stück Brot. Er bricht von jedem Brot, nippt von jeder Kanne. Hört Lärm und kriecht in den Ofen.

Da kommen 11 Riesen herein und setzen sich an den Tisch. Der Erste fragt „Nichts Neues?" „Ja," sagt der Zweite, „von meinem Brot ist gegessen, von meinem Wein getrunken." So jeder. Nun tritt der Zwölfte, der Oberste, ein. Alle stehen auf und fragen ihn: „Was Neues?" „Ja," sagt er, „der Graf von Schneeberg hat eine Tochter. Die hat einen kranken Fuß, den niemand heilt. Und es wäre so leicht. In seiner Burg ist ein viereckiger Stein,

... Fortsetzung nächste Seite

finden dort, wo sich die Schneise weitet, nach rechts einen Pfad in den Wald. Diesem folgen Sie und nehmen 50 Meter später die rechte, recht unscheinbare Gabelung, auch wenn es derzeit über zahlreiche morsche Äste geht. Der Weg wandelt sich zu einem wunderbaren Hohlweg, an dessen Ende Sie auf die Straße nach Dietersdorf stoßen (nach insgesamt 800 Metern).

Sie überqueren die Straße und folgen ihr nach rechts – Weg Nr. **41** – parallel zur Straße, bis Sie den Wanderparkplatz auf der anderen Straßenseite erreichen. Folgen Sie hier der **41** nach rechts in den Wald für knapp 100 Meter. Hier trennen sich Tour L und Tour XXL:

**Tour L:** Folgen Sie der **41**, bis der Sautreiberweg von links dazustößt. Er bringt Sie durch die enge **Sautreibergasse** bis zum Abzweig nach **Bügellohe** **4**. Ab hier Abstecher nach links nach Bügellohe **BB2** / **41**, dann zurück und etwas später Abstecher nach rechts auf den **Böhmerwaldturm** **3**. Anschließend weiter auf Sautreiberweg. Bei der T-Kreuzung nach links (Hinweisschild „Waldhäuser"). In Waldhäuser gehen Sie nach Erreichen des Ortes die erste Straße links. Vor Haus Nr. 23 links auf dem Wiesenweg ins Tal und rechts weiter, bis Sie wieder zur Straße kommen. Dann via Schwarzach und Karl-Krampol-Weg nach Stadlern zurück. Der Karl-Krampol-Weg biegt nach links ab. Sie gehen geradeaus weiter an der Kirche vorbei und auf dem Kreuzweg zum Auto.

**Tour XXL:** Die Premiumtour, die alles mitnimmt, was es hier zu erwandern gibt. 100 Meter nach dem Wanderparkplatz an der Straße nach Dietersdorf sind Sie zunächst 100 Meter der **41** gefolgt. Dann geht für Sie ein inzwischen unmarkierter Weg nach links weg. Folgen Sie diesem Weg (Gerstmeier-Steig), die kleineren Abzweigungen ignorierend, bis sie nach 260 Metern auf den (und andere) treffen. Folgen Sie den Schildern unbeirrt bis **Fried-**

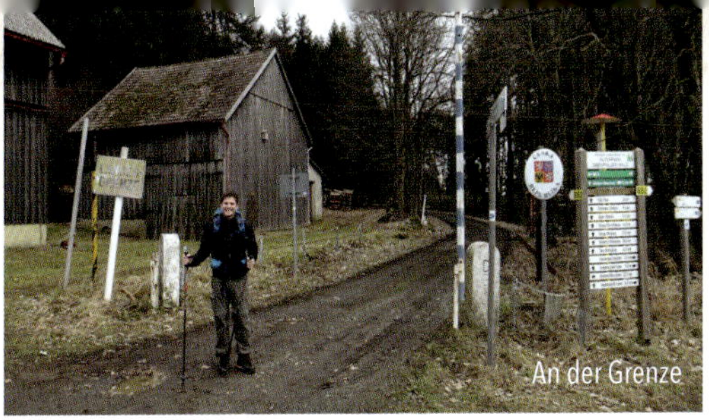

An der Grenze

**richshäng.** Dort überqueren Sie die Staatsgrenze nach Tschechien und folgen dem Grünen Balken auf Schotterweg. In **Pless** (verfallenes Dorf) biegen Sie nach rechts auf den Roten Balken ab. Folgen Sie dem Weg bis **Vaclav/Wenzelsdorf** und seinen Relikten des Kalten Kriegs. Der Weg über die Grenze zum **Ort Bügellohe** führt rechts um das alte Dorf herum und ist nicht ganz einfach zu finden. Die Schilder BB2 helfen. (Kontrolle: Unmittelbar nach der Grenze treffen Sie in der Lichtung auf die Weißenbachquelle.)

Von **Bügellohe** 4 aus weiter ausgeschildert bis zum **Böhmerwaldturm** 3. Aufstieg, Rundblick, Wow, Abstieg. Zurück zur Wanderwegkreuzung mit dem Sautreiberweg. Biegen Sie dort Richtung Schwarzach ab. Folgen Sie dem Mega-S dieses Wegs beim Abstieg, bis Sie an der Grenze angekommen sind. Dort zweigt der BB1 ab. Dieser wildromantische Pfad folgt erst einem Bachlauf und wechselt dann ins wilde Tschechien. Um zum verfallenen Ort **byv. Bernštejn** zu kommen, müssen Sie den BB1 kurz verlassen (siehe Karte!). Zurück nach Deutschland geht es auf dem. In Schwarzach 8 angekommen können Sie dem Karl-Krampol-Weg aus Tour M folgen. Oder Sie gehen noch auf der Straße den bis **Charlottenthal** 9

darunter eine blinde, fette Schlage. Das Fett heilt sie."

Der Schuster macht sich auf, sucht den Stein, hebt ihn auf, erdrückt die Schlange, nimmt ihr das Fett, meldet sich beim Grafen und heilt die Tochter. „Was Lohn?" „Sei nichts schuldig," sagt der Schuster. „Nun, so baue ich dir ein Haus zum Wohnen und gebe dir Geld zum Leben."

Der Nachbar wollte Gleiches. Der Schuster sagt ihm alles. Der Nachbar kauft den Strick, steigt auf den Baum, sieht Licht und kommt auf den Reichenstein, isst und trinkt, kriecht in den Ofen. Der Oberste aber sagt: „Ich weiß was Neues. Der Nachbar des Schusters, der ihn um einen Kreuzer zum Teufel schicken wollte, ist in dem Ofen, tut ihm nach Recht." Da warfen die elf den Ofen ein, und der erschlug den Nachbarn.

Bügellohe
Dokumentationszentrum

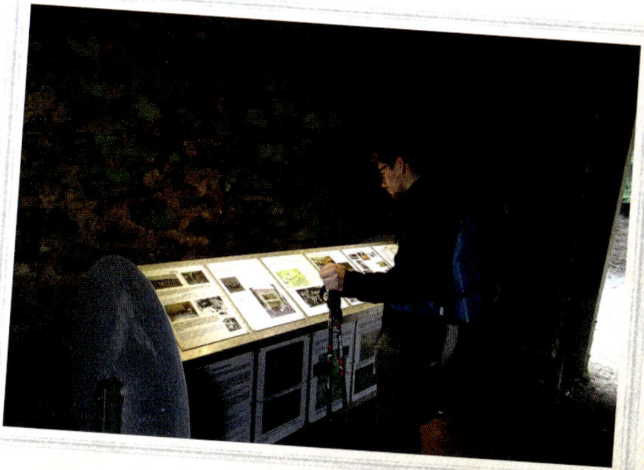

und wechseln dort vor der Kapelle nach rechts auf den Nurtschweg, der Sie nach **Stadlern** zurückbringt. Unterwegs erhalten Sie einen wunderbaren Blick auf den höchsten Punkt im Landkreis Schwandorf, die **Ebene** mit dem daraus herausragenden Böhmerwaldturm.

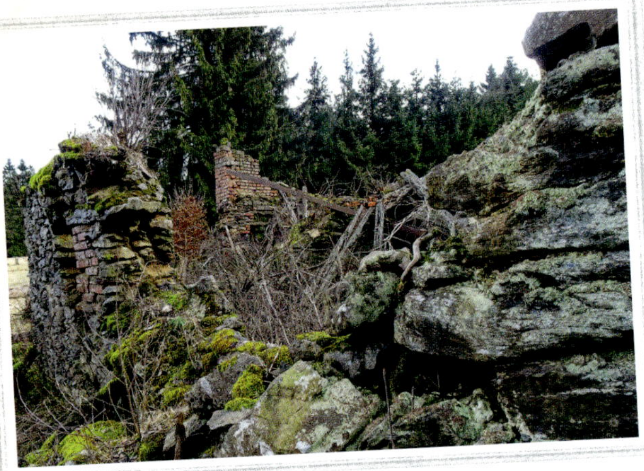

Verfallenes Dorf Bügellohe

## SOLLTE MAN GESEHEN HABEN:

**Verlassenes Dorf Bügellohe 4:** Anders als die anderen untergegangenen Dörfer des Böhmerwaldes ist die Geschichte von Bügellohe sehr kurz: Die Sudentendeutschen, die aus den anderen Dörfern vertrieben worden waren, bauten sich an dieser Stelle kurz unterhalb der Grenze eine provisorische Siedlung, die zunächst aus Holzbaracken bestand. Das Leben – kein Strom, keine ordentliche Straße, kein fließend Wasser und entsprechende Temperaturen – war hart. Man hoffte, der Vertreibung entgehen zu können, um später wieder in die angestammten Dörfer (Rappau, Wenzelsdorf) zurückzukehren. Mit der kompletten Schleifung dieser Dörfer durch die tschechische Regierung wurde dies unmöglich. Erst 1970 verließen die letzten Bewohner ihre inzwischen gebauten Steinhäuser. Im sog. Fleischhackerhaus ist eine Dokumentation untergebracht.

**Hochfels Stadlern 1:** Ein aus Codierit-Silimanit-Gneis bestehendes Felsensemble. Das 10-Hektar-Gebiet zählt zu einem der 100 schönsten Geotope Bayerns.

**Ruine Reichenstein 2:** Vermutlich schon im 11. Jahrhundert entstanden, wobei die Erbauer bzw. deren Auftraggeber unbekannt sind. Im 13. Jahrhundert im Besitz der Herren von Hostau und Muttersdorf, im 14. Jahr-

Ruine Reichenstein

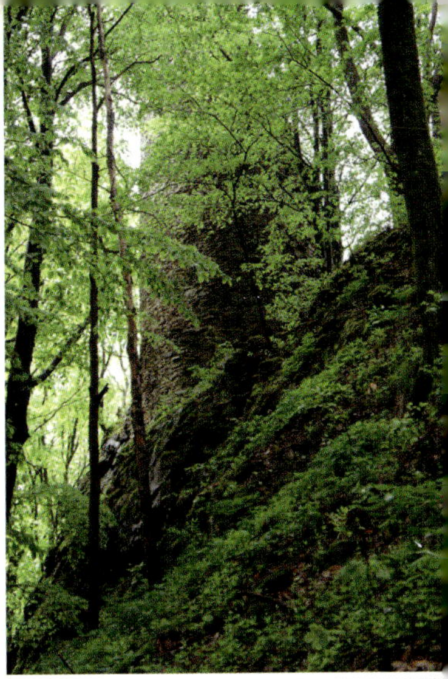

hundert Besitzerwechsel an die Leuchtenberger. Bedeutungsverlust bereits ab Mitte des 14. Jahrhunderts.

*Zitat: Weiße Frauen geistern herum, und unter den Trümmern der Burg liegt ein Goldschatz. Man könnte ihn am Palmsonntag heben; allerdings nur genau dann, wenn beim Gottesdienst in der Kirche von Stadlern die Passion gelesen wird. Wer die Frist auch nur um eine Sekunde versäumt, ist unrettbar verloren, der Berg verschließt sich.*

https://www.oberpfaelzerwald.de/burgruine-reichenstein

❊ **Friedrichshäng 5:** Auf Wikipedia heißt es, dass der Ort 1764 vom Freiherrn Friedrich Karg von Bebenburg als Waldarbeitersiedlung gegründet wurde. Allerdings wird das Gasthaus an diesem Zu-Fuß-Grenzübergang zu Tschechien bereits 1330 erwähnt. Es ist seit 1623 im Familienbesitz der Gerstmeiers und diente als Zollstation und Zollunterkunft.

❊ **Plöß/Pleš:** Vermutlich vor 1600 von den Tausern, deutschen Siedlern, gegründet. 1839 bestand der Ort aus über 50 Häusern mit fast 500 Einwohnern, 1913 waren es über 600 Einwohner. Die Menschen arbeiteten entweder in der Glashütte von Strass oder als Handwerker oder Waldarbeiter. Mit den Beneš-Dekreten wurden ab 1945 alle Bewohner vertrieben, und die Häuser verfielen in der Folgezeit. Der Friedhof „Johannes der Täufer" wurde nach der Grenzöffnung restauriert. 2016 wurde eine Gedenkkapelle eingeweiht. Im einzigen noch erhaltenen Gebäude bewirtet eine Wirtschaft, bzw. deren Bewohner, die Wanderer.

„Mit der Tür ins Haus fallen" wird schwierig in Plöß!

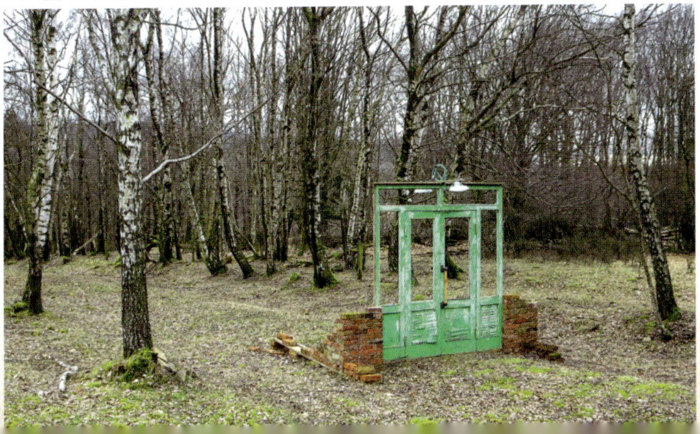

# TRAUSNITZ – TÄNNESBERG – PUMPSPEICHERKRAFTWERK RABENLEITE

## HAMMERTOUR! MEHR SOG I NET.

GESAMTRUNDE TRAUNSITZ – TÄNNESBERG:
17,2 KM / 5 H / 520 HM

VARIANTE „WEST“: RABENLEITE – TRAUNSITZ:
12,2 KM / 4 H / 350 HM

VARIANTE „OST“: RABENLEITE – TÄNNESBERG:
9,7 KM / 3 H / 300 HM

Der Name Trausnitz sorgt leicht für Verwirrung. Ist das nicht die Burg oberhalb von Landshut? Ja. Aber auch die Oberpfalz hat eine „Traudich-nicht“-Burg. Herrlich im Pfreimdtal gelegen und Ausgangspunkt dieser traumhaften Wanderung.

Die Burg ist ein Juwel. Bestens erhalten bzw. restauriert ist sie heute eine Jugendherberge, und wer rechtzeitig bucht, kann im eigentlichen Burggemäuer schlafen. Begleitpersonen von Jugendgruppen erreichen ihre Zimmer durch den Aufgang zum Turm. Kindern, die nicht folgen, können

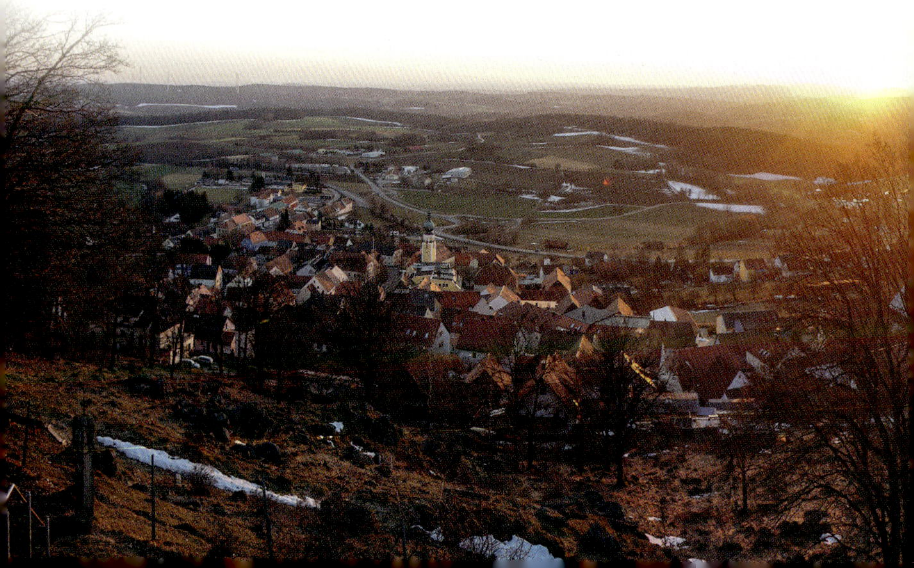

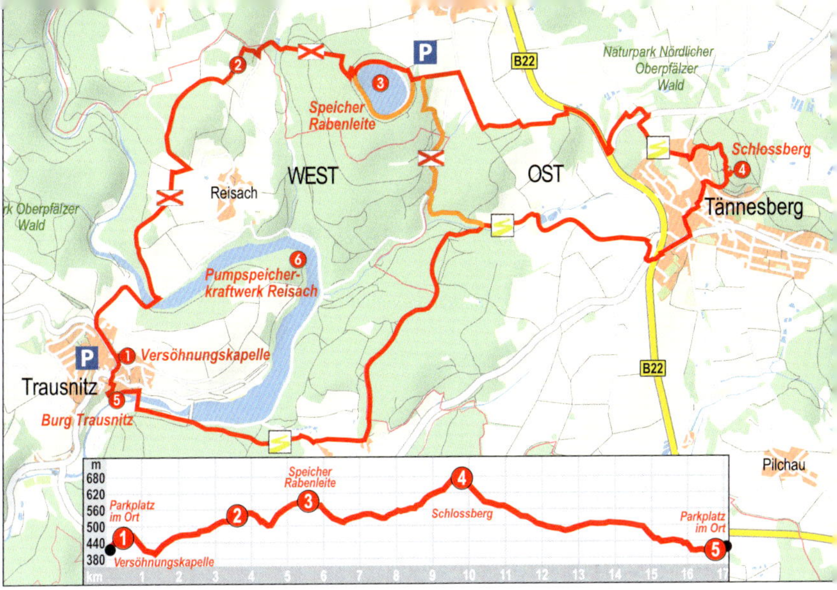


Pädagogen mit dem Galgen auf dem Felsen vor der Burg drohen, und wegen des schlechten Handyempfangs haben die Juniors kaum eine Chance, ihre Eltern über ihr drohendes Schicksal zu informieren. Gelebte Schmerzpädagogik!
Stellen Sie sich also darauf ein, dass Sie die Schönheit dieser Naturtour nicht zwingend zeitgleich in Ihrem digitalen Netzwerk posten können!

## WEGBESCHREIBUNG:

Die große Runde dieser höhengewaltigen, aussichtsreichen Tour startet mitten in Trausnitz. Sie folgen der Hauptstraße links am Gasthof „Das Landhaus" vorbei (Empfehlung für Ein- nach Rückkehr!). Nach einem ersten Anstieg nehmen Sie die Treppen zur **Pfarrkirche St. Josef,** gehen aber rechts an dieser vorbei zur kleinen **Versöhnungskapelle** (Friedhofskapelle) 1. Dann wieder zurück und weiter hinauf auf der Hauptstraße bis zum Ortsende.

An der Gabelung halten Sie sich rechts, Richtung Reisach / Ödmühle. Ab hier folgen Sie diesem Zei-

## INFO:

**Versöhnungskapelle – Pfreimd – Speicherbecken Rabenleite – Schlossberg Tännesberg – ggf. geologischer Lehrpfad – Ort Tännesberg – Burg Trausnitz im Tal**

**Anfahrt Trausnitz:**
Autobahn A93, Ausfahrt 29 „Pfreimd"; durch den Ort Richtung Wernberg, Abzweigung ins Pfreimdtal Richtung Trausnitz

**Anfahrt Rabenleite:**
Autobahn A6, Ausfahrt 72 „Leuchtenberg"; B22 Richtung Tännesberg; durch Großenschwand zum Parkplatz „Rabenleite"

**Start in Trausnitz:**
Parkplatz im Ort.
**Navi:** 9255 Trausnitz, Hauptstraße 22

**Start an der Rabenleite:**
**Navi:** 92723 Tännesberg, Großenschwand

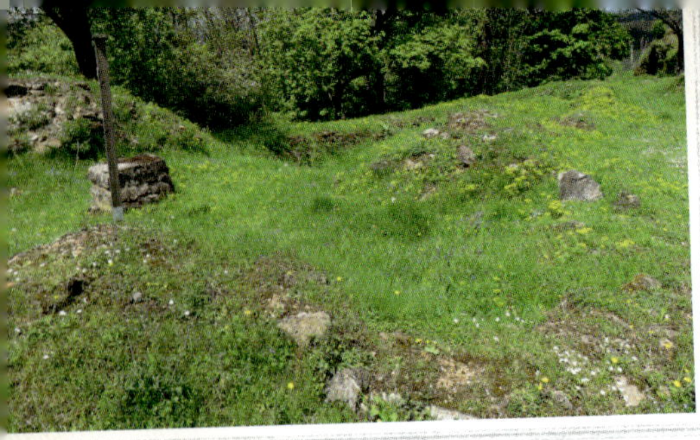

chen: ✕. Damit kommen Sie bis zum Rabenleite-Speicher. (Ein paar Tipps gibt's dennoch gratis: Unten an der Pfreimd angekommen nach rechts um das **Gasthaus Ödmühl Anzer** bis zur Brücke und auch über diese. Kurz nach der Brücke beim Kreuz im Wald geht der wilde Teil des ✕ los. Gehen Sie zügig die Spur zum Saumpfad zwischen Wald und Feld hinauf. Der Beschilderung folgen. An der nächsten Straße rechts, Richtung Reisach, aber dann wieder nach links.)

Bevor – schon ziemlich weit oben – der Wiesenpfad nach rechts als Saumpfad in den Wald einbiegt, sehen Sie im Westen am Horizont die Wallfahrtskirche von Söllitz 2! Eine weitere Schlüsselstelle finden Sie, wenn Sie die Straßengabelung nach dem Weiher linker Hand erreichen. Nehmen Sie die Abzweigung nach links, um sofort den Waldpfad rechts bergauf zu finden, der die **Rabenleite** 3 in der Direttissima ansteuert (von einem letzten Rechtsschwung ganz oben abgesehen).

Der Aussichtsturm ist schon lange kein Aussichtsturm mehr, weshalb er kein Aussichtsturm mehr ist. Schade. Ein guter Grund, bis zum Tännesberger Schlossberg weiterzugehen. Dazu umrunden Sie den Speichersee rechtsdrehend, d. h. Sie gehen nach links los. An der gegenüberliegenden Seite treffen sie auf einen Stufenpfad, der zum Parkplatz Rabenleite hinunterhoppelt. (Dort angekommen sehen Sie links am Horizont **Burgruine Leuchtenberg**.)

Ab hier ein Stück ohne Markierung: Von der Treppe kommend nach halbrechts über den Parkplatz gehen, um dort drei Straßen zu finden. Knicken Sie 90° nach links auf die Straße ab (unbeschrankt) und folgen Sie diesem Weg bergab. (Nach 80 Metern beim Tümpel biegen Sie nach rechts auf den Saumpfad für Variante „West". Markierung ✕.) Andernfalls auf den vermeintlich windschiefen Baum zu, bergab, aus dem Wald heraus. An diesem Baum gehen Sie links vorbei. Schotterweg bis zum Wald. Am Waldrand biegen Sie nach links ab und folgen diesem Weg weiter Richtung Tännesberg, das man nicht nicht sehen kann (außer, es hat Nebel).

An der B22 stoßen Sie auf den **Goldsteig** , und ich mache es mir hier ganz einfach: Nach an Leib und Seele geglückter Überquerung der B22/**Ostmarkstraße** folgen Sie dem Qualitätsweg bis zum Schlossberg hinauf. Vor Erreichen des höchsten Punktes mit der Kreuzigungsgruppe durchqueren

Sie das Areal des **Burgstalls Tännesberg** 4. Einige Grundmauern sind noch zu erkennen.
Bei guter Sicht sehen Sie im Westen das „Massiv" des Johannisbergs mit seinen Windrädern und dem höchsten Punkt im Landkreis Amberg-Sulzbach, dem **Rotbühl** (Rotbühlsender 673 m). Am rechten Abhang dieses alten Grundgebirges spitzt hinten der (noch) weiße Monte Kaolino heraus.

Heute ist das Areal des Schlossbergs fest in katholischer Hand. Neben der Kapelle gibt es noch eine begehbare Kalvariengrablege und eine „Gegeißelter Heiland"-Nische mit Opferstock. Wer seinen edlen Leib nicht auf dem Gipfel stärken konnte oder wollte, kann dies im Ort Tännesberg tun – in Deutschlands erster Biodiversitätsgemeinde. Abstieg über dieses Zeichen: .

Gestärkt? Gut! Unterhalb der Kirche stehend, gehen Sie nach links auf der Raiffeisenstraße weiter bis zum Ende. Beim Rathaus rechts, weiter in der Pfreimder Straße bis zur B22. Diese fußgängeruntertunneln Sie, die nächste Straße überqueren Sie und folgen dann nach rechts der Straße, die nach **Kaufnitz** in die Talsenke hinunterführt. Bei der Kapelle dieses malerischen Weilers treffen Sie wieder auf den vielgeliebten Goldsteig. Für Sie geht es weiter bergab.

Im Wald angekommen, folgen Sie dem Goldsteig nach links über die Brücke. (Außer Sie gehen Variante „Ost". Dann bringt Sie kurvig bergauf zurück zum Parkplatz.) Forststraße bis Oberpierlhof (Ausblick-Rastbank!), Abstieg nach Bierlhof mit herrlichem Blick nach **Trausnitz im Tal.** Hier wird klar, warum der Ort so heißt. Danach Vorsicht: Gleich hinter Bierlhof verschwindet ein hübsches Goldsteigstück in den Wald hinein.
Bei der großen Staumauer folgen Sie dem Goldsteig noch. Sie überqueren die

## SAGENHAFTES:

Wer nachts auf Burg Trausnitz unterwegs ist, läuft Gefahr, einem großen, kopflosen Schimmel zu begegnen. Ein Zauberer wollte Friedrich den Schönen befreien und zur Flucht verhelfen. Das herabstürzende Fallgatter soll dem Schimmel den Kopf vom Rumpf getrennt haben.

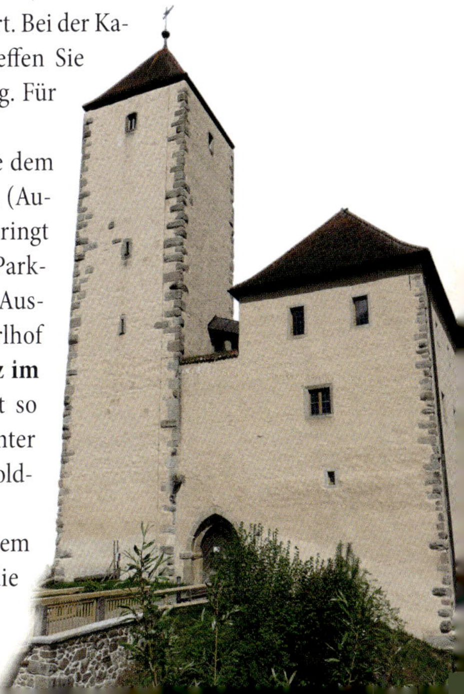

Pfreimd bei der nächsten Brücke, gehen dann aber am Ufer entlang nach links, über das Gelände der Mühle (Mühlweg).

Unterhalb der **Burg Trausnitz** 5 angekommen, nehmen Sie den Trampelpfad halbrechts hinauf, knicken dann nach rechts ab und überqueren das Gelände der Feuerstelle. Dann geht es weiter unter der Brücke zur Burg. „Festen Boden“ erreichen Sie in der Burggasse und stehen unterhalb dem Landhaus-Gasthof und haben – nach guten 17 Kilometern – allen Grund für eine Einkehr.

**Alternative Wege:** Um die **Variante „West“** zu gehen, starten Sie entweder in Trausnitz oder vom Parkplatz Rabenleite. Dann lassen Sie in der Tourbeschreibung die entsprechenden Punkte aus. (Auf halbem Weg auf dem nimmt der GPS-Track eine kleine Abkürzung!)

Für **Variante „Ost“** müssen Sie vom Parkplatz Rabenleite starten. Steigen Sie bei Punkt 5 der Tourbeschreibung ein und gehen Sie bis Punkt 9. Dann nehmen Sie den zurück zum Rabenleitenparkplatz.

## SEHENSWÜRDIGKEITEN:

**Burg Trausnitz** 5: Die Herren von Waldthurn erbauten die Burg Mitte des 13. Jahrhunderts, erste urkundliche Erwähnung 1261. Schon 19 Jahre später gelangte sie in die Hände der Wittelsbacher.

Berühmt ist die Burg durch die Inhaftierung Friedrichs des Schönen von Österreich. Er war in der Schlacht bei Mühldorf seinem Kontrahenten, Ludwig dem Bayern, unterlegen. Es war die letzte große Ritterschlacht auf deutschem Boden.

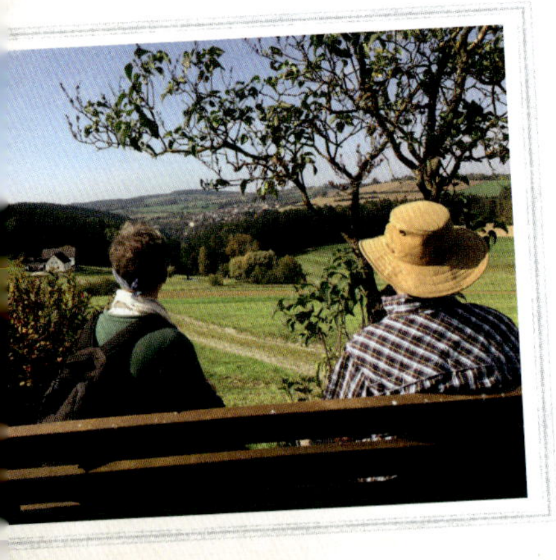

Danach mein Lieblingssatz für unsere Burgen: Häufige Besitzerwechsel (kann sich keiner merken). Zerstörung durch Feuer 1689. Bau des neuen Schlosses in unmittelbarer Nachbarschaft (später Brauhaus). Seit 1700 unbewohnt.

1830 wurde die Burg an König Ludwig I. von Bayern verkauft. 1825 stürzte ein beträchtlicher Teil ein. 1837 Restaurierung durch die königliche Regierung. Umfassende Sanierung 1993 bis 1997. Seitdem eine Jugendherberge.

**Versöhnungskapelle 1:** Erbaut in der ersten Hälfte des 14. Jahrhunderts; Abbruch des Langhauses 1892. Interessant und unbedingt einen Besuch wert ist die Kapelle wegen des Kettenstücks, an dem Friedrich der Schöne (laut Legende) gefesselt war. Das Gemälde darüber zeigt die Hintergründe: Nach der Einigung und Freilassung Friedrichs im Rahmen der **Trausnitzer Sühne** feierte man in dieser Kapelle Versöhnung. 1314 waren beide Herren in Achen zum König gekrönt worden, jedoch jeder ohne das OK des Papstes. In der Schlacht bei Mühldorf unterlag Friedrich und wurde von Ludwig mit den Worten empfangen: „Vetter, ich sah Euch nie so gerne wie heute."

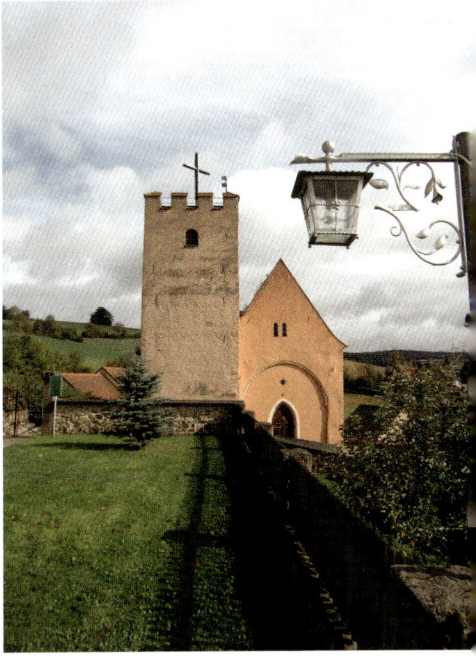

Die Mär von der Inhaftierung Friedrichs im obersten Zimmer – kalt, zugig und schlimmstenfalls ohne Glas in den Fenstern des Turms, und das in Kettenhaft – wird auch verschüchterten Schülern vom Kastellan der Burg erzählt. Belegt ist hingegen, dass sich Friedrich der Schöne während seiner zweijährigen Kerkerhaft weigerte, Hauptaar und Bart schneiden zu lassen. Seinen Beinamen „der Schöne" büßte er dadurch wohl ein. Ältere Quellen berichten, dass er im zweiten Stock des Turms gefangen gehalten wurde, angekettet und ohne großen Kontakt zur Außenwelt. So steht im Bayernheft Nr. 29 „Zwischen Böhmerwald und Naab (Cham)": *Bücher und Zeitungen, womit man sich jetzt die Zeit vertreiben kann, gab es damals noch nicht. Es wird berichtet, daß sich der Fürst gerne mit dem Schnitzen von Pfeilen beschäftigt habe."*

## GASTRONOMIE:

**Landhaus Trausnitz**
Friedrichstraße 1
92555 Trausnitz
Tel. 0 96 55/3 21
www.gasthof-das-landhaus.de

## RITTERWITZ:

Treffen sich zwei Ritter im Wald. Sagt der eine zum anderen: „Nun, wie geht's?" Sagt der andere: „Ach, so mittel, Alter!"

# OBERVIECHTACH – OBERMURACH

## DURCHS LAND DES DOKTOR EISENBARTH – WIDEWIDEWITT BUMM BUMM.

11 KM / 4 H / 212 HM

Im Sommer 2021 schickte ich meinen Eltern per Handy ein Bild vom Grabmal des Dr. Eisenbarth. Es steht etwas abseits in Hann. Münden, am Zusammenfluss von Fulda und Werra zur Weser. „*Wo Werra sich und Fulda küssen, sie ihre Namen büßen müssen. Und hier entsteht durch diesen Kuss, Deutsch bis zum Meer der Weser Fluss.*“ Auf Text und Bild antwortete meine Mutter, dass sie den Dr. Eisenbarth noch aus ihrer Jugendzeit aus Viechtach kenne, wo seinerzeit der Bürgermeister gemeint hatte, der Arzt stamme aus Viechtach. Meine Mutter hatte sogar bei zwei Aufführungen des Laienspektakels am Markplatz mitgespielt.
Offensichtlich hatte man den großen Sohn in Oberviechtach längst vergessen gehabt. Dass nun der namensähnliche Ort den Namen des Starstechers usurpierte, rief die Oberviechtacher auf den Plan. Mit dem Auffinden einer glaubwürdigen Kopie der Geburtsurkunde in Altenburg (Sachsen) im Jahr 1958 wurde die Sache ein für alle Mal geklärt: Die Gleichung lautet „*Eisenbarth = Oberviechtach.*“
Der Wunderarzt ist jedoch nicht der einzige Grund, warum man nach Oberviechtach reisen sollte. Neben der Natur und dem Ausblick auf die wellige Oberpfalz vom Burgturm laden weitere kleine und große Sehenswürdigkeiten ein.

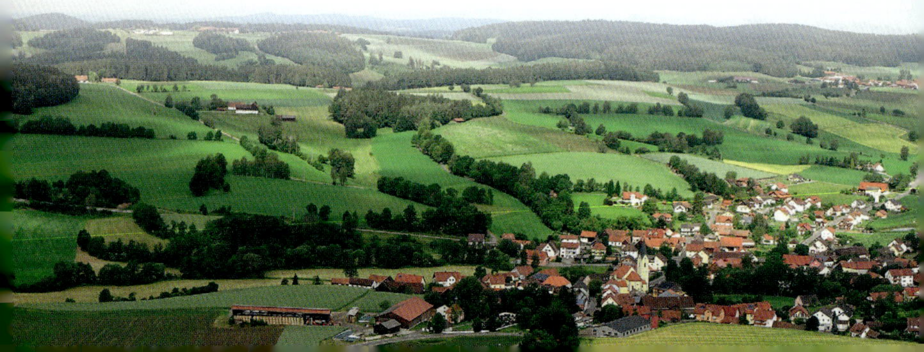

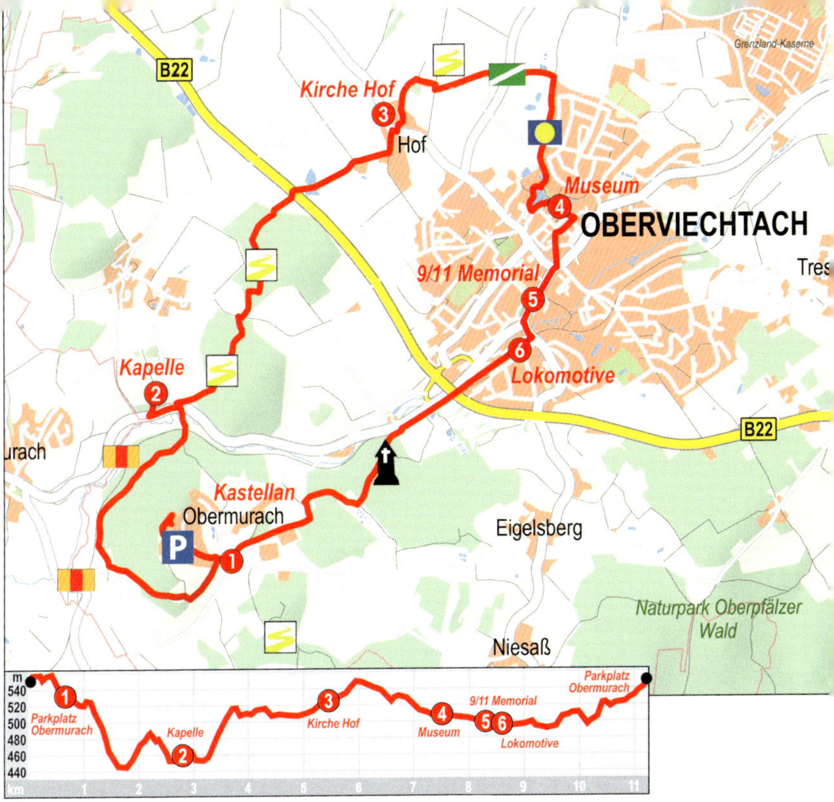


## WEGBESCHREIBUNG:

Vom Parkplatz steigen Sie zur **Burg Haus** auf. (Schlüssel vorher beim Kastellan (am Ortseingang) abholen. Siehe Info!) Vom Turm haben Sie eine wunderbare Aussicht (außer bei Nebel). Anschließend Abstieg bis zur Kreuzung **1**. Sie ermitteln ein Opfer innerhalb der Gruppe und bestimmen so, wer den Schlüssel zum Kastellan zurückbringt. Die Kinder der Gruppe können sich derweil am Spielplatz austoben.

## INFO:

**Obermurach / Burg Haus Murach – Kapelle St. Walburga – Kirche Hof – Eisenbarth-Museum – Oberviechtach – 9/11-Memorial – Hanomag-Dampflok am alten Bahnhof**

**Anfahrt:** Autobahn A93, Ausfahrt 30 „Nabburg"; Richtung Oberviechtach; auf die B22 nach rechts, Ausfahrt Oberviechtach; dann nach rechts Richtung Niedermurach; Abzweigung nach Obermurach

**Parken & Navi:** 92526 Oberviechtach, Obermurach 8

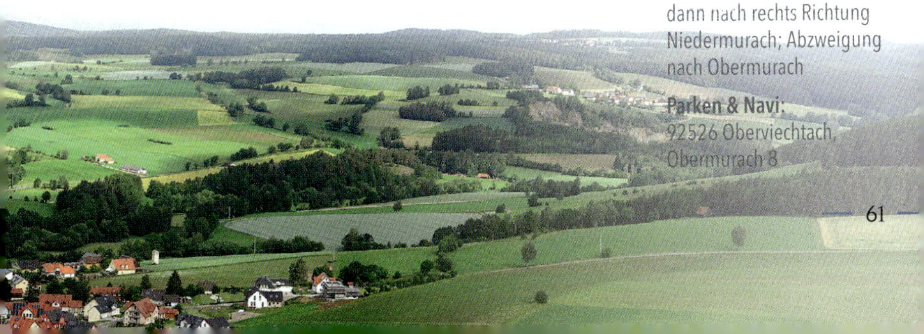

## SAGENHAFTES:

**Schönwerth (vgl. Schönwerth, 1857-59) kennt sich aus:**

**Schrazel** (auch Razel) sind in der Oberpfalz sagenhafte Gestalten, den Wichteln gleich. Sie helfen braven Menschen, aber man darf ihnen für ihre Arbeit nicht danken. Andernfalls denken sie nämlich, sie hätten ihren Lohn erhalten, und kommen nicht wieder.
In anderen Quellen werden Schrazel als rasende, lärmende Poltergeister bezeichnet. Die rätselhaften, unterirdischen Gänge in der Oberpfalz nennt man Schrazellöcher. Entsprechend sind Schrazel auch Erdgeister, Kobolde oder Zwerge.

Der **Hoymann** hat je nach Ort eine andere Statur. Allen Hoymännern (es gibt auch Hoyfrauen!) ist gemeinsam,

… Fortsetzung nächste Seite

Das erste Stück unseres Rundwegs ist im Kartenmaterial nicht zu finden: Es geht nach rechts, zwischen einzelnstehender Scheune (links) und Hecke (rechts) hindurch, und dann 250 Meter am Hang an besagter Hecke entlang. Danach tut sich nach rechts oben ein gestufter Durchlass auf. Gehen Sie diese paar Meter, so stoßen Sie auf Karl-Krampol-Weg und Goldsteig-Zubringer. Folgen Sie dieser Markierung nach links bergab, bis Sie – fast unten – nach einer kurzen Feldpassage auf einen Wiesenweg stoßen. Dort nach rechts.

Auf dem Feld-/Waldweg bleiben (d. h. halbrechts halten) und parallel zur Bahntrasse gehen. Dieser schöne Weg führt zunächst in Sichtweite zur Bahntrasse leicht bergauf und stößt nach 700 Metern auf den Goldsteig, der von rechts von der Burg herunterführt. Sie folgen dem Weg nach links bergab und überqueren kurz später die ehemalige Bahnlinie.

Die nächsten Kilometer bis zur altehrwürdigen Kirche in Hof sind schnell erzählt: Folgen Sie den Schildern des Goldsteigs. (Wenn Sie möchten, können Sie unten auf der Straße nach links zum Aufstieg zur sehr verschlossenen **Kapelle St. Walburga** 2 gehen. Danach kurz zurück zum Goldsteig.)

Der Goldsteig führt an der **Kirche St. Ägidius** 3 vorbei. Sobald Sie auf der Höhe eine Nebenstraße erreichen (mit Goldsteig-Rastbank und Scheune), verlassen Sie den Goldsteig nach rechts und biegen nach der Scheune auf den Sautreiberweg nach links ein.

Sie überqueren alsbald eine Straße und erreichen auf Asphalt Oberviechtach. Fol-

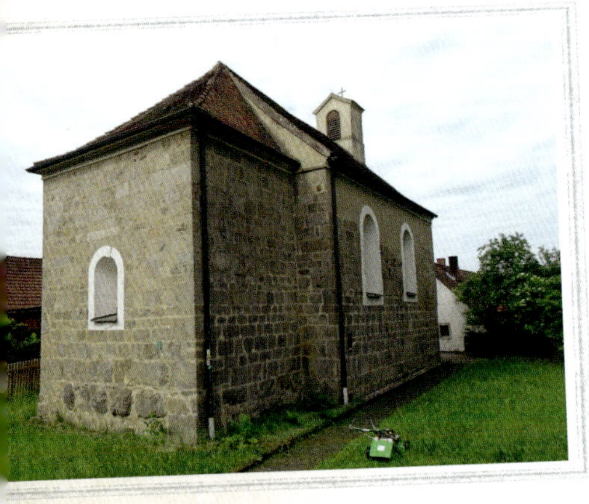

Kirche St. Ägidius in Hof

gen Sie dem Feldweg am Ort entlang nach rechts. Beim nächsten Querweg (oberhalb der zwei Weiher) geradeaus weiter, an einem Bolzplatz mit zwei Fußballtoren vorbei zum romantischen Marktweiher.

Am Weiher entlang (oder um diesen herum; Tipp: Fotomotiv „gespiegelte Pfarrkirche") bis zum modernen Gebäude des **Eisenbarth-Museums** **4**. Links daran vorbei (Mühlweg). Nach Museumsbesuch umrunden oder durchqueren Sie die **Pfarrkirche Johannes Baptist** und landen auf dem geschmackvollen Marktplatz (Apropos: Einkehrmöglichkeiten!). Letzteren via Bahnhofstraße verlassen, dann rechts in die Straße „Zum Bahnhof" und man kommt – Überraschung! – zum alten Bahnhof. Versäumen Sie aber nicht den Blick nach rechts zum **9/11-World-Trade-Center-Memorial** **5** im Park. An der nächsten Abzweigung links zur **Hanomag-Lok** **6** von 1899. (Die „Futterbude" neben dem alten Bahnhof ist kultig!)

Danach gehen Sie auf der ehemaligen Bahntrasse hinaus aus der Stadt. Nach 500 Metern unterqueren Sie das B22-Viadukt. Weitere 400 Meter später erreichen sie fast den Waldrand. An der Hecke zur Linken wechseln Sie drei Meter nach links auf den Saumpfad, der an dieser Hecke vorbei in den Wald hinaufführt. Dort treffen Sie dann auch auf diese Wanderschilder, denen Sie ein gutes Stück folgen.

Nach einem Aufstieg durch den Wald biegen Sie an der nächsten Lichtung nach rechts ab und durchqueren erneut ein Waldstück. Nach diesem nach links bergauf, und kurz später am Waldrand wieder nach rechts und geradeaus am Einödhof vorbei. Oben, an der schmalen Straße angekommen, wieder nach rechts auf Obermurach zu, über die Kreuzung **1** und zurück zum Parkplatz.

Ende. Gute Heimreise!

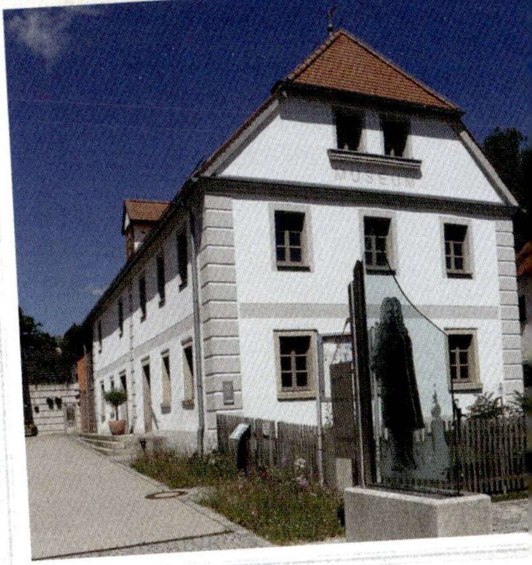

Eisenbarth-Museum

dass: „Wenn der Hoymann ruft, darf man ihm nicht antworten: Denn er hält sich dadurch für verspottet. Einem solchen setzt er sich auf den Rücken, und der muss ihn dann so lange tragen, bis er an seine Wohnung kömmt, wo er von selbst wegfällt." In Oberviechtach bekommt der Spotter eine Schelln (Ohrfeige).

„Die **Druden** sind Menschen, bey deren Taufe ein Fehler vor sich gegangen ist; die Folge dieses Fehlers ist, dass sie nachts lebende Wesen drucken müssen, auch wider ihren Willen; ausser dem Drucken thun sie nichts Uebles." Der Spruch, der einen vor einer Drud schützt, lautet: „Drud, Saudreck vor die Ohren!" Ähnlich wie die Hoymänner unterscheiden sich auch die Druden von Ort zu Ort in Gestalt und Gebaren.

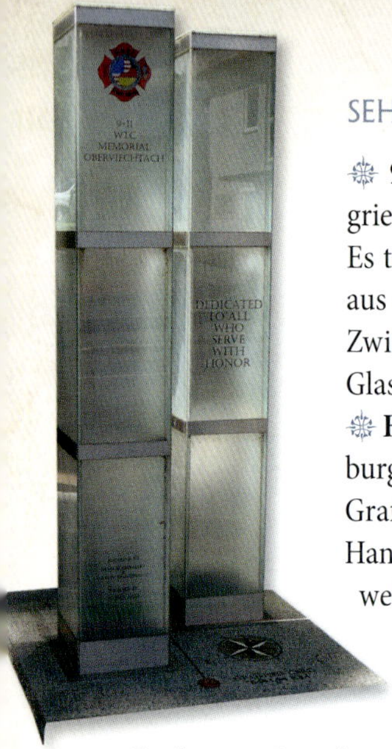


## SEHENSWÜRDIGKEITEN:

**9/11-WTC-Memorial 5:** Das im Denkmal integrierte Stahlteil ist das einzige seiner Art in Deutschland. Es trägt den Namen „Artefakt # H-0031a“ und stammt aus einem der zwei am 11. September 2001 zerstörten Zwillingstürme. Es ruht auf Oberpfälzer Granit. Die Glassäulen stellen die beiden Zwillingstürme dar.

**Burg Haus Murach:** Erste Erwähnung dieser Höhenburg (585 m) im frühen 12. Jahrhundert. Erbaut von den Grafen von Sulzbach. Zweck war die Überwachung der Handelswege („Goldene Straßen“) nach Prag und die Abwehr von Angriffen, die aus Böhmen heraus geführt wurden. Dass es sich um eine Wohnburg handelte, ist im Namen „Haus“ (hus) belegt.

Durch Heirat gelangte die Burg in die Hände der Grafen von Ortenburg. 1238 übertrug Heinrich I. von Ortenburg die Burg an seine zweite Frau und deren drei Söhne. Sohn Heinrich II. ging leer aus und war ziemlich angefressen. Durch den Streit mit der Stiefmutter entstanden finanzielle Schwierigkeiten, und am Ende wurde Haus Murach an Ludwig den Strengen verpfändet.

Danach wieder die üblichen Besitzerwechsel: Wittelsbacher, Kaiser Karl IV., Belagerung durch Hussiten, Kurfürstentum Bayern. 1803 (Säkularisation) Verkauf an einen Privatmann und Nutzung der Burg als Steinbruch. 1944 Rückkauf durch Bayern, später weitere Sanierungsarbeiten.

**Ägidius-Kirche in Hof 3:** Diese massive Steinkirche wurde zwischen 1150 und 1170 errichtet, also in der Romanik. Sie ist die christliche Urzelle der Region und gilt als ältestes Gebäude im Raum Oberviechtach und ist von hohem kunsthistorischen Wert. Die Mauern sind bis zu 1,56 Meter dick.

**Doktor-Eisenbarth- und Stadtmuseum 4:** Der berühmte Handwerkschirurg, Wundarzt und Starstecher Johann Andreas Eisenbarth wurde am 27.3.1663 in Oberviechtach geboren. „Soldaten-

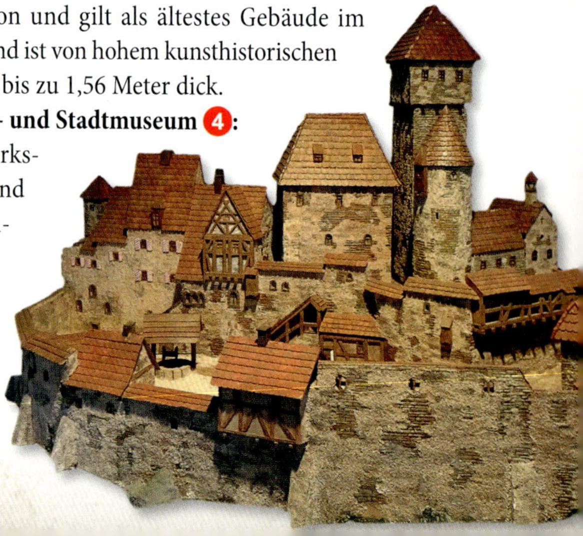

Modell von Haus Murach im Eisenbarth- und Heimatmuseum

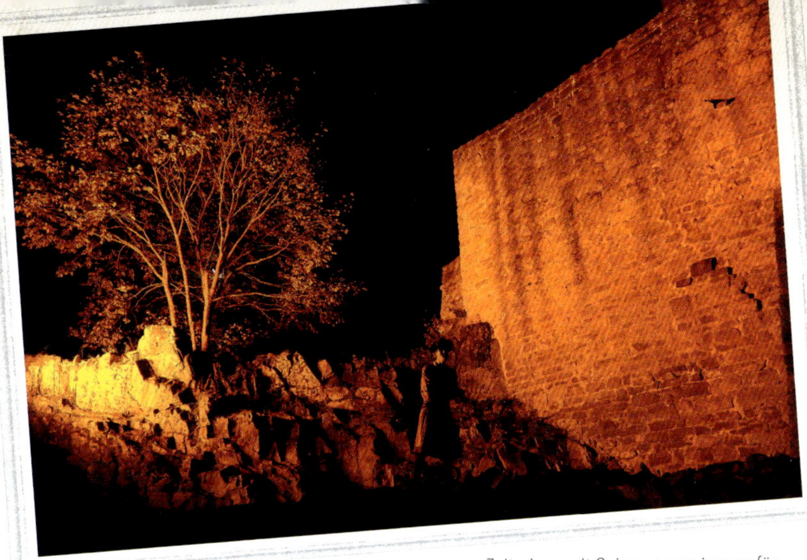

Zeitreisen mit Ovigo sorgen immer für Grusel-Gänsehautatmosphäre.

könig" Friedrich Wilhelm I. ernannte ihn zum Hofrat und Hof-Augenarzt. Berühmt wurde er für die Nachwelt durch das viel später komponierte Trinklied „Ich bin der Doktor Eisenbart". Aber schon zu Lebzeiten hatte er zwischen 1686 und 1715 so große Erfolge, dass er Arzneimittel im großen Stil herstellen und verkaufen (lassen) konnte. Als einer der ersten deutschen Ärzte verfasste er Flugblätter und schaltete Inserate in Zeitungen. Obwohl er keinen offiziellen Doktortitel besaß, wurde Eisenbarths Operationstechnik von schulmedizinischer Seite anerkannt. Er starb am 11. November 1727 in Hannoversch Münden, dem Ort, wo sich Fulda und Werra zur Weser vereinigen.

**Hanomag-Dampflok 6**: Im gläsernen Lokschuppen empfängt die Dampflok von 1899 ihre Besucher. Sie entspricht den auf der Strecke Nabburg-Oberviechtach-Schönsee eingesetzten Lokomotiven, fuhr selbst aber bis 1965 im Raum Hannover. Danach fristete sie ein trauriges Dasein auf Spielplätzen. 2010 kaufte sie ein Oberviechtacher Kaufmann und ließ sie angemessen restaurieren und ihr diesen wetterfesten, würdigen Altersruhesitz einrichten.

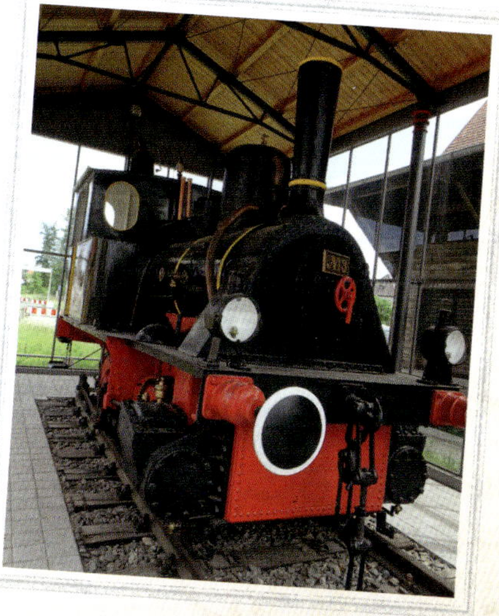

# ZANGENSTEIN

## MAN GLAUBT GAR NICHT, WIE VIELE ALTE HANDELSWEGE MAN NOCH FINDET.

15,3 KM / 4:30 H / 264 HM

Wer heute nach Schwarzhofen fährt, mag nicht glauben, dass dieses idyllische Tal einst eine Verkehrsader erster Güte war. Praktisch mit der Vertreibung aus dem Paradies setzte hier Durchgangsverkehr ein. Schuld daran war wohl auch eine sichere Furt über die Schwarzach, die sich in Schwarzhofen befand. Heute geht es hier absolut idyllisch zu. Ein Tal weiter (dort, wo wir starten), bei Unter-, Mitter- und Oberauerbach, ist gar der *canis lupus familiaris* in die ewigen Jagdgründe eingegangen.
Einen Weg, den Sie hier wandern, nennt man Hussitengrabenweg. Das liegt an den Hussiten und an der Form des Hohlwegs, aber dass das Wort „grab" enthalten ist, trifft die Sache vortrefflich: Nachdem die Hussiten den Ort Schwarzhofen 1427 und 1428 geplündert und niedergebrannt hatten, wurden sie am Montag, 21. September 1433, bei Hiltersried ein für alle Mal besiegt. Man baute das Kloster wieder auf und bat Barockmeister Dientzenhofer erfolgreich, sich der Sache anzunehmen.

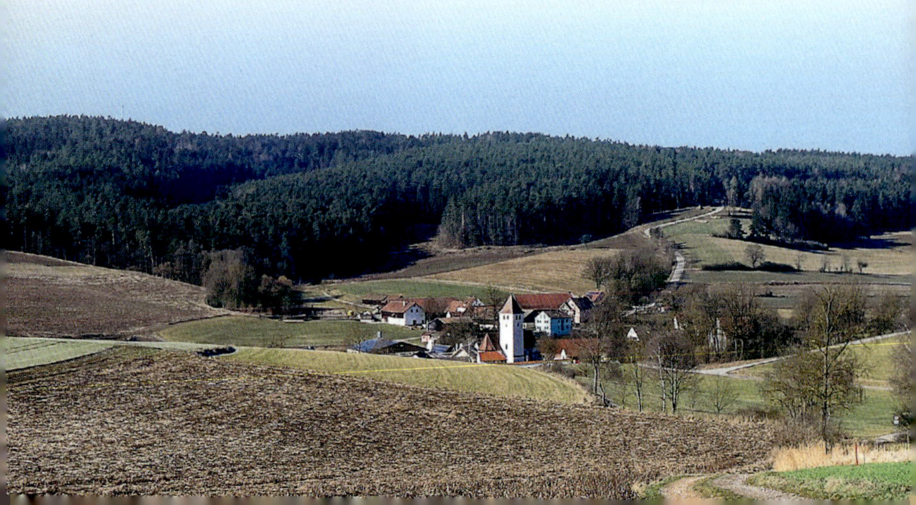

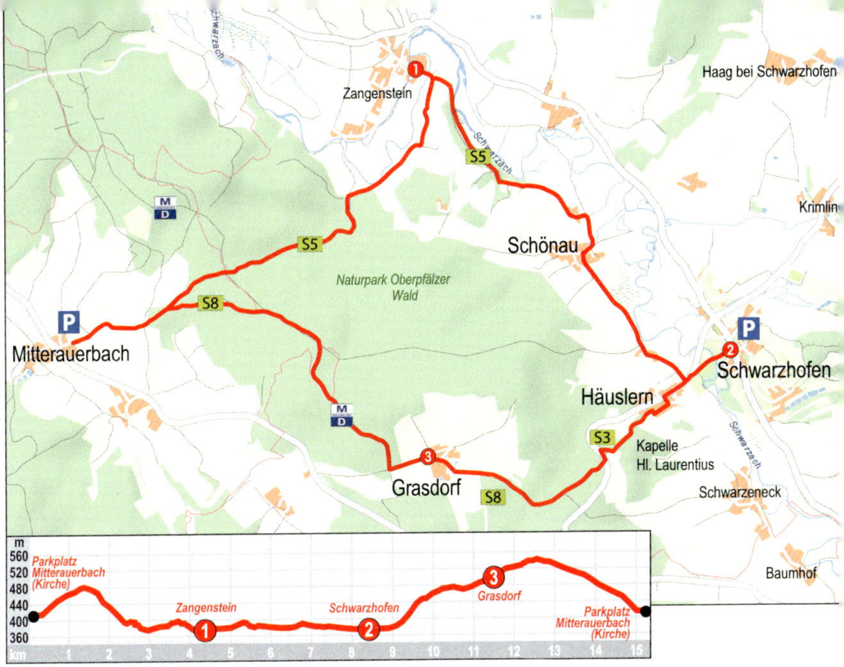


## WEGBESCHREIBUNG:

Die Wanderung startet von oberhalb der Kirche **Mitterauerbach.** Die Besichtigung der sehenswerten **Kirche Mariä Himmelfahrt** kann vor oder nach der Wanderung erfolgen. Auf befestigtem Untergrund geht es sanft ansteigend bergauf, an einem Fischteich vorbei und über eine Kreuzung auf den Wald zu. Nach guten 200 Metern im Wald gehen Sie geradeaus weiter. Auf dem S8, der sich hier nach rechts ausklinkt, kommen Sie in ein paar Stunden zurück (Lassopunkt 1).

## INFO:

**Mitterauerbach – Burg Zangenstein – Schwarzachtal – Flachmoor Häuslern – Kirche/Kloster Schwarzhofen – viele alte Hohlwege**

**Anfahrt:** Autobahn A 93, Ausfahrt 31 „Nabburg"; im Kreisel geradeaus weiter Richtung Schwarzach b. Nabburg; dort nach rechts Richtung Unter-, Mitter,- Oberauerbach abbiegen; in Mitterauerbach zur Kirche, dort parken

**Parken & Navi:**
92431 Neunburg v. Wald, Mitterauerbach 10

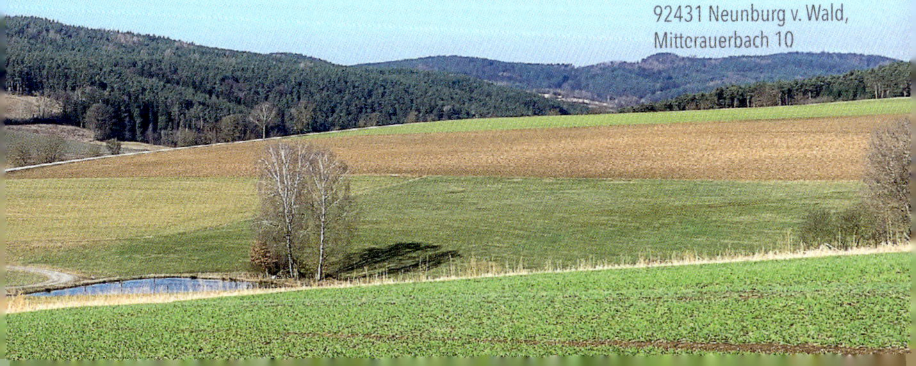

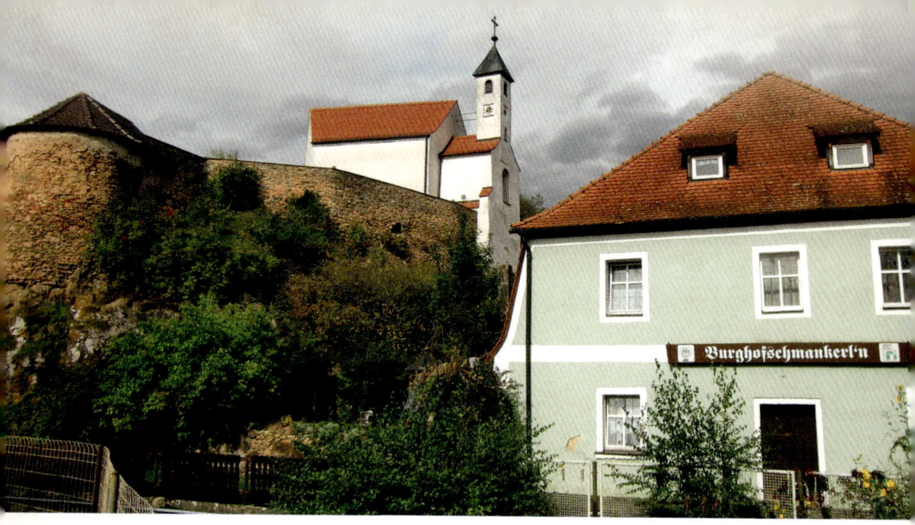


Burg und Kapelle Zangenstein

## SAGENHAFTES:

Es gibt mehrere Sagen, die sich mit den angeblichen Fluchtversuchen Friedrichs des Schönen von Burg Trausnitz (Tour 8) beschäftigen. In einer dieser Sagen wird berichtet, dass es ein junger Ritter wagte, mittels eiserner Klammern (Zangen) an den Quadern des Burgturms bis zu den Fenstern zu klettern. Allerdings lehnte Friedrich dankend ab, belohnte aber den wackeren Jüngling, indem er ihm die Burg Zangenstein im Schwarzachtal verlieh.

Neben dem Jüngling erschien Friedrich auch der Teufel. Auch seine Hilfe lehnte er ab.

(Enzinger, S. 12)

Nach einem halben Kilometer kreuzt der Main-Donau-Weg M/D. Sie gehen geradeaus weiter und folgen dem S5 hinunter bis Zangenstein. (Beim Abstieg passieren Sie eine muntere Fontäne! Vorsicht: Nach den fünf Fischteichen beim Ausgang des Waldes müssen Sie nach rechts abbiegen!) 300 Meter vor Zangenstein stoßen Sie auf Asphalt. Folgen Sie der Straße in den Ort hinein (Lassopunkt 2 bei der kleinen Kapelle vor der Brücke!). **Burg und Kapelle Zangenstein** können erklommen werden 1. Dazu können Sie das Grundstück hinter dem Gasthaus „Burgschmankerl'n" zwei Mal auf direktem Wege überqueren. (Die Grundbesitzer danken es Ihnen, wenn Sie nicht ihr weiteres Grundstück inspizieren, was nach deren Aussage häufig der Fall ist.)

Nach Burgbesichtigung geht's auf der Brücke über die Schwarzach zurück bis zu dem netten Schrebergarten in der Kurve. Hier geht der S5 nach links feldwegig weiter – entlang der **Schwarzach.** Man bleibt auf dem S5 erst als Feld-, dann als Waldweg. Im Wald geht es bergauf, bis der Pfad links in ein Hohlwegsystem einmündet. 50 Meter später nach links und auf offener Fläche zwischen den Feldern weiter. Nach Umrundung des alleinstehenden Hofes auf Asphalt bis nach Schönau hinein.

Der einzige Wermutstropfen dieser Tour beginnt jetzt: Nach links abgebogen haben wir Asphalt bis Schwarzenhofen. Der Blick ins **Schwarzachtal** lenkt etwas ab, und man kann auch ganz gut im Bankett dieser wenig befahrenen Straße gehen! (Kurz vor Klosterhäuser erfahren Sie noch Wissenswertes zum **Flachmoor Häuslern,** das rechts des Weges liegt.) An der Kreuzung von Häuslern erreichen Sie Lassopunkt Nr. 3. Sie biegen nach links Richtung Schwarzhofen ab. In der Hoffnung, dass die Brücke in den Ort inzwischen instandgesetzt wurde, gehen sie auf dem Fußweg geradeaus Richtung Kirche – an der **Nepomukkapelle** vorbei über die Schwarzach. Rast im Ort, z. B. bei dem Brunnen in der Hauptstraße, bietet sich an. (Sollte die Brücke immer noch gesperrt sein, dann über die Autobrücke in den Ort und nach der Brücke rechts am Kindergarten vorbei zur Kirche.)

Nach der eingehenden Inspektion des geschichtsträchtigen Ortes Schwarzhofen 2 geht's beim Lassopunkt 3 geradeaus weiter durch Häuslern hindurch. Bei der zweiten Abzweigung nach links in die Straße „Am Pfarrberg" dem S3 (sog. **Hussitengrabenweg**) folgen. Es geht durch den Ort, hinauf zur **Kapelle** des **Hl. Laurentius.** Ein ausgeprägtes, zweispuriges Hohlwegsystem begleitet uns dabei. Dann weiter bis zum Waldrand hinauf. Oben angekommen, dann der Beschilderung nach rechts folgen, kurz nach links auf die Fahrstraße und wenig später (80 m) nach rechts in den Wald. Der Rest ist schnell erzählt: Etwas weiter oben treffen Sie auf den Main-Donau-Weg, den Sie nach rechts nehmen und dem Sie bis **Grasdorf** 3 folgen.

Durch Grasdorf durch und nach dem letzten Hof (der riesige Hund bellt eigentlich nur!) nach links weiter, hinauf zur Anhöhe mit herrlichem Blick nach Osten – bei guter Sicht bis zum **Cerchov** (Schwarzkoppe) mit seinen zwei Türmen. Nach möglicher Rast auf der Bank geht's nach rechts weiter. Es folgt ein herrlicher Weg, am Fuß des Atlasberges vorbei. Nach zwei Kilometern (Links hat sich längst eine Lichtung aufgetan. Jetzt wunderbarer

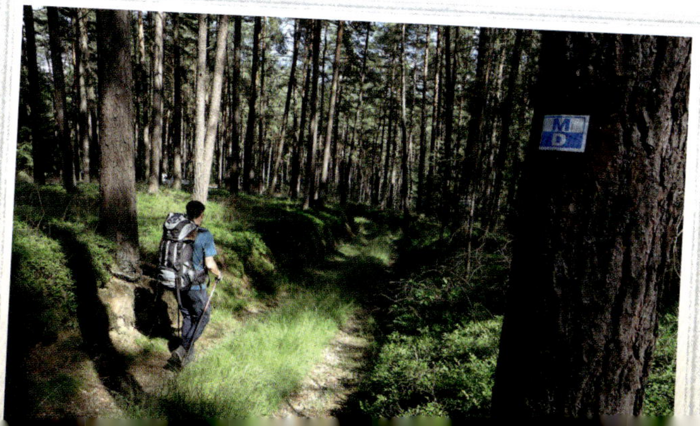


Weit ab von Main und Donau gemütlich wandern

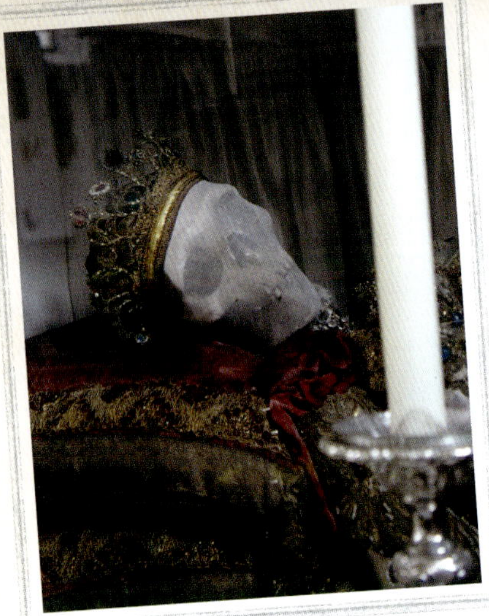

Schrein in der Kirche „Maria vom Siege", Schwarzhofen

Blick nach Westen!) driften M-D-Weg und S8 auseinander. Sie bleiben außerhalb des Waldes auf dem S8. Leicht kurvend, auch wieder durch Wald, erreichen sie nach ein paar Minuten Lassopunkt 1, von dem aus es flott nach Mitterauerbach zurückgeht.

## DIE HIGHLIGHTS DER TOUR:

**Burg Zangenstein 1:** Funde aus Vor- und Frühgeschichte sowie Hügelgräber in der Nähe des Burgfelsens deuten auf einen alten Siedlungsraum in dieser Gegend hin. Anders als bei den meisten anderen Burgen, die aus dem Nebel der Geschichte auftauchen, gibt es für Zangenstein ein Geburtsdatum: 1360 gab Pfalzgraf Ruprecht I. Otto der Zenger von Schwarzeneck die Erlaubnis, auf dem Felsen über der Schwarzach eine Burg zu bauen. Allerdings gab es wohl eine weniger stark befestigte Vorgängerburg, womit wir wieder im Nebel der Geschichte gelandet wären. In ihrer Blütezeit im 14. bis 16. Jahrhundert waren die Zenger die wahren Herren dieser Gegend, besaßen sie doch noch eine ganze Reihe weiterer Burgen wie Thanstein, Fronhof, Forstenberg, Schwärzenberg.
Aber „What goes up must come down". Am Ende versuchten sich die Zenger als Raubritter über Wasser zu halten, aber diese Metapher verdeutlicht eindrucksvoll das Scheitern des Unterfangens. Sie starben aus. Danach Besitzerwechsel, heute in Privatbesitz.
Die **Kapelle** kann ebenfalls eine wechselvolle Geschichte aufweisen. Weil sich lange niemand um sie kümmerte, nahm sich ein Verein ihrer an. Man kann sie nach Voranmeldung besichtigen.
Hinweis: Der **Zugang zum Burggelände** erfolgt über Privatgrund. Das ist Ihnen grundsätzlich möglich, aber die Bewohner hätten die Bitte, dass Sie das Grundstück keiner eingehenden Inspektion unterziehen, so wie es leider immer wieder geschieht. Wenn man keinen Zugang zur Kirche hat, muss man auch nicht zwingend aufsteigen!

**Kloster Schwarzhofen** 2: Wenn man die Quellen zu diesem Kloster liest, ist man nach wenigen Zeilen schon wieder total verwirrt und weiß weniger als vorher. Hier in Kürze und alles geordnet:

– 1230: Frauen gründen eine religiöse Gemeinschaft.
– 1237: Heinrich von Ortenburg schenkt den Frauen die Pfarrei Schwarzhofen zur Klostergründung; im Hintergrund hat wohl eine Gräfin Jutta von Ortenburg die Strippen gezogen.
– 1240: Gründung des Klosters durch die Grafen Rapoto I. und Diepold
– Im Rahmen der Kriegszüge Ottokars II. (1232 - 1278) erste Zerstörung des Klosters; das religiöse Leben erlischt.
– 1691: Neugründung durch Regensburger Dominikanerinnen
– 1702: Einweihung der Klausur
– 1802: Auflösung des Klosters im Rahmen der Säkularisation; Verkauf des Inventars (nicht der 15 verbliebenen Klosterschwestern!); Versteigerung der Kirche und Abbruch derselben
– 1836: Einrichtung eines Konvents durch die Armen Schulschwestern; Schule für Mädchen
– 19. Jhdt.: Einrichtung der Dr. von Ringseisschen Pfründeanstalt (= Seniorenresidenz)

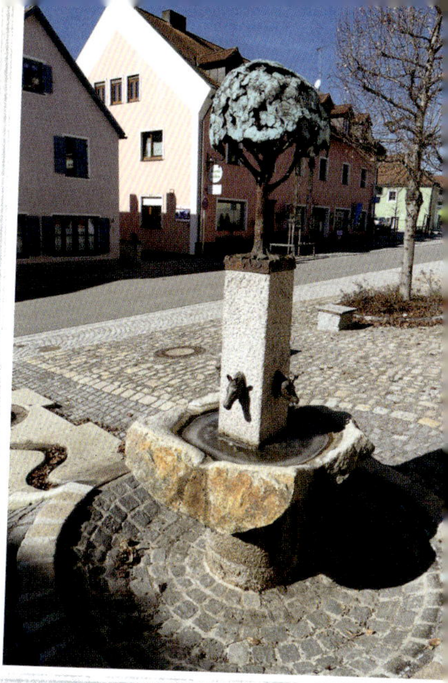

Vor lauter Burgen und Kirchen sollte man Schwarzhofen selbst nicht übersehen!

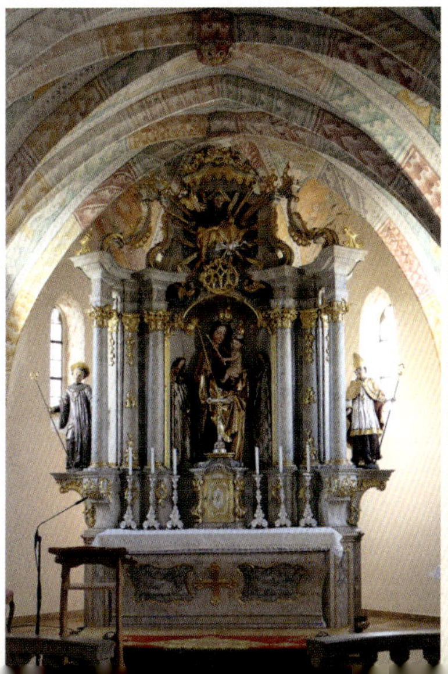

Kulturell wertvoll: Kirche Mariä Himmelfahrt, Mitterauerbach

TOUR 11

# THANSTEIN – SCHWARZENBURG

## DER WILDE HEINZ VERDIENT EINEN WILDEN RITT.

14,9 KM / 5–6 H / 462 HM („WILD“)

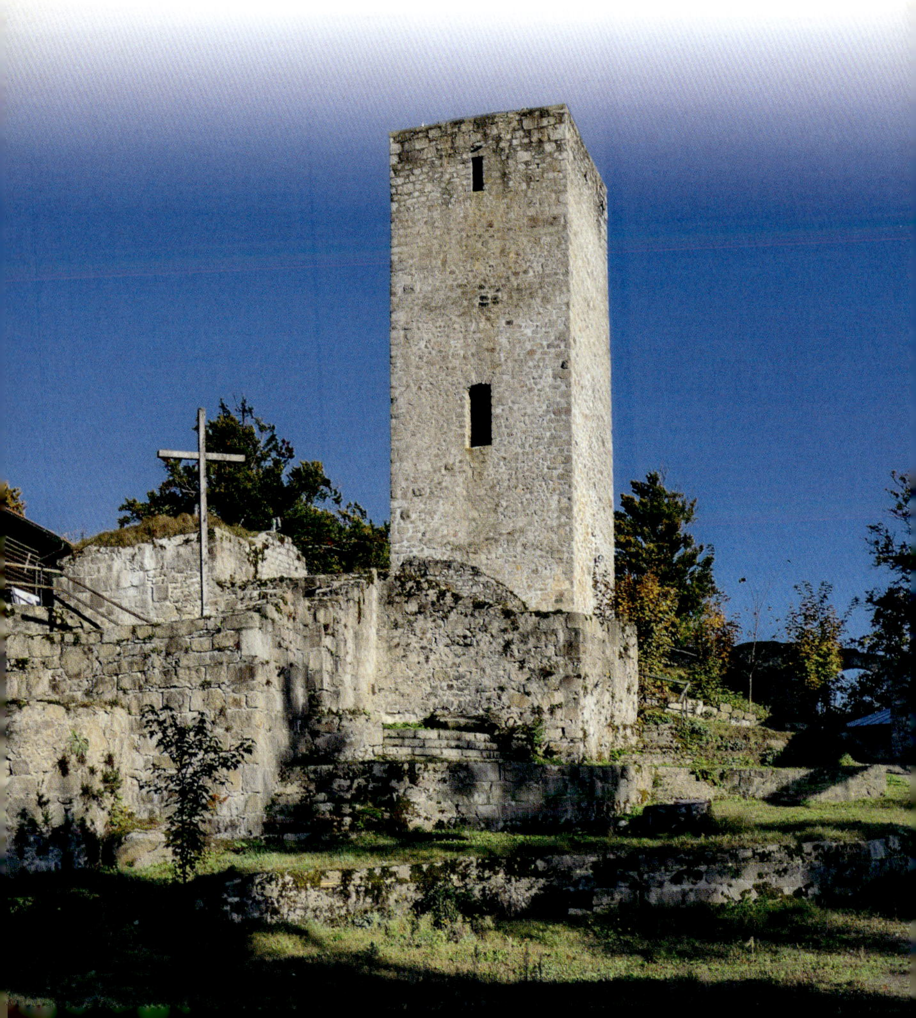

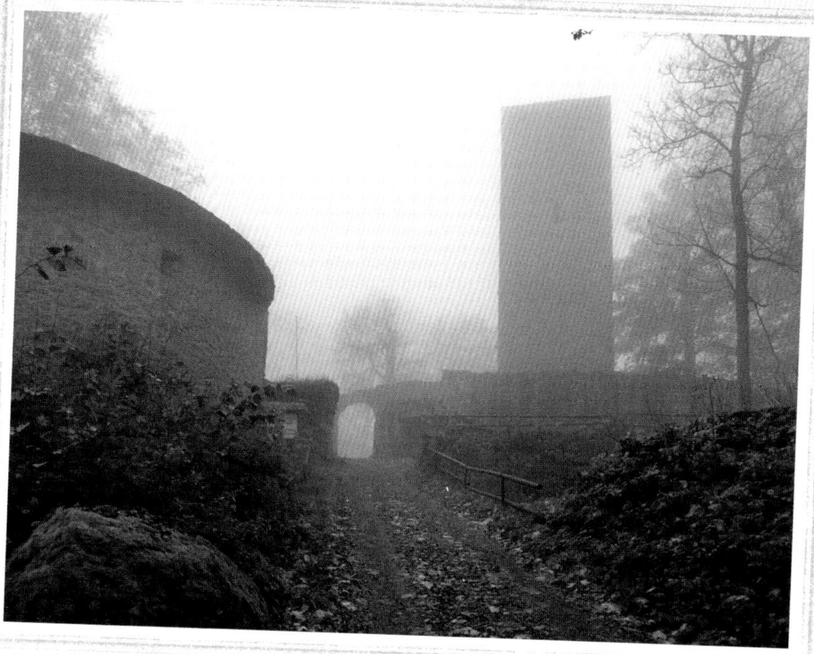

Sie finden in diesem Buch keine Klassifikation der Touren bezüglich Schwierigkeitsgrad. Während der eine nach fünf Kilometern in der Ebene schnauft, sprintet die andere nach dem Mittagessen auf den Nanga Parbat. Wie schwierig ist dann eine Wanderung in der Oberpfalz? Aber diese Tour würde ich als „fordernd" bewerten. Nicht nur sind hier die Höhenmeter beträchtlich, es sind auch die wilden Wege, die zusätzlich den Pfadfindergeist und die Kniescheiben in Anspruch nehmen. Sollten Sie davor zurückschrecken, diese Wege zu gehen, dann wählen Sie die „milde" Alternative. Diese ist etwas länger und auch als GPS-Track hinterlegt. Ist das noch zu weit und zu hügelig, dann wandern Sie entweder von Thanstein zur Schwarzenburg oder von Rötz, OT Bauhof, über die Schwarzenburg nach Thanstein und dann jeweils wieder zurück.

INFO:

**Burg Thanstein - Burg Schwarzenburg - Schwarzwihrberg - Totentruhe**

**Anfahrt:** An Neunburg vorbei Richtung Rötz; nach der Brücke über den Eixendorfer Stausee **NICHT** nach rechts auf den offensichtlichen Wanderparkplatz, sondern nach links Richtung Staumauer; nach 100 Metern am Parkplatz (Parkbucht, nicht weiter gekennzeichnet) parken

**Hinweis:** Für diese Tour empfehle ich sowohl Wanderstöcke als auch ein GPS-Gerät.

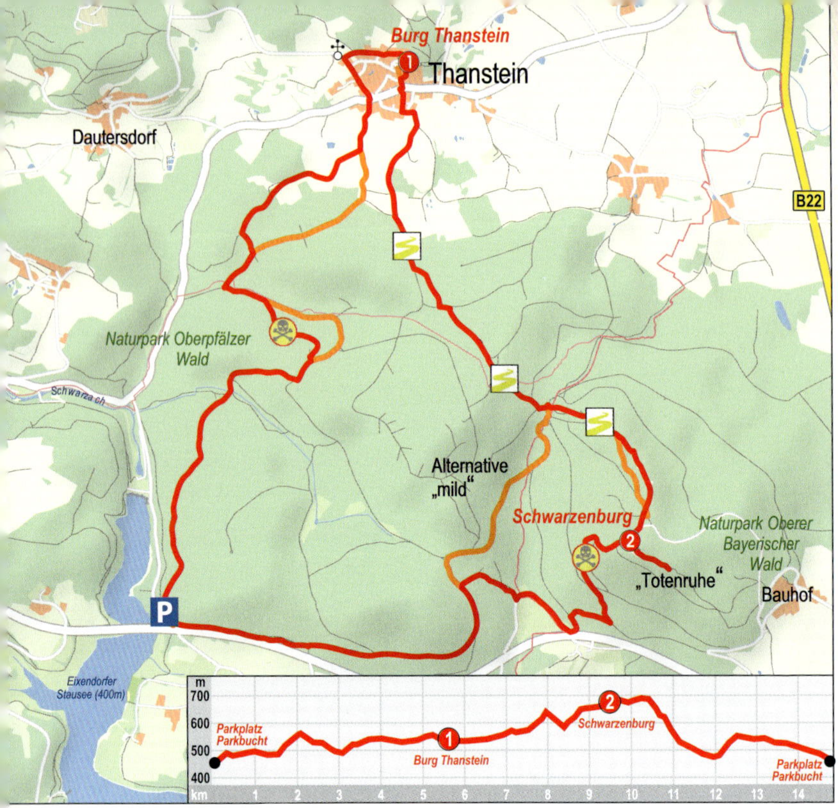


## WEGBESCHREIBUNG:

Sie starten vom Parkplatz und biegen bereits nach 50 Metern nach rechts in den Wald ab und folgen dem offensichtlichen Waldweg einen Kilometer (ca. 15 Minuten) geradeaus hinauf (heißt, an der ersten Gabelung im Waldrand rechts. Dann unterwegs in ziemlich regelmäßigen Abständen zwei Abzweigungen, an denen Sie sich rechts halten. Danach zwei Abzweigungen, an denen Sie sich links halten).

Dann erreichen Sie eine Schotterforststraße, die auf 500 Metern leicht zum Taubernwiesbach hinunterführt. (Kontrolle: Sie stoßen auf einige Wanderwege sowie die schwarze Loipe .)

Überquerung des Bachs. Der Hauptweg/Forstweg beschreibt nach 70 Metern eine scharfe Rechtskurve. Unnötiger Umweg! Sie gehen zunächst geradeaus weiter, auf einen WWW: Wilder WaldWeg, der aber noch Gebrauchsspuren aufweist. Alsbald Rechtskurve. Aufstieg, insgesamt ein halber Kilometer am Unteren Eibenstein entlang. Am Ende erreichen Sie wieder die Schwarze Loipe auf Forstweg. Hier wenden Sie sich nach links. Wenn Sie's etwas bequemer mögen, was ich mir nicht vorstellen kann, dann folgen Sie diesem sterilen Forstweg durch eine große Linkskurve, insgesamt 1,2 Kilometer. (Ignorieren Sie die zwei Abzweigungen nach rechts!) Wenn Sie's – harr harr – wilder mögen, dann biegen Sie nach 120 Metern nach links ein und dann gleich wieder nach rechts (kurz die Brennnesselbarriere durchbrechen!). Dann folgen Sie dem Weg mit nur noch wenigen Gebrauchsspuren auf einer Länge von 600 Metern. Sie stoßen dann auf eine T-Kreuzung, die Sie schräg nach unten auf oben beschriebene Forststraße bringt.

Bevor die Forstautobahn deutlich nach links abhaut (sie führt zum Dreikaisereichen-Parkplatz), schlagen Sie einen weiteren Forstweg nach scharf rechts, bergauf, ein. Erneute Gabelung nach 160 Metern. Links. Jetzt mitzählen: Nach 153 Schritten bergauf (Frauen etwas mehr, Kinder noch mehr!) tut sich nach links ein verhauter Waldpfad auf. Wenn Sie diesen finden und dann auch nehmen (nur Mut!), erreichen Sie nach 140 Metern einen Waldweg. Diesen nach rechts einschlagen. Es bleibt aufregend:

Etwas später kommt von links ein weiterer Waldweg hinzu, deutlich durch die Blockschuttmauer identifizierbar. Kurz (20 Meter) auf diesem weiter, aber nicht nach links bergauf folgen, sondern geradeaus, ein bisschen ins Gestrüpp hinein. Gehen Sie auch bei der nächsten, zugegebenermaßen unscheinbaren Gabelung, geradeaus und eben weiter. Sie erreichen wenige unwegsame Meter später eine Lichtung. Den einstigen Weg über

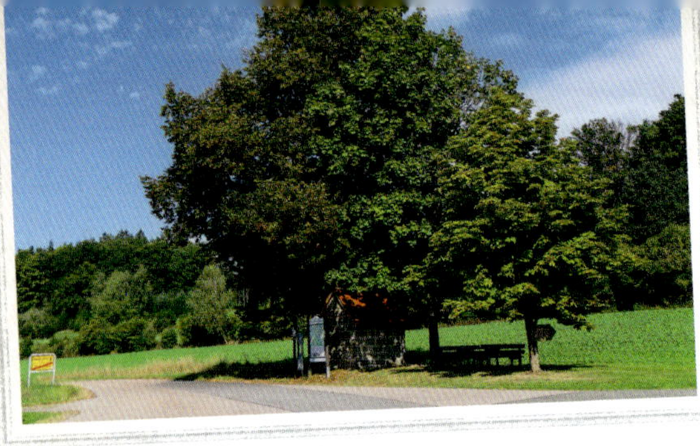

Marienkapelle

die Lichtung haben die Hecken in Beschlag genommen, also hangeln Sie sich links davon durchs Gras. Nach guten 100 Metern erreichen Sie die gegenüberliegende Waldkante und dort wieder eine Loipe (Loipe Ranze). Dieser folgen Sie, mit oder ohne Ski, durch den Wald. Dann Waldrand. Freiheit. Geschafft. An der Scheune rechts vorbei und schon sehen Sie **Thanstein** vor sich, das Sie zielstrebig ansteuern.

Im Ort überqueren Sie die Hauptstraße beim Opelhändler. Via Stiegelweg streben Sie zur **Marienkapelle** hinauf. Dort können Sie beten oder picknicken oder für ein Picknick beten. Gestärkt geht's auf der Burgstraße zur **Burg Thanstein** 1 (was Sinn macht). Burgturmbesteigung. Herrlicher Panoramablick zum Čerchov im Osten sowie Hoher Bogen und Arber im Südosten.

Ab hier ist es einfach: Folgen Sie dem **Goldsteig** (ab der Kirche Thanstein) zur Ruine Schwarzenburg 2 auf dem **Schwarzwihrberg.** Falls Ihr Picknickgebet unerhört blieb: Die Burg ist zu den gängigen Zeiten bewirtschaftet. Turmbesteigung. Kurzer Abstecher durch die Vorburg zum „Grab" des Wilden Heinz! (**Felsformation „Totenruhe"**)

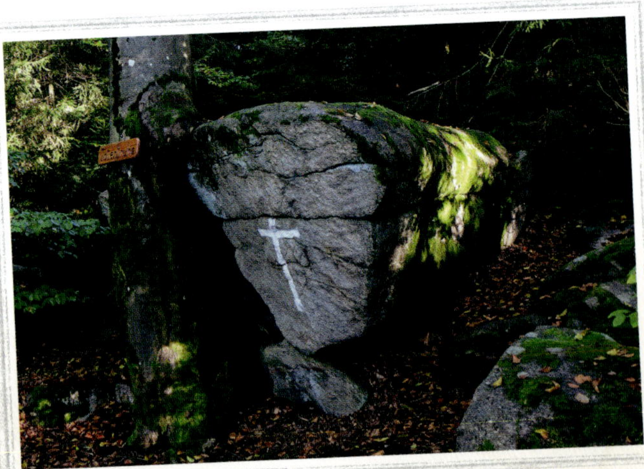

In dieser Totentruhe hat der Wilde Heinz seine Totenruhe. Bis sich um Mitternacht der Deckel hebt …

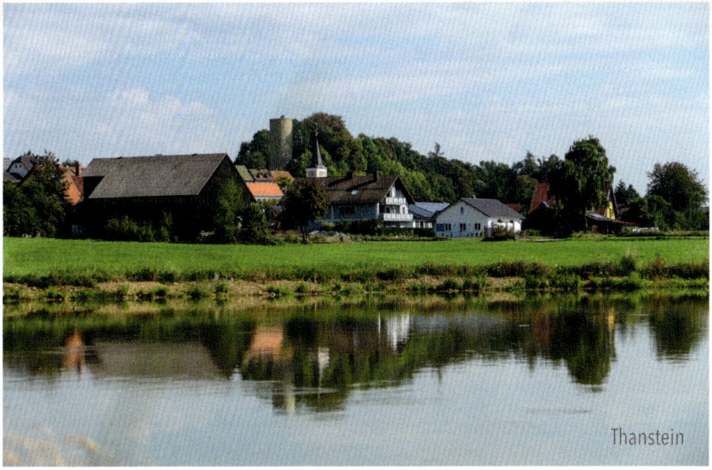

Thanstein

Danach verlassen Sie die Burg wieder durch das äußere Tor. Haben Sie „Knie“ oder „Hüfte“, dann folgen Sie der „milden“ Alternative (siehe Karte und GPS-Track „11 Thanstein mild“). Andernfalls folgen Sie zunächst dem Goldsteig nach Rötz. Doch schon nach gut 100 Metern – der Goldsteig verkrümelt sich nach links – wählen Sie den unmarkierten, aber deutlichen Pfad nach steil bergab. Jetzt geht's richtig abwärts: Der Weg beschreibt eine Rechtskurve, bevor Sie auf eine Wildwegekreuzung stoßen. Gehen Sie geradeaus weiter. Bergab, soll heißen: steil abwärts. Auch dieser Weg (leichte Linkskurve) weist vereinzelt noch Gebrauchsspuren auf. 400 Meter Abstieg, dann schräg die Forststraße überqueren. Weitere 230 Streckenmeter Abstieg. Ihre Schenkel brennen, Sie erreichen eine weitere Forststraße. Ab nach rechts. Nächste Forststraße nach links und 130 Meter bis zum Waldrand. Geschafft.

Auf der alten Straße nach rechts. Großzügige Linkskurve bis zum nächsten Waldrand. Dort steht derzeit ein Hochsitz. An der Waldkante nehmen Sie den Waldweg bergauf (nicht in Karten verzeichnet). Knapp 300 Meter bergauf, an der Gabelung halblinks halten und weitere 200 Meter bis zur breiten Forststraße. Diese nach links. Glückwunsch: Sie sind einmal mehr auf der Schwarzen Loipe angekommen! (Hier kommt die „milde“ Variante von rechts dazu.)

Auf der Loipenforststraße wandern Sie knapp 1,5 Kilometer (20 Minuten) dahin, lassen die Wanderung langsam ausklingen. Dann kurzer Linksschwenk auf Asphalt, aber in dieser Kurve nach rechts abbiegen, weiter auf Loipe und anderen Wanderwegen, u. a. . Endspurt: idyllischer Waldweg parallel zur Hauptstraße bis zur Kreuzung und dann zum Parkplatz nach rechts. Gut gemacht!

Naturdenkmal Steinerne Wand: Es gibt vier beste Jahreszeiten für diese Wanderung: Herbst, Herbst, Herbst und Herbst!

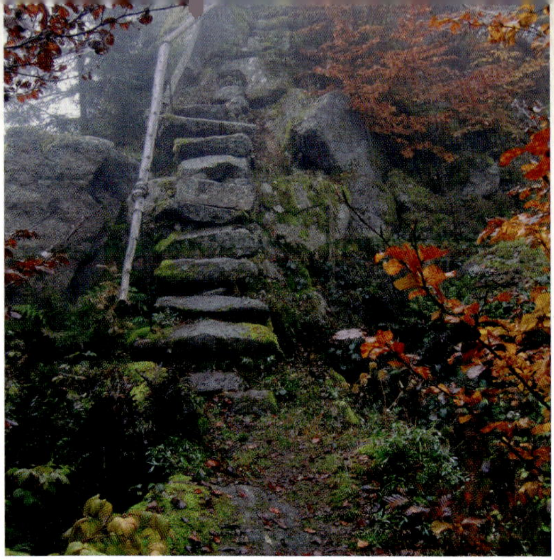

## SAGENHAFTES:

**Der Wilde Heinz**

Auf der Schwarzenburg geht der Wilde Heinz um. Aber nicht nur er. Andere bösartige Wiedergänger leisten ihm Gesellschaft und werden weizen, bis sie Erlösung finden. Kommt man um Mitternacht vorbei, begegnen einem „Männer in alten Trachten, Raubritter, Hunde mit und ohne Köpfe, weiße Jungfräulein und schwarze Burgfrauen, venezianische Geschmeidehändler, Riesen und Zwerge, wilde Jäger und verlorene Grenzsteinrücker, Bierpanscher [die auf Stockenfels abgelehnt wurden] und betrügerische Wirtinnen." (Quelle: www.roetz.de/der-wilde-heinz)

Der Deckel des Sarges hebt sich – tagsüber eine harmlose Granitformation unweit der Burg –, und der Wilde Guttensteiner Heinz fährt heraus und führt sie an, die Untoten. Ihre rastlose Unruhe wird zum Sturm, der sich auf dem Schwarzwihrberg erhebt, in dessen Getöse der

… Fortsetzung nächste Seite

## DIE BURGEN DIESER TOUR:

**Burg Thanstein 1:** Die Thansteiner – man kennt einen Uto von Thannstein – siedelten zunächst eigentlich zwei Kilometer weiter westlich, oberhalb von Dautersdorf, wo der einstige Stammsitz noch als Burgstall erhalten ist (sprich, es ist gar nichts mehr übrig). Im frühen 14. Jahrhundert zog man dann auf die „Neue" Burg oberhalb Thansteins um und machte diese zur neuen Stammburg. 1353 löste ein Zweig der Zenger die alten Besitzer ab. Später verlor man diese Burg durch Heirat an die Herren von Ebleben. (Darum prüfe …)
1811 verlor man die gesamte Burg an den Roten Hahn, sprich, sie brannte ab. Nur der Bergfried blieb stehen. Was übriggeblieben war, wurde 1887 restauriert. Um 2020 nahm man sich der Anlage erneut an. Seit 2021 ist der Turm mittels Kartenleser (Personalausweis; derzeit zahlreiche Versuche notwendig, bis das Tor öffnet!) und einer steilen Holztreppe wieder zugänglich.
OVIGO Theater führt seit 2021 auch auf Thanstein seine Zeitreisen-Erlebnisführungen auf. Sehr empfehlenswert! (www.ovigo-theater.de)

Burgruine Schwarzenburg

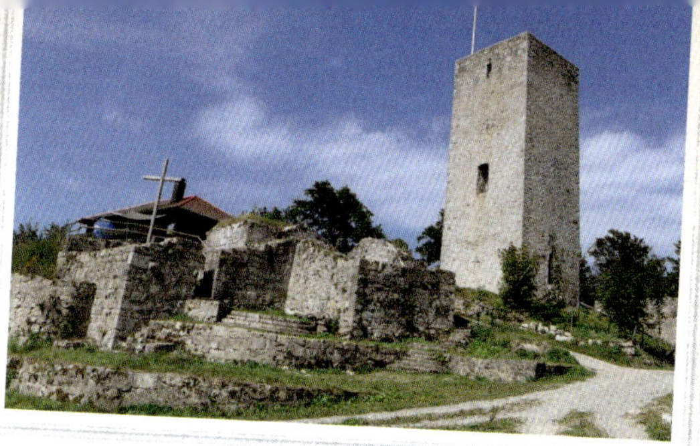

**Burgruine Schwarzenburg** (2): Die Besitzer der Anlage legten einen guten Start hin: Als erster wird ein „Heinricus de Swarcenburgc“ genannt. Er verwaltete die Burg für das Regensburger Kloster St. Emmeram. 1100 wird Friedrich von Schwarzenburg Erzbischof von Köln. Seine Nachfahren ziehen mit König Konrad III. 1147 in den Zweiten Kreuzzug. Schlechte Idee. Tausende deutsche Ritter sterben in Kleinasien, diese Linie der Schwarzenburger stirbt und damit aus. 1240 führen andere Schwarzenburger die Anlage weiter, aber sie wirtschaften schlecht und residieren kurz nach 1300 nicht mehr auf der Burg. 1391 stirbt die letzte Schwarzenburgerin. Danach ziehen die Landgrafen von Leuchtenberg ein.

**Heinz von Guttenstein** inspirierte das Theaterspektakel, das regelmäßig auf der Burg aufgeführt wird: Er kaufte die Burg 1506 und baute sie zur Raubritterburg aus. Von hier aus herrschte er mit eiserner Hand und stritt sich sowohl mit der Reichsstadt Nürnberg als auch mit dem Schwäbischen Städtebund. Dann aber verkaufte er die Burg, weil sie ihm nicht mehr trutzig genug erschien. (Er hatte sie selbst beschießen lassen, um ihre Wehrhaftigkeit zu testen à la Stiftung Warentest. Ergebnis: „mangelhaft“.)
Endgültige Zerstörung, wie so oft, im Dreißigjährigen Krieg. Heute ist der Bestand gesichert und bietet Platz für sowohl wunderbar erfrischende Gastronomie in den Sommermonaten als auch für die Theateraufführungen von der Geschichte vom Wilden Heinz: www.schwarzenburg-festspiele.de

Nachtgoich die Symphonie des Schreckens übernimmt: die Treibjagd der bellenden, jaulenden Hunde, durchsetzt vom Schreien der Jäger. Hörnermusik, Peitschen, und über allem wieder Sturmheulen. Ein Wahnsinn.

Erst wenn der Wilde Heinz nicht mehr ein blasses Fräulein küsst, sondern ein Sonntagskind diesem wilden Mann auf seinem feurigen Pferd einen Kuss aufdrückt, findet der Schwarze Mann seine Erlösung. Zur Belohnung winken die Schätze, die sich in der Truhe (neben dem blassen Burgfräulein) verbergen. (Was mit den anderen verwunschenen Typen passiert, ist nicht ganz klar, glaube ich, aber bestimmt vertraglich geregelt.)

Fühlt sich jemand angesprochen? Schwarzenberg. Mitternacht. Augen zu und durch …

# KÜRNBURG – STAMSRIED

## DAS NEUSCHWANSTEIN DER RITTERBURGEN?

9,8 KM / 3 H / 300 HM

(VERKÜRZBAR AUF 812 METER!)

Im Sommer 2021 wanderte ich wieder mal mit meinem Sohn im Stil von „Wir-schlafen-mal-wieder-im-Wald" auf dem Main-Donau-Weg von Nabburg bis Roding. Als letztes Highlight vor Stamsried hatte ich die Kürnburg eingeplant. Was soll ich sagen? Der Sohn war begeistert. Und das aus gutem Grund: Die Kürnburg ist eine imposante Anlage, wie sie da auf dem Kürnberg thront. Als wir wenige Wochen später auf Neuschwanstein waren (das Jahr mit Corona, aber ohne Chinesen), mimte der Spross gar den Enttäuschten: zu modern, zu glatt, zu wenig geschichtsträchtig. Was war doch die Kürnburg toll gewesen.
Also, worauf warten Sie? Ab nach Stamsried! Um die Burg herum habe ich uns eine kleine, taffe Tour gebastelt, die daherkommt wie eine halbe Portion im Morgenmantel – unter dem ein taffer Kickboxer steckt. Also nicht unterschätzen!

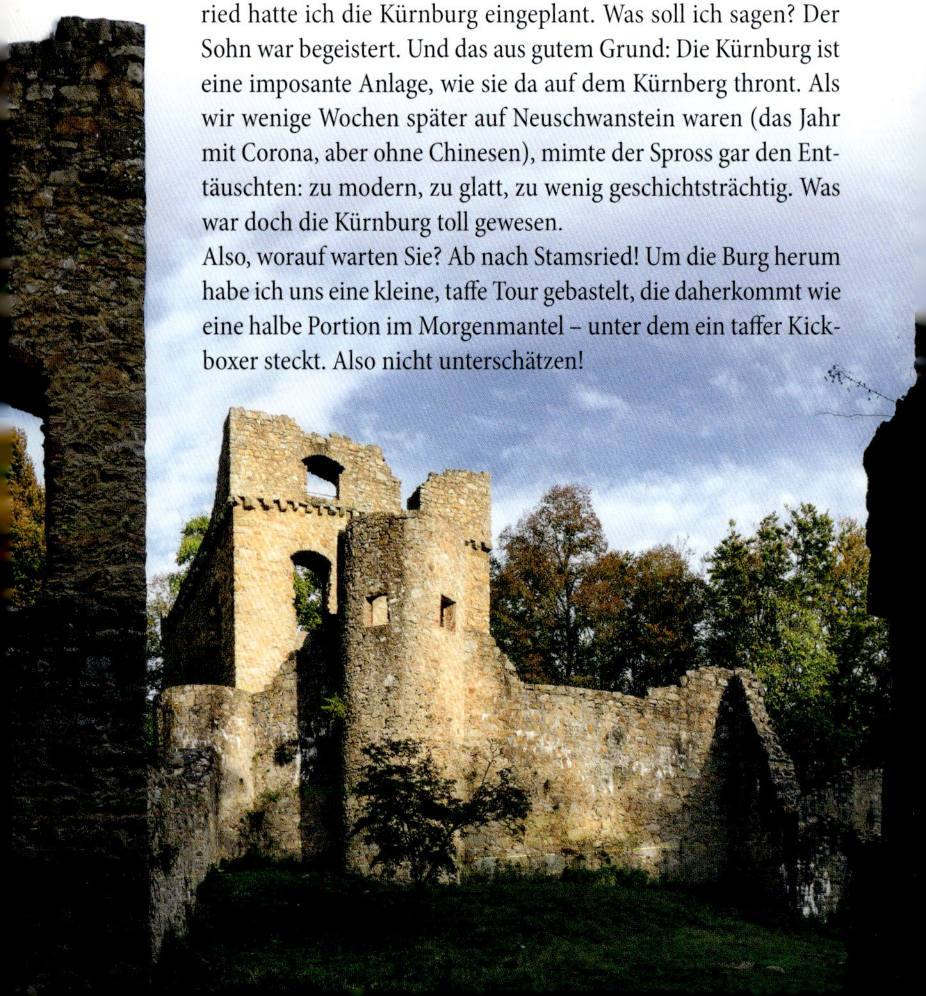

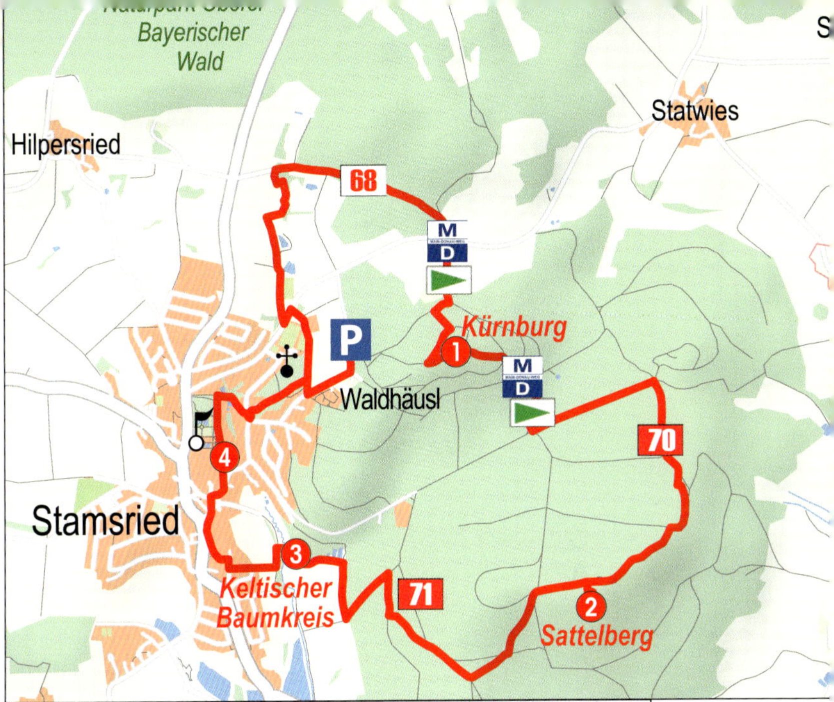


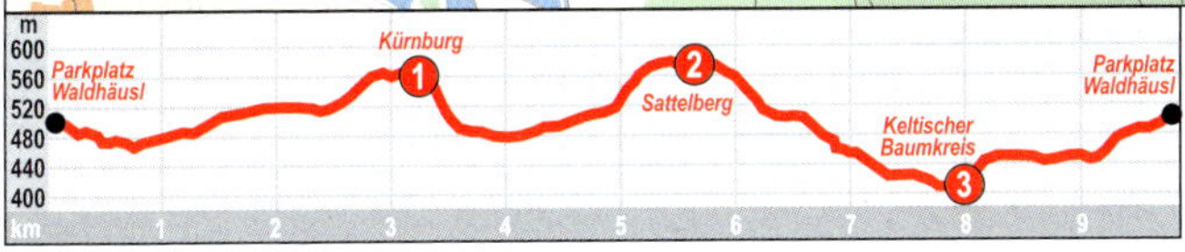


## WEGBESCHREIBUNG:

Sie starten diese Wanderung vom Parkplatz mit den Totenbrettern. Zu einfach wäre es, zur Burgruine hochzusprinten (hin und zurück 812 Meter). Wir nehmen die Burg von der Flanke! Dazu steigen Sie die Straße zum Ort etwas ab. Nach dem Naturerlebnisdorf biegen Sie die erste Straße rechts ein (Ziegelhüttenweg). Diesen Weg gehen Sie bis zur Hauptstraße hinunter, umrunden halb das Sportgelände nach links und schlagen nach 60 Metern nach rechts den **Lehrpfad** ein (Kontrolle: Hinkelstein mit Bank am Einstieg).

Der Lehrpfad ist in Vergessenheit geraten: Nach der befestigten Straße (rechts ein weiterer Sportplatz), geht der Weg in einen Feldweg über, dann in Wiese. Nach den drei Weihern peilen Sie das Wäld-

## INFO:

**Großartige Ruine Kürnburg – Sattelberg mit Aussicht – Keltischer Baumkreis – Stamsried mit Schloss u.v.m.**

**Anfahrt:** B85 an Roding vorbei; Ausfahrt in Wetterfeld, durch Pösing, weiter bis Stamsried; durch den Ort zum Parkplatz am Fuß des Kürnbergs (Gedenkstätte für ehemalige Volksmusikanten)

**Navi:** 93491 Stamsried, Kürnburgstraße 14 (Waldhäusl)

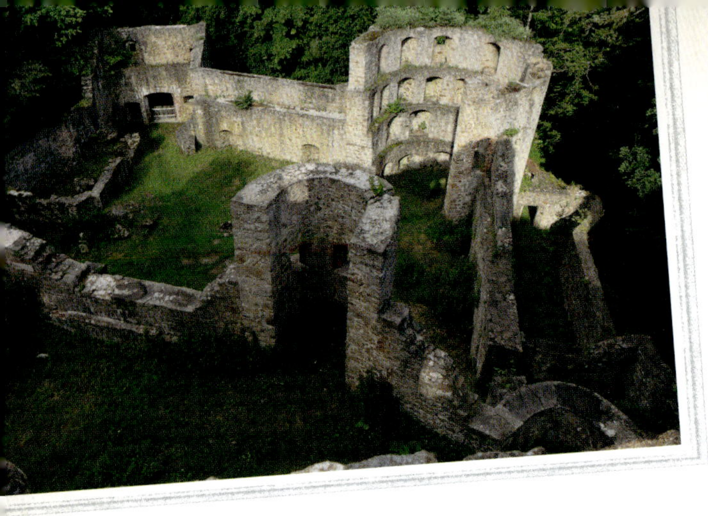

chen an, an dessen linker Flanke Sie sich nach oben hangeln. (Zwischen den Bäumen finden Sie noch ein paar Infotafeln.) Am Ende kurzer Linkshaken um das Wäldchen, bevor Sie ein Stufen-Durchlass auf Asphalt ausspuckt. Hier gehen Sie rechts, weiter am Grundstück mit schickem Flurbereinigungspflaster vorbei. Dann treffen Sie auf Wanderweg Nr. 68. Diesem folgen Sie unbeirrt einen halben Kilometer. Am Waldrand angekommen folgen Sie dem Weg nach halbrechts hinaus zur Straße, welche Sie nach Kürnberg überqueren.

Vor selbigem Anwesen zweigen M D und ► nach links in den Wald ab. Im Wald angekommen folgen Sie dem Grünen Pfeil weiter: erst nach rechts ein kurzes Stück und dann nach links, den Kürnberg hinauf. Am Ende stehen Sie vor dem Tor der **Kürnburg 1,** das Sie gemessenen Schrittes durchschreiten. (Und nein, im Batterieturm können die Kinder ihre Handys nicht laden!)

Die Burgbesichtigung gipfelt in der Besteigung des Palas', des höchsten Gebäudes. Wieder aus der Hauptburg heraus, wenden Sie sich nach links und folgen den Stufen und dem ► nach Osten. Es folgt ein steiler Abstieg, für den ich Ihnen griffige Schuhe wünsche! Am Ende, sprich unten, treffen Sie auf eine Forststraße, die Sie nach rechts einschlagen. Nach gut 100 Metern größere Kreuzung. Sie lassen M D und ► ziehen und wenden sich nach links. 600 Meter auf breiter Forststraße. Dann wieder eine Kreuzung mit Sitzbank und vielen Wanderschildern. Nehmen Sie doch zur Abwechslung

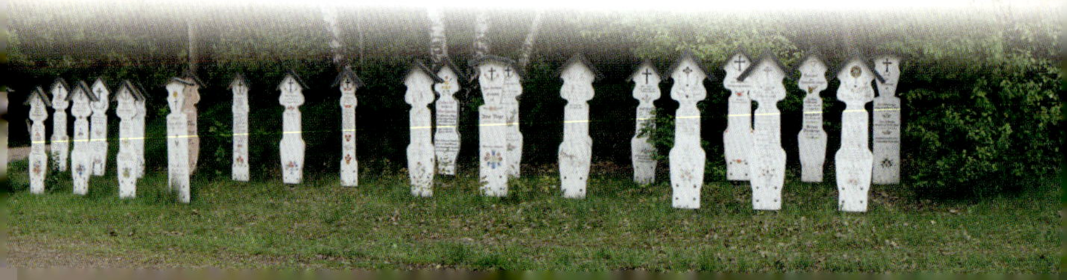

mal die 70! Zur Belohnung kriegen Sie einen wunderbaren Aufstieg auf den **Sattelberg** ②. (Abstecher zu Gipfelkreuz und Aussichtspunkt nicht verpassen! Profitipp: Das Gipfelkreuz ist der höchste Punkt.)

❉ Nach Gipfelbesteigung und Verewigung im Gipfelbuch zurück auf den Weg, den Sie weitergehen. Dort, wo die breite Forststraße wieder beginnt, verschwinden M D und ▶ und mit ihnen auch Sie nach links in den Wald: Abstieg bis zu einer weiteren Forststraße. Unten verabschieden sich die offiziellen Wanderwege nach links. Sie gehen nach rechts, 180 Meter auf Forststraße, die in eine weitere Forststraße einmündet. Ab hier Weg 71. Sie können der Forststraße 600 Meter folgen und dann einen Haken nach links unten schlagen und bis zum Waldrand gehen. Wesentlich spannender ist der alte Waldpfad, der nach 240 Metern nach links abgeht. Die nächsten 10 Jahre sind die Bäume bestimmt noch klein genug, um hier durchzukommen. Sie queren eine weitere Forststraße und erreichen dann die Forststraße, die nach links zum Waldrand führt.

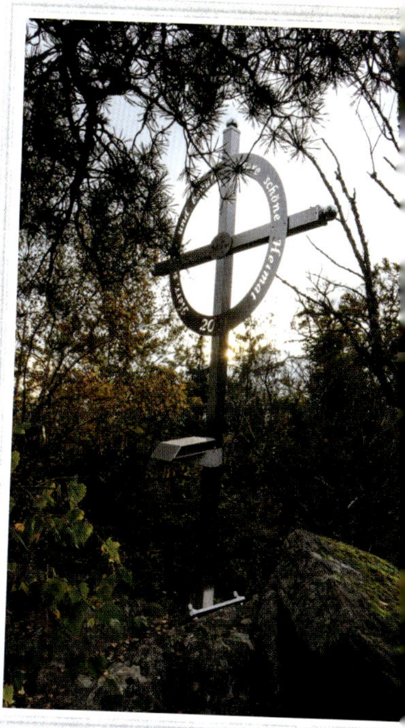

Das 2021 errichtete Gipfelkreuz auf dem Sattelberg

❉ Am Waldrand 45°-Rechtskurve, um dem alten, romantischen Weg am Waldrand zu folgen. Sie gehen, bis Sie den ersten Karpfenteich sehen, steigen dort ab. Auf Höhe des dritten Teichs peilen Sie den Waldrand an, den Sie in der Wiese gehend (gestrichelter Weg in der Karte!) umrunden, bis Sie zum Spielplatz queren können. Kurzer Sprung über den Bach.

❉ Beim Spielplatz auf den Weg, nach links. Bei der Tafel **„Keltischer Baumkreis“** ③ schlagen Sie den Weg nach oben ein, im Grünen durch die Grundstücke hindurch. Gerhardingerstraße nach rechts, dann zur Kirche.

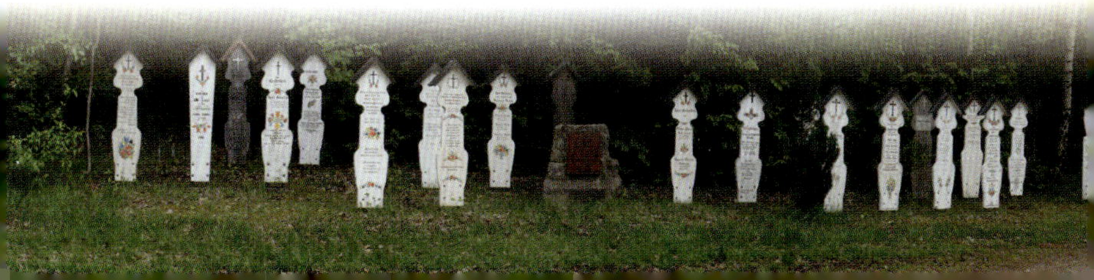

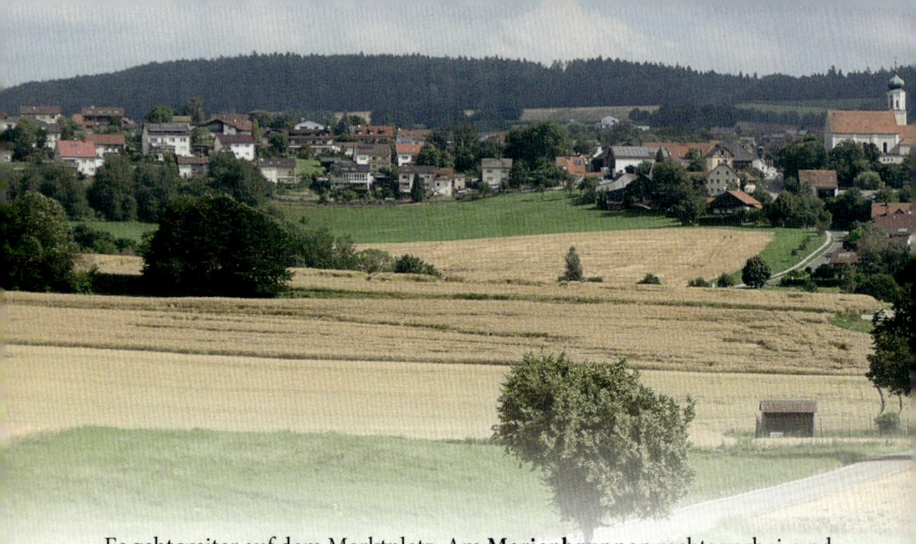

Es geht weiter auf dem Marktplatz. Am **Marienbrunnen** rechts vorbei, und weiter zum schmucken Rathaus.

Vor der alten **Schlossbrauerei** rechts in die Blumenstraße. Bevor diese Straße richtig an Höhe verliert, nehmen Sie die Gabelung am Grundstück nach links (Abelweg). Sie sehen dann bald linker Hand das **Schloss Stamsried** 4 und gehen kurz darauf an der Schlossparkmauer weiter bis zu deren Ende. Abstieg nach rechts. Lehrpfad. Überquerung des Kirchenbachs. Aufstieg. Dann geht's weiter nach oben in die Hildebrandstraße, die als Kreuzweg bis zur **Kalvarienkapelle** führt.

Hinter dieser Kapelle gehen Sie weiter im Wald und erreichen den Ziegelhüttenweg, wo sich der Kreis schließt. Dann hurtig zum Auto zurück!

## SEHENSWERT:

**Burg Kürnburg** 1**:** 1346 erhielt Dietrich der Kürner die Erlaubnis zum Bau dieser Burg. Also baute er sie (In Wirklichkeit ließ er sie bauen!). Als sie fertig war, nannte er sich etwas einfallslos Kürner von Kürnberg. (Und der arme Haidberg hieß fortan Kürnberg.) Als er starb, erbten seine zwei Söhne die Burg. Kurz darauf ging die Burg gleich an vier Erben. Danach gab's jahrhundertelang das Kuddelmuddel von Erben und Sterben und Heirat und Besitzern, das sich kein normaler Mensch nie nicht merken kann. Ruhe kehrte auf der Burg erst ein, als sie 1634 im Dreißigjährigen Krieg zerstört wurde. (In Sachen Zerstörung war dieser Krieg sehr zuverlässig!) In den 1970er Jahren machte man sich daran, die Burg umfassend zu sanieren. Sie ist frei zugänglich!

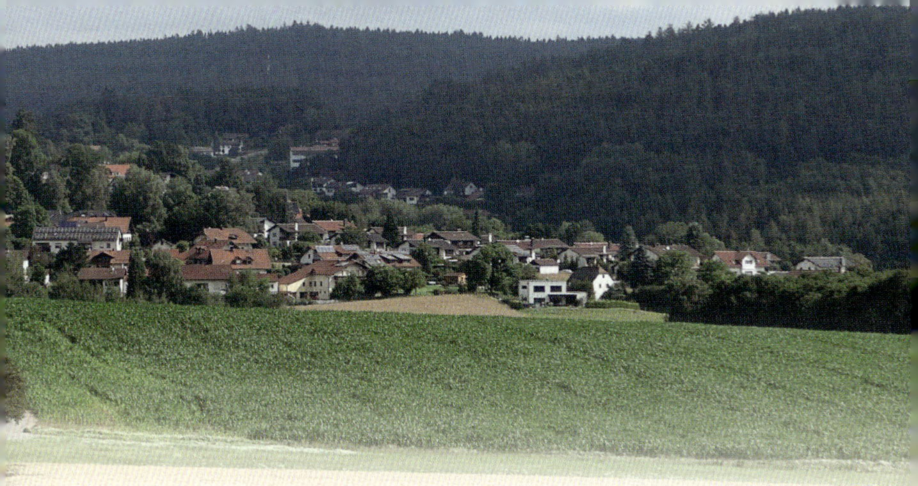

Stamsried mit dem Kürnberg

**Schloss Stamsried (4)**: An dieser Stelle stand wohl im 11. Jahrhundert eine Burg. Das heutige Schloss wurde 1708 als Vierflügelanlage gebaut. Eine dreijochige Bogenbrücke führt zum Schloss. Nördlich an die Gebäude angrenzend legte man im 17. – 19. Jahrhundert einen Park an, der heute das Freibad von Stamsried beherbergt. Die Brauerei zog nach dem Zweiten Weltkrieg hier ein (Nein, nicht ins Freibad, sondern in die Schlossgebäude!). Aktuell ist das Schloss sowohl in Privatbesitz als auch im Dornröschenschlaf.

GASTRONOMIE:

Nach der Wanderung ins
**Gasthaus Greiner**
Lukas-Rauffer-Straße 10
93491 Stamsried
www.gasthof-greiner.de

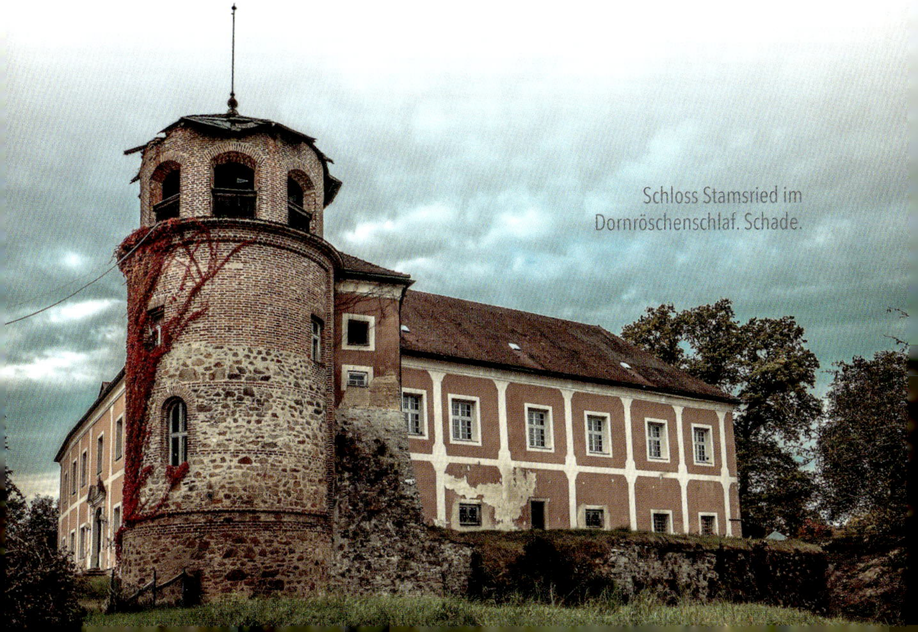

Schloss Stamsried im Dornröschenschlaf. Schade.

# SENGERSBERG – MARIENSTEIN – KIRNSTEIN

## MEHR BLOCKMEER GEHT NICHT MEHR!

VERSION M (WEG 140): 10,5 KM / 3:30 H / 421 HM

VERSION L: 13,6 KM / 4:30 H / 500 HM

Wanderfreund Helmut hatte mir vom Blockmeer auf dem Kirnstein vorgeschwärmt und so tat ich das, was ich immer zuerst tu', wenn ich eine Tour entwickle: eine Strecke auf outdooractive.com basteln. Diese erste Fassung ließ mich himmelhochjauchzend verzweifeln: sagenhaftes Blockmeer, tolle Landschaft, super Ruine Sengersberg – und jede Menge Asphalt. Bäh. Die Herausforderung bestand nun darin, anhand von GPS und Karte eine Variante zu finden, die den unfreundlichen Belag meidet. Das ist ein empirischer Prozess von Versuch und Irrtum und sehr anstrengend, weil man Wege probiert, die auf der Karte einfach „verenden“ und es meist auch in der Natur tun. Aber eben nicht immer. Doch nur so erkennt man, ob eine Tour machbar ist – oder vielleicht auch nicht. In diesem Falle hatten wir Glück!

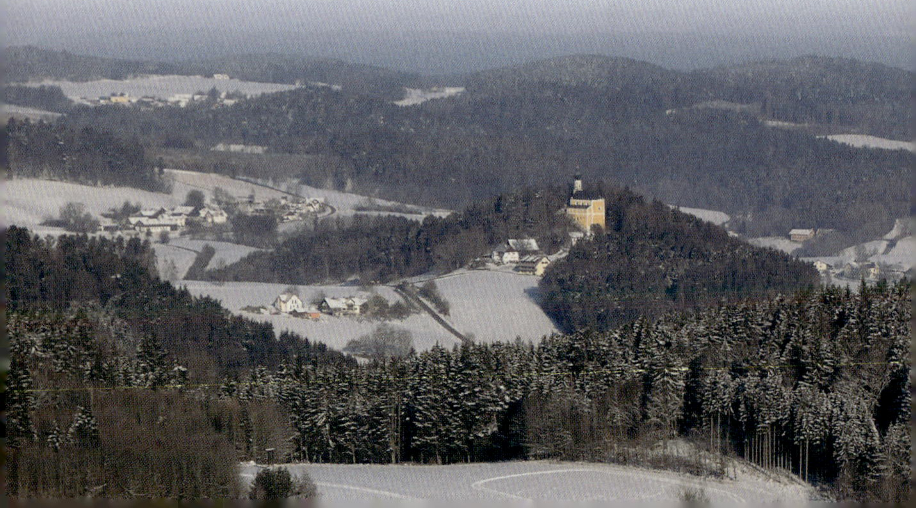

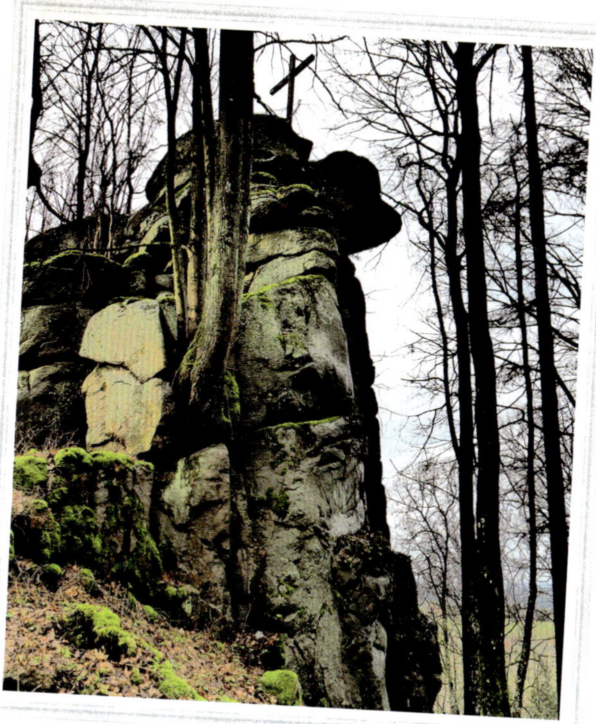

Der Felsen, auf dem Burg Sengersberg einst thronte

Das Ergebnis zu dieser Strecke enthält immer noch reichlich Straßenanteil, aber er ist besser verteilt, die Wildniskomponente ist deutlich erhöht, das Blockmeer zwischen „Grotte“ und „Schwammerl“ ist gar einzigartig.

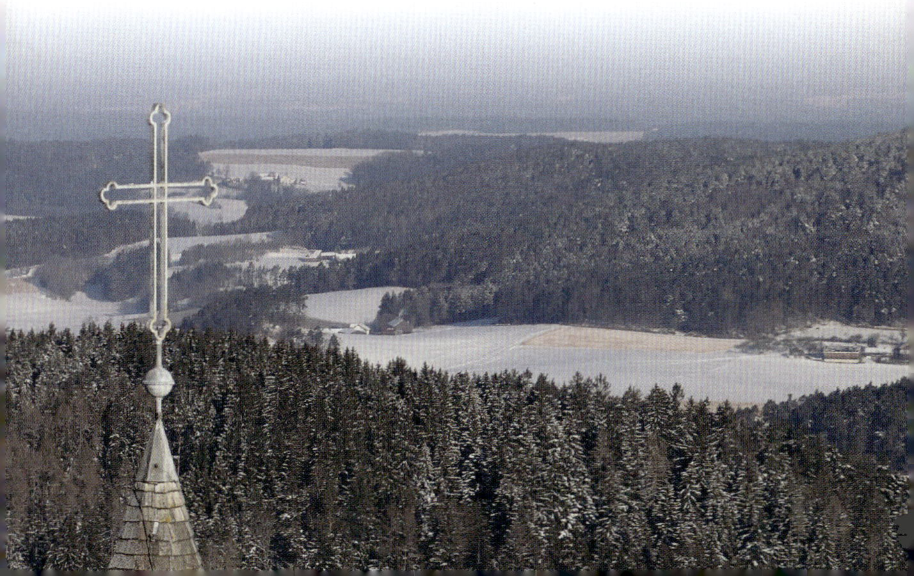

## INFO:

**Marienstein - Schweinsberg mit Pegmatitaufschluss - ein vergessener Hohlweg - „Wollsäcke" ohne Ende - Grotte - Ruine Sengersberg**

**Version M (Weg 140): Marienstein - Vogelherd - Ettmannsdorf - Hagenau - Sengersberg**

**Version L: Marienstein - Vogelherd - Kirnstein / Grotte - Dörfling - Sengersberg**

**Anfahrt:** Autobahn A3, Ausfahrt Wörth a. d. Donau; Richtung Falkenstein; vorm Ortskern nach links Richtung Roding abbiegen; hinter Schweinsberg Auffahrt nach Marienstein

**Navi:** 93176 Falkenstein, Marienstein 3 (Gasthaus Eder)

## RITTERWITZ:

Warum gab es im Mittelalter wahrscheinlich keine Canapés? - Weil sie nicht belegt sind …

## WEGBESCHREIBUNG:

**Hinweis:** Version M wird nicht weiter beschrieben. Folgen Sie nach dem Abstieg vom Schweinsberg (ab 4. ❄) den 140er-Schildern zurück nach Hagenau, um von dort zum Sengersberg aufzusteigen. Zurück nach Marienstein geht es ab 10. ❄ der Wegbeschreibung.

❄ Vom **Parkplatz / Gasthaus Eder** in Richtung Bolzplatz und Mini-Friedhof. Im Wald angekommen halten Sie sich rechts und steigen mit dem Goldsteig zur Hauptstraße ab. Dieser folgen Sie weiter über die Abzweigung des Goldsteigs hinaus bis zum Schweinmühle-Sägewerk. Dort biegen Sie links ab und überqueren den Perlbach (1).

❄ Wenn Sie nach der Brücke rechts abbiegen, kommen Sie auf Straße und Feldweg zum Waldrand hinauf und erreichen nach steilem Anstieg den Höhenweg Nr. 140 „Schweinsbergweg". (Info: Kurz vor Erreichen des Waldes sehen Sie links einen **Pegmatitaufschluss.** Pegmatit: Granit mit sehr großen Feldspatkristallen.) Wer's gemächlich mag oder braucht, biegt vor Schweinsberg links ab und folgt schon ab hier dem 140 hinauf in den Wald.

❄ Es folgt eine wunderbare Höhenwanderung über den Schweinsbergrücken, der später durch herrlichen Mischwald führt, gesäumt von zahlreichen Granitknubbeln, die immer wieder die Fantasie anregen. An der Wandertafel unterhalb des **Schweinsberg**gipfels (609 m) halten Sie sich links – auf dem 140 bleibend. Dieser Weg führt letztendlich von Wald und Berg weg, und Sie landen an der Straße Richtung Ettmannsdorf (aufgelassene Bushaltestelle und Infotafeln) (2).

❄ Doch Achtung: Sie gehen hier geradeaus über die Kreuzung und kommen im großen Links-Rechts-S zu einem Gehöft, vor dem ein Schild Sie warnt: „Junger Hund." Wie dieses Schild zu interpretieren ist, weiß ich nicht (aktuell sind es drei Hunde, aber die

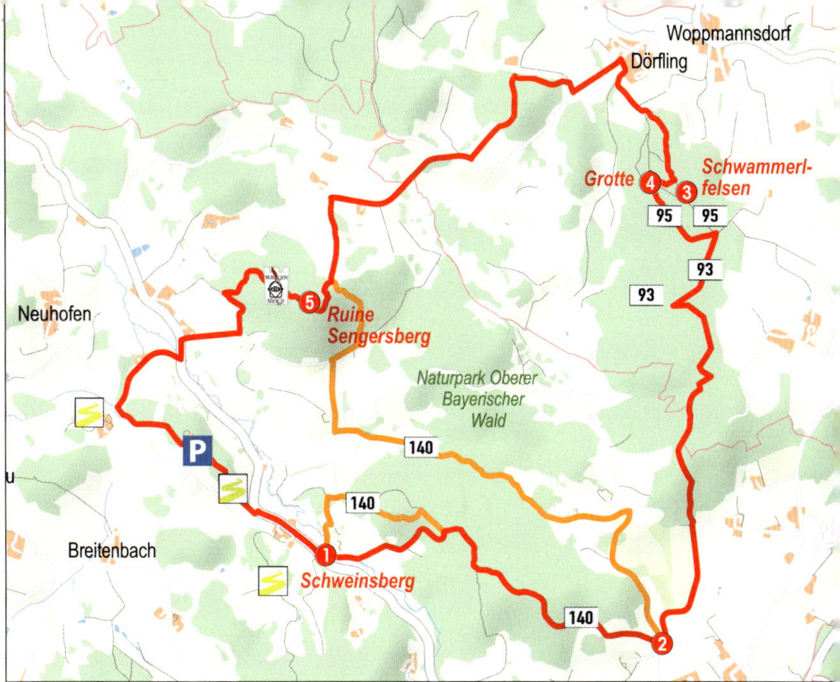


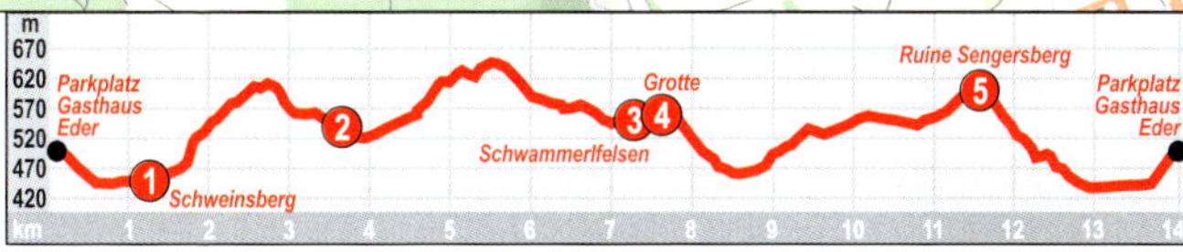


wollen nur bellen und an den Rucksäcken schnuppern). Dann geht es weiter, vorbei an einem zitronengelben Stromturm.

Am „Waldeck" (Kontrolle: Bodenbrunnen) angekommen noch ein kurzes Stück geradaus, dann nach leicht links in den Wald, geschwungen bergauf. (Kontrolle: Nach ca. 70 m im Wald sehen Sie links einen Souterrain-Ansitz. Sehr selten!) Kurz danach Gabelung: rechts halten. Ein Stück weiter und Sie stoßen auf zwei alte Hohlwege. Der linke ist besser. (Ein Stück weiter wäre noch ein dritter, mächtiger Hohlweg!) Oben angekommen führt der Weg nach leicht rechts im Wald wellig weiter.

Wenig später kommt von unten aus der Lichtung ein Weg heraufgeschlichen. Diesem folgen Sie nach halbrechts, weiter bergan. 400 Meter später treffen Sie auf einen Forstweg. Kurz bergan. Bevor dieser

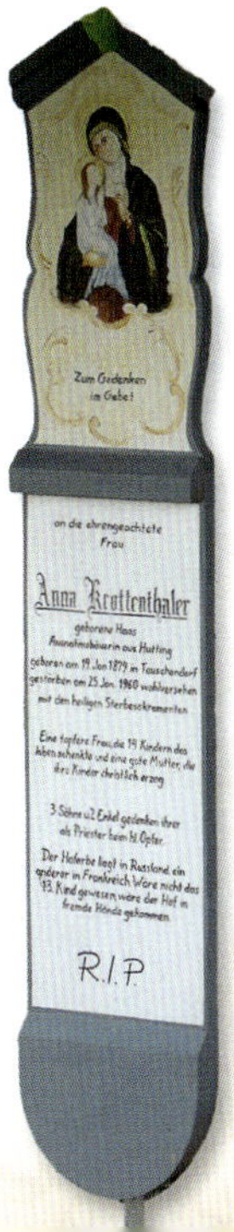

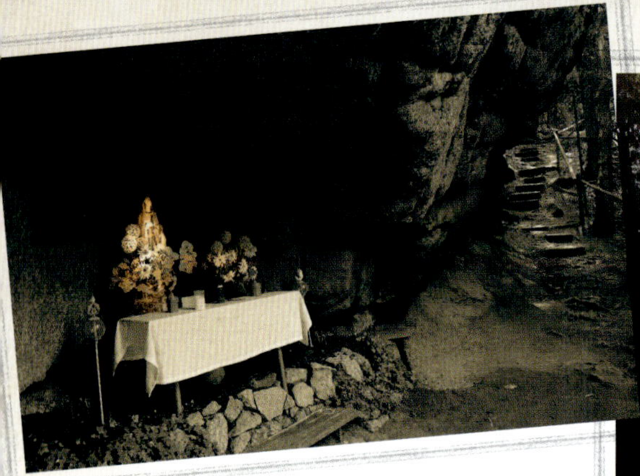

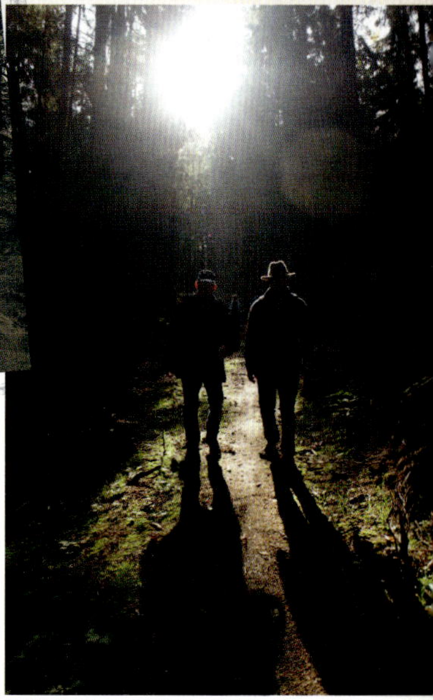

links: Die Felsengrotte auf dem Kirnberg

rechts: Lichtgestalten auf dem Schweinsberg

## SAGENHAFTES:

**Die zwei Brüder**

Nach der Sage wohnten im Jahr 1525 zwei Brüder auf Burg Sengersberg. Sie waren sich wohl nicht besonders grün, denn sonst hätte der eine den anderen kaum erschlagen (obwohl sein Anwalt später auf Affekt plädierte). Jedenfalls plagte den Überlebenden die Reue, er kam nicht in Haft und unternahm stattdessen eine Wallfahrt nach Rom. Von dort kehrte er mit dem Gelöbnis zum Bau einer Kapelle auf dem Mandlstoa (Marnstein / Marienstein) zurück. Wegen des felsigen Untergrunds bot sich Petrus als Kirchenpatron gut an (griechisch „petra", der Fels; vgl. Petroleum / Steinöl).

… Fortsetzung nächste Seite

Forstweg nach rechts verschwindet, zweigen zwei Wege ab. Einer geradeaus, einer nach links. Nehmen Sie Letzteren (Kontrolle: Versteckte „85" am Baum). Dann bei der nächsten Möglichkeit nach rechts (leicht bergauf), und Sie stoßen 70 Meter später auf einen dunklen, kargen Forstweg. (Wenn Sie hier nicht zurechtkommen, gehen Sie aus dem Wald heraus bis zum Ronberg-Hof und von dort nach links in den Wald zurück.) NB: Vom Waldrand oberhalb von Ronberg haben Sie einen grandiosen Rundblick von Schwarzwihrberg über Čerchov und Hohenbogen bis zum Arber!

Diesen finsteren Forstweg schlagen Sie nach links ein und folgen ihm etwa 30 Meter. An der nächsten Gabelung nach rechts, leicht bergab. Trauen Sie sich, diesem verblassenden Weg zu folgen. 300 Meter später erreichen Sie eine größere Waldwegkreuzung (Kontrolle: Schilder 93 und 85). Nehmen Sie einen der beiden bergab führenden Wege. Entscheidend ist, dass Sie die 150 Distanzmeter weiter unten liegende 93 erreichen.

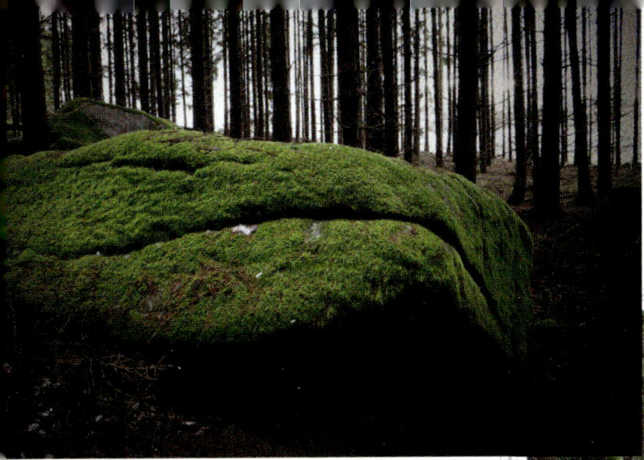

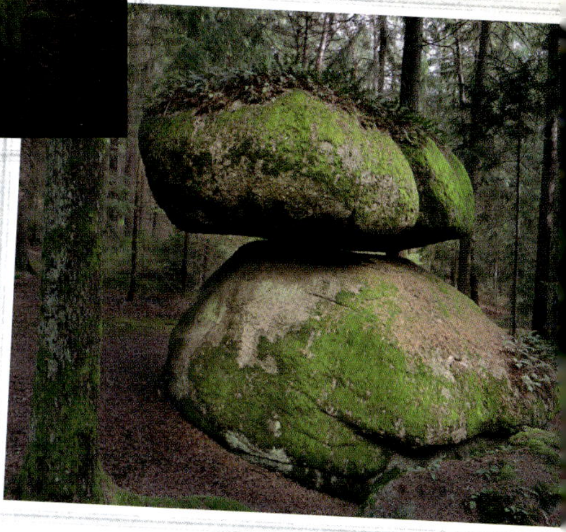

oben: Ein Knock schläft im Wald.

rechts: Der Schwammerlstein. Da soll einer sagen, Steine wären nicht ausgeglichen!

Folgen Sie diesem Weg nach rechts bis zur nächsten Kreuzung. Am besten gehen Sie erst zur **Grotte** 4, also auf der 95 bergab (erst Forstweg, dann Waldpfad nach rechts). Nach einem kurzen Gebet vor der Jungfrau Maria gehen Sie zum letzten Grottenschild vor der Grotte zurück, dann auf dem Weg nach links (leicht bergauf) weiter und an der ersten Gabelung scharf rechts zurück, leicht ansteigend durchs Gehölz zum **Schwammerlstein** 3. Danach den Stichweg zum Hauptweg hinauf und von hier nach links auf der 95 bis Dörfling.

Wenn Sie die meist versperrte Dörflinger **Filialkirche St. Ägidius** nicht näher in Augenschein nehmen wollen, dann biegen Sie am Ortsanfang gleich nach links auf die Straße ab. An der nächsten Straße rechts, hoch zum idyllischen Einödhof. Fast am Hof angekommen schlagen Sie den Weg nach links zum Wald ein und überschreiten den Kastenberg. Immer Richtung „Eidengrub 4". Nach 60 Metern Feldweg zum Wald. Im Wald angekommen, nehmen Sie die rechte der drei Abzweigungen und folgen diesem Weg parallel zur Straße. Am Waldrand oberhalb von

Weiterhin beschämt von seiner Tat mied der Brudermörder die Menschen und ließ sich fürderhin eine Hängebrücke von Sengersberg zum Marienstein bauen. In dem Felsen unterhalb der Kirche sieht man heute noch die Löcher, in denen die für ihre Zeit sicherlich pionierhafte Konstruktion mit einer Länge von 1045 Metern fixiert war.

Eidengrub 4 angekommen schlagen Sie den Weg nach links ein und überschreiten den Kastberg. Immer schön auf dem Hauptweg bleiben (am höchsten Punkt leicht rechts halten!). Nach 250 Metern Feldweg erreichen Sie die Straße. Diese schlagen Sie nach rechts ein, bergauf. Am Waldrand angekommen finden Sie vier bewegende **Totenbretter** und für sich selbst eine Rastbank mit Aussicht. Weiter 1 km auf der Straße, bis Sie nach links den beschilderten Aufstieg (Ro8 / 88) zum Sengersberg finden.

Im Wald angekommen bringt Sie Wonnebold vom Burgensteig hinauf auf den **Sengersberg 5.** Nachdem Sie den Gipfel der Ruine Sengersberg mittels Mini-Klettersteig erklommen haben, geht's auf der westlichen Bergseite auf dem Burgensteig hinab. Aber nur bis zum Waldrand. Bei der Doppelbank mit güldenem Plastikjesus am Kreuz biegen Sie nach links ab, um am Waldrand entlang abzusteigen.

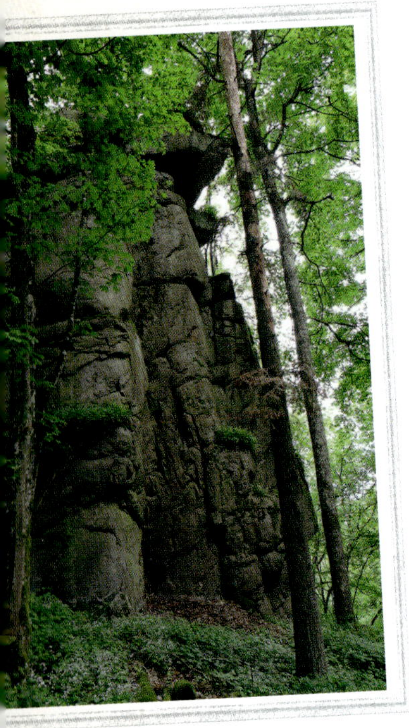

Auf Asphalt weiter bergab bis zur Staatsstraße (2148). Auf dieser nach links und nach erneuter Überquerung des Perlbachs – vor Haushof – weiter auf den Burgensteigschildern nach rechts am Straßenrand. An der nächsten Kreuzung biegen Sie nach links ab (Richtung Marienstein), um wenig später den Goldsteig zu finden, der Sie zur Kirche Marienstein hinaufführt.

## SEHENSWÜRDIGKEITEN:

**Schweinsberg (Berg und Ort) 1:** Gemäß der Sage wollte der Teufel die Einweihung der Kirche auf dem Marienstein verhindern. In Gestalt eines fetten Schweins lief er – sicherlich laut grunzend – um den Kirchberg. Die Gläubigen strömten dennoch in Scharen in die Kirche, wo sie Petrus um Hilfe anriefen. Diesen kennt man für sein Geschick mit dem Schwert, nur hieb er dem Schwein nicht nur ein Ohr ab, sondern gleich den ganzen Kopf. Dieser erstarrte auf dem Gipfel des Märnsteins zu einem mächtigen Felsblock. Den restlichen Körper warf

Petrus ins Tal hinunter, wo man den Weiler entsprechend benannte.

**Ruine Sengersberg 5:**
Eine Burg mit erfreulich kurzem Lebenslauf: Erste Erwähnung 1269 als „Burg ze Segensperch". Sie gehörte dem Regensburger Bischof Leo. Im Jahr 1326 übernehmen die bayerischen Herzöge. 1329 kommt die Burg an die pfälzischen Wittelsbacher und 1334 zum Landesteil Pfalzgraf Ruprechts. Letzter bekannter Besitzer 1343. Ziemlich bald wurde die Burg aufgegeben und war dann schon im 16. Jahrhundert eine Ruine.
Die Kernburg thronte auf dem abenteuerlich zu besteigenden Felsturm, was bestimmt ein imposanter Anblick war. Außenrum bröckeln die Mauern und geben Anlass zur Befürchtung, dass bald nicht mehr viel da sein wird.

GASTRONOMIE:

**Gasthaus Eder**
Marienstein 3
93167 Falkenstein
Tel. 0 94 62 / 2 21
www.ferienwohnung-marienstein.de/gasthaus/

**Marienstein:**
Wer denkt, der Name leitet sich von der Jungfrau Maria ab, der irrt. Der Name leitet sich von „Ernstein" oder „Märnstein" ab, was für Experten ein Hinweis auf eine ehemalige Burg sein könnte. Vermutlich war der Ort schon in vorchristlicher Zeit eine Kultstätte.
Die aktuelle Kirche wurde 1821 erbaut, nachdem der Vorgängerbau von 1729 von einem Blitzeinschlag schwer beschädigt wurde.

RITTERWITZ:

Sagt der Medicus zum Gaukler: „Du hast noch drei Monate zu leben!"

Darauf der Gaukler entsetzt: „Waaaaaaas? Wovon denn?"

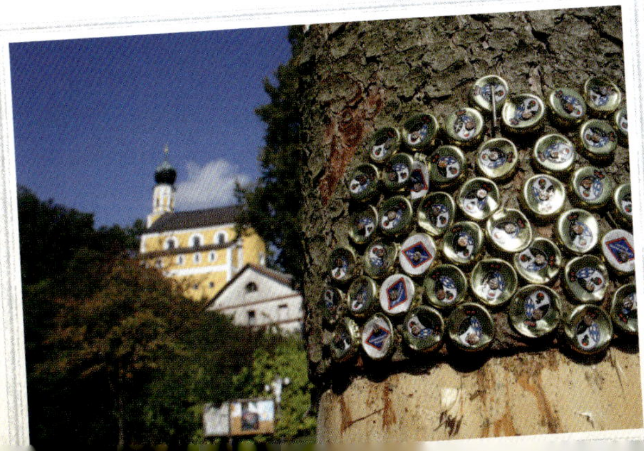

Kirche Marienstein (mit einem Ausschnitt aus dem Maibaum, einer so genannten „Kronkorkenfichte".)

# WENZENBACH – SCHLOSS SCHÖNBERG

## SAUGEFÄHRLICHE TOUR. ABER AUCH EIN BISSCHEN SCHÖN.

13,5 KM / 4 H / 300 HM

„Soll die Tour auch ins Buch?“, fragte mich meine Frau, als ich im Sommer 2021 zum dritten Mal Richtung Wenzenbach aufbrach. „Warum nicht? Sind dir die Spukgeschichten zu rar oder die Landschaften zu fad?“, antwortete ich verwirrt. Nein, die Antwort lautete: „Wie willst du diese Tour in Worte fassen?“ Da hatte sie natürlich – einmal mehr – Recht. Aber in Anlehnung an den lateinischen Spruch „potius amicum quam dictum perdere“ (Lieber einen Freund verlieren als eine Pointe in den Wind schießen) muss auch hier gelten: Lieber eine Tour vergeigen als sie nicht veröffentlichen. Ich muss es ja letztendlich nicht ausbaden, wenn meine Beschreibung nicht funktioniert. Aber ich habe mir redlich Mühe gegeben, diese Tour so zu beschreiben, dass Sie am Ende auch wieder in vernünftiger Zeit und in angemessenem Zustand zurückkommen können.
Vielleicht gehen Sie diese Tour als letzte aus diesem Buch. Es geht mir dabei mehr um den Erfahrungsschatz Ihrerseits, und weniger darum, dass Sie das Opus gleich entsetzt in die Ecke fetzen und es vorher nicht oft genug erfolgreich weiterempfehlen konnten.

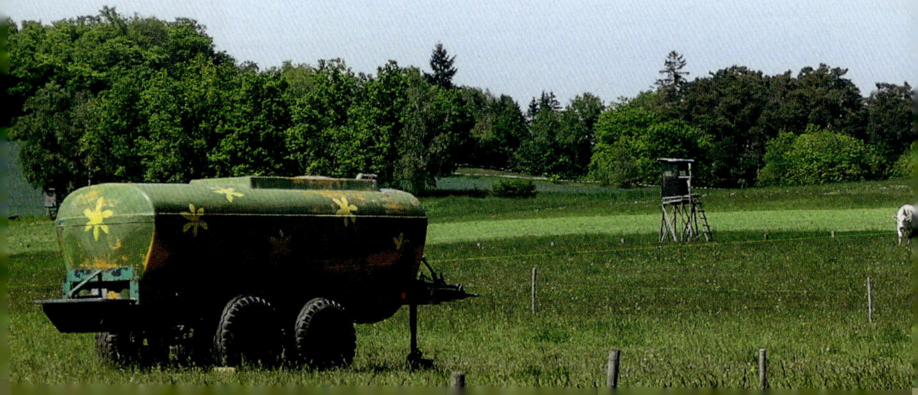

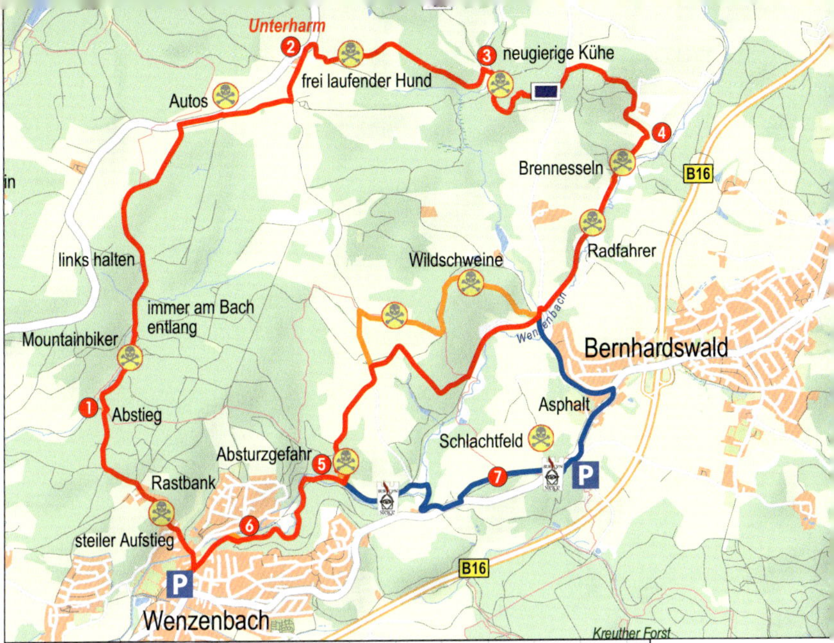


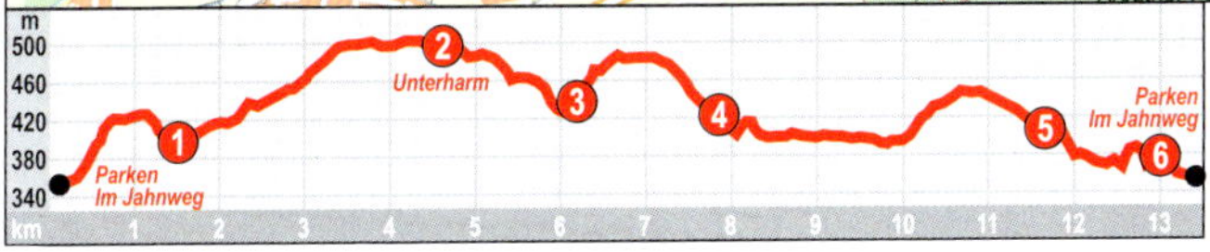


## WEGBESCHREIBUNG:

Start in der Jahnstraße. Sie überqueren den Wenzenbach mittels zweier Brücken und wählen dann nach links den Waldheimweg. Es folgen 600 Meter fader Aufstieg auf Asphalt. (Profitipp: Je schneller Sie den Anstieg gehen, desto eher haben Sie ihn hinter sich.) Oben angekommen links am Marterl vorbei und an der Sitzbank am Waldrand angekommen nach links. 100 Meter am Waldrand, 100 Meter im Wald. Dann Abzweigung nach rechts. Dieser Weg führt alsbald wieder nach unten.

## INFO:

**Wildes Roitherauer Bachtal – Kilometerstein – die Trasse des Falkensteiner Bockerls – wilder Wenzenbach – Schloss Schönberg**

**Anfahrt:** Von Regensburg aus auf die B16 (Ausfahrt „Regensburg Nord") Richtung Roding; Ausfahrt Wenzenbach; im Ort an der Pfarrkirche links vorbei in die Schönberger Straße

**Parken:** Im Jahnweg (Richtung Sportplatz)

**Navi:** 93173 Wenzenbach, Jahnweg 4

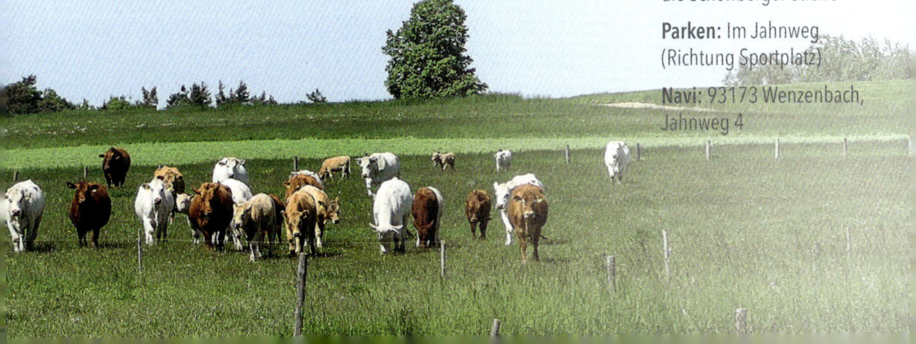

Nach den letzten 20 steilen Metern steigen Sie **nicht ganz** zum Bach ab. Sie müssen die Trampelpfad-Abzweigung nach rechts zwischen zwei dicken Fichten finden 1. Im Linksbogen kommen Sie nun zum **Roitherauer Bach.** Dort angekommen, folgen Sie dem Bach nach rechts, also bachaufwärts. Folgen Sie nun dem Bach auf einer Länge von einem Kilometer (ca. 15 Minuten). (Ignorieren Sie die Seitentäler und Pfade, die von rechts herunterkommen!) Irgendwann überquert der Weg den Bach nach links und folgt dem westlichen Oberlauf bis zur Quelle.

Nach der Bachquerung führt der Weg durch einen Bacheinschnitt bergan, dann kurz am Wald vorbei und erneut durch den Wald. Die letzten 300 Meter am Wald entlang und dann vor bis zur Straße.

Nach 300 Metern auf der Straße wechseln Sie nach halbrechts auf den Schotterweg. In **Oberharm** am Feldkreuz auf Granitstele biegen Sie nach links ab, jetzt kurz auch . In **Unterharm** können Sie kurz auf der Straße nach links zur **Wegsäule** 2 gehen. Danach zurück und 20 Meter auf Straße weiter, zur Kapelle von Unterharm. Folgen Sie dem Schotterweg im Schlängel-S durch den Hof. Nach den beiden Schuppen nicht nach rechts zum Hof (das wird der große Hund, der nicht spielen will, auch zu verhindern wissen), sondern nach links. Richtig links – kurz leicht bergauf –, nicht zum Tümpel hinunter!

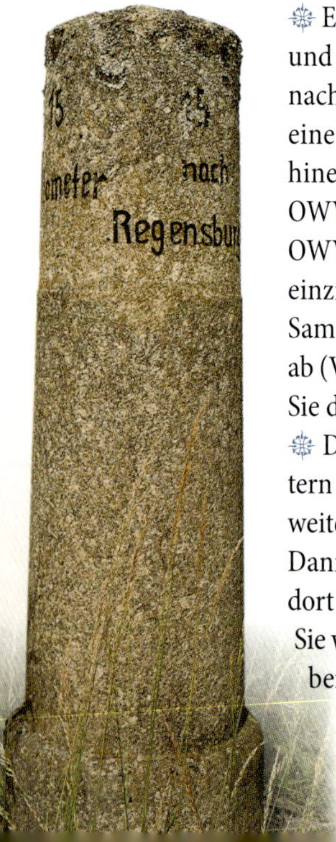


Es schließt sich ein schöner Weg mit leichtem Gefälle und Gewelle an, der dann an den Wald übergibt und nach erneuten 650 Metern nach einer Linkskurve auf eine Weide trifft. Gehen Sie forsch in diese Weide hinein. Dort finden Sie das verblasste Schild des OWV 3. (Der Bauer sagt bezüglich der Kühe und des OWV sinngemäß: „Die sind nur neugierig, weil Sie die einzige Abwechslung sind. So wie „Wetten, dass?“ am Samstagabend.“) Steigen Sie also nach rechts zum Bach ab (Vorsicht: nass!), überbrücken Sie diesen und steigen Sie dann wieder auf.

Dann kommt der Aufstieg. Wählen Sie nach 10 Metern Aufstieg die Abzweigung nach rechts und folgen Sie weiter den -Schildern, bis Sie zur Straße gelangen. Dann nach links, zum höchsten Punkt der Straße und dort nach rechts, Richtung **Elendbleschen.** Nun steigen Sie wieder ab, wieder im S – an der unnötigen Villa vorbei. Bevor Sie das erste Haus im Tal erreichen, schlagen Sie den Weg nach rechts ein und gehen an diesem Haus vorbei auf den Spuren in der Wiese **4**. Auf der anderen Seite erreichen Sie den Wald, der im Sommer von einer Mauer aus Brennnesseln und Springkraut den Zutritt verwehren möchte. Beherzter Angriff! Gehen Sie hier 300 Meter parallel zum Radweg. (Alternativ dazu gehen Sie bis zum Bockerlweg und schlagen diesen nach rechts ein. Ist aber gefährlich, weil zu oft zu viele motorisierte und deshalb apathische Radfahrer unterwegs sind.)

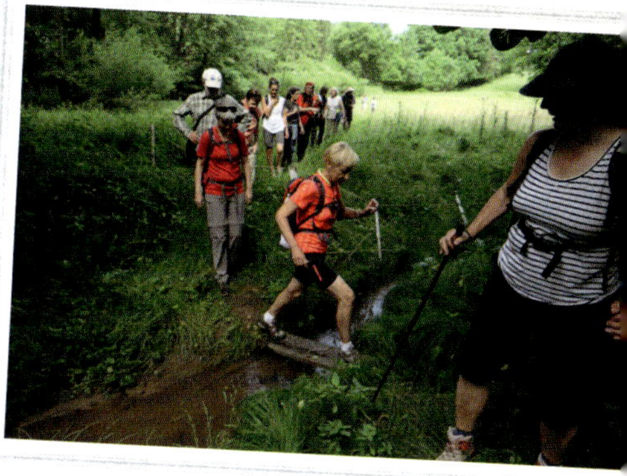

❄ Nach einiger Wegstrecke müssen Sie dennoch auf den Radweg wechseln und einen langweiligen Kilometer bis zum **Haltepunkt Bernhardswald** hatschen. Nach erfolgreicher Pause geht es über die Brücke zum Fitnessplatz.

❄ **Langweilige Variante:** am Fitnessplatz links vorbei auf den Bockerlweg, bis nach 700 Metern links Bahnkilometer 8,2 auftaucht. Dort biegen Sie nach rechts in den Wald hinauf ab und gelangen zum Weiler **Birkenhof.**

❄ **Wilde Variante:** Gehen Sie am Point of Fitness rechts vorbei den dunklen Waldweg hinauf und folgen Sie ihm, koste es, was es wolle. Auch er führt – später in einem großen Linksbogen – nach Birkenhof. Wenn man aus dem Wald auf die große Freifläche mit direktem Blick nach Birkenhof kommt, geht man rechts am Waldrand rauf und oberhalb der Weidefläche Richtung Birkenhof. (Hunde an die Leine, hier sind im Frühjahr Wildschweine mit Frischlingen unterwegs. **Profitipp:** Wildschweine mögen es nicht, wenn man singt. Also singen Sie sich den Weg frei!)

❄ In Birkenhof an der zitronengelb (Oh mein Gott!) getünchten **Kapelle St. Andreas** vorbei. Bei Haus Nr. 1a auf den Feldweg weiter und am stromlosen Stromturm und der Brunnstube vorbei, dort in den Wald. Nach guten 100 Metern im Wald erreichen Sie eine T-Kreuzung mit XL-Hochsitz für die gesamte Familie. Hier gehen Sie links und folgen dem Weg 200 Meter, bis Sie oberhalb des Felsens stehen, auf dem unten die **Erinnerungstafel an das Falkensteiner Bockerl** **5** prangt. Nicht weitergehen, nur auf die Pedalritter herabblicken! Danach wieder gute 100 Meter zurück und auf dem – jetzt nach rechts – ins pittoreske Seitental hinunterführenden Tram-

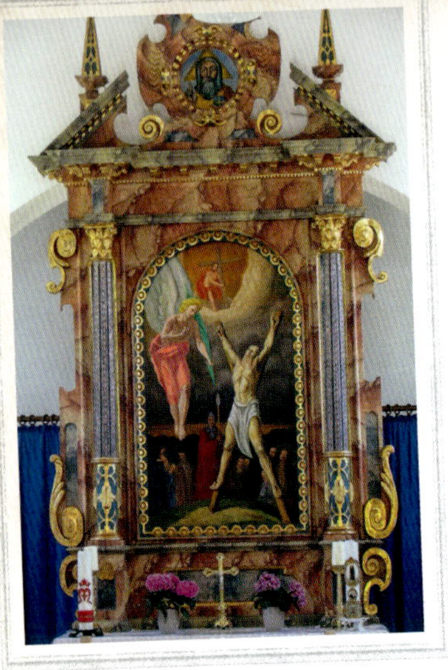

pelpfad absteigen. Unten erreichen Sie den Radweg. (Rechtzeitig bremsen!)

❉ Auf dem Radweg weiter nach rechts und nach der Brücke über den Wenzenbach erneut nach rechts zum Fluss abbiegen. Folgen Sie dann dem Lauf des Wassers, auch unter der Bockerlbrücke hindurch. 100 Meter danach halten Sie sich links und steigen nochmals zügig in den Wald auf. Von dort oben sehen Sie durch die Bäume **Schloss Schönberg** 6. Diesem Weg wieder hinunter zum Bockerlweg folgen und auf Letzterem zurück zum Auto. You did it!

**Anmerkung des Autors:** Den ursprünglichen Plan, diese Wanderung über das **Schlachtfeld** zu führen, ließ ich bald fallen. So viel Asphalt möchte ich niemandem zumuten. Aber die Stelle ist in der Karte eingetragen. Gehen Sie von Wenzenbach bis zum Burgensteig und auf diesem weiter oder fahren Sie mit dem Auto oder Fahrrad dorthin.

## BAUDENKMAL:

❉ **Schloss Schönberg** 6: Erbaut im 13. Jahrhundert. Erste bekannte Besitzer waren wohl die Herren von Hohenfels. Und dann kommt wieder eine ellenlange Liste von Besitzern und Pflegern: die Satelboger, die Hauzendorfer, Ulrich Pudenstorfer, Eberhart der Hofer, Werner der Auer, Ulrich der Auer, Purckhart der Prachs, Linhart der Hilprant … 1403 wurde Schönberg von Herzog Johann von Niederbayern an einen Satelboger Ritter als Pfand ausgegeben. Danach wieder Besitzerwechsel: Dietrich Satel-

boger, Oswald Krumpeckh, Dietrich Mosheimer, die Deuerlinger … Eroberung am Donnerstag, dem 12. September 1504, durch den römisch-deutschen König und späteren Kaiser Maximilian I. (siehe „Schlacht von Wenzenbach").

Der erste Schönberger zog nach der Schlacht von Wenzenbach ein. Dann die Lerchenfelder, danach ein von Stingelheim, dann ein Thurn und Taxis oder auch mehrere. Bei so vielen Besitzern kann es nicht verwundern, dass das Gebäude 1726 neu gebaut werden musste. Zwischenstand: 2010 wurde es von einem Arzt, der auch Besitzer ist, nach allen Regeln des Denkmalschutzes grundlegend renoviert. Respekt!

## GESCHICHTE:

**Schlacht von Wenzenbach:** Auch die „Schlacht von Schönberg" oder „Böhmenschlacht" fand am 12. September 1504 (besagter Donnerstag) bei Wenzenbach statt. (Schlachtfeld liegt am Burgensteig; Infotafel dort.) Hintergrund war der **Landshuter Erbfolgekrieg,** über den eigentlich jeder Bescheid weiß.

Im Rahmen der Kriegshandlungen rückte ein Heer aus böhmischen Söldnern an. Es war bekannt für seine Wagenburgen und den Einsatz großer Schilde zur Deckung. Am 11. September 1504 überfiel Ruprecht von der Pfalz mit ebendiesem Heer Wenzenbach und Schloss Schönberg. König Maximilian I. rückte an und drängte die Böhmen zurück, hinauf nach Hopfengarten, wo die Heere dann in Stellung gingen. Zunächst sah es schlecht für den König aus, der auch selbst in Lebensgefahr geriet.

Als Georg von Frundsberg mit seinem Landsknechtregiment zur Hilfe kam, wendete sich das Blatt, und die Böhmen wurden er- und damit geschlagen. Noch heute befinden sich bei Hopfengarten die Massengräber mit vielen der 1600 gefallenen Krieger. Die alte Kriegstechnik hatte ausgedient.

Der König zog noch am Abend über die Steinerne Brücke nach Regensburg ein.

Die Schlacht von Wenzenbach ist die letzte Ritterschlacht – obwohl man das auch von der Schlacht bei Mühldorf (siehe Kapitel 8, Seite 58) sagt – und war die einzige Feldschlacht im Erbfolgekrieg. Dieser endete am 30. Juli 1505 mit einem Schiedsspruch von Kaiser Maximilian I.

TOUR 15

# SCHWARZENFELS–SCHLOSSBERG

## DARF'S EIN BISSCHEN WENIGER SEIN?

11,5 KM / 4 H / 276 HM

Als „abgegangen" bezeichnet man eine Ex-Burg, also eine Burg, von der man nur noch den Burgstall findet, also nicht den Wohnort der Burgrinder, sondern die Stelle, wo einst eine Burg stand – egal, wie kurz oder lang.
Zwei solche Burgställe verbindet diese Wanderung. Und obwohl die Dichte an Points of Interest relativ gering ist und man von den Burgen so gut wie gar nichts mehr findet, haben meine Testwanderer diese Wanderung mit 👍👍👍 bewertet.

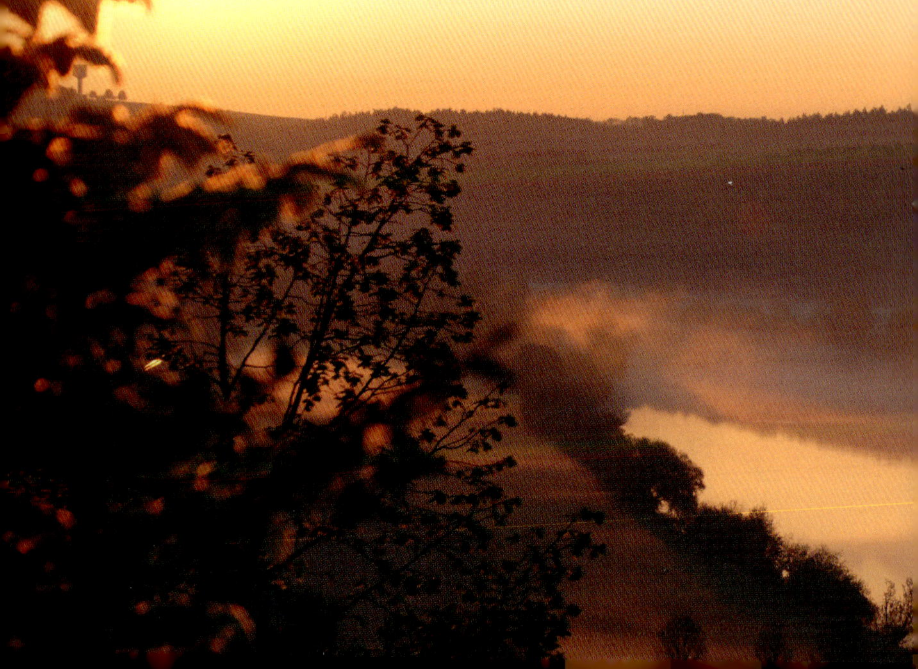

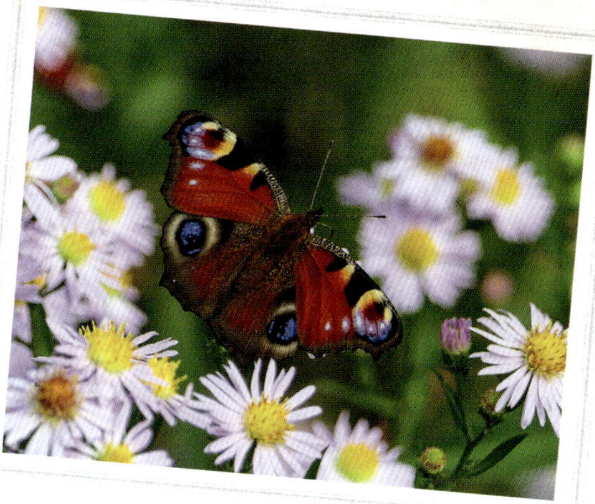

Es muss an der Streckenführung liegen, denn wider Erwarten finden sich in einem Wald, der von breiten Schotterstraßen durchzogen ist, vergessene Pfade, stille Winkel und schöne Aussichten. Zu einem Gesamtkunstwerk verknüpft ergibt das alles eine ansprechende, interessante Halbtagswanderung vor den Toren Regensburgs.

Auch für umweltbewusste Autovermeider ist die Tour gut geeignet, kann man doch mit dem Zug von Regensburg nach Sinzing reisen. Das erweitert die Tour dann um einen weiteren Fitnessberg!

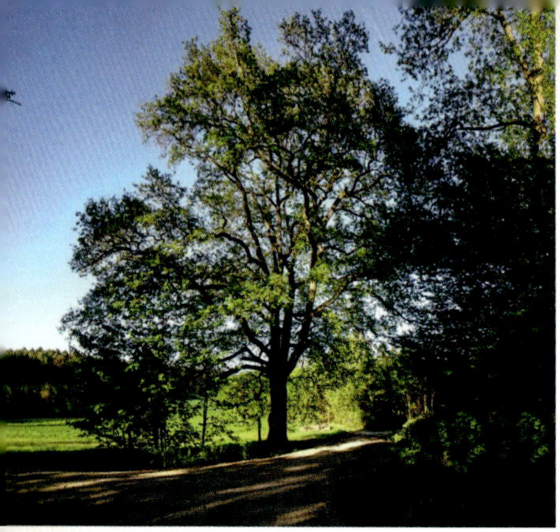

Möseleiche

## WEGBESCHREIBUNG:

❊ Vom Startpunkt geht's nach Westen (Richtung Wald) und in der Westendstraße bergauf, dann nach links in die Eichenstraße. Am Ende dieser Straße scharf rechts den Bergmattinger Weg bergauf. Gehen Sie auf dieser Straße geradeaus weiter, soll heißen: Folgen Sie nicht den ganzen Wanderschildern nach rechts! (Kontrolle: Am Grundstück „Kühblöß 2" links vorbei.)

❊ Es geht jetzt knapp einen Kilometer geradeaus. 330 Meter nach irgendsoeinem Golfplatz rechts abbiegen und bei der nächsten Schotterwegsvereinigung einfach weiter. Dann stehen Sie schon bei der **Möseleiche** (gesprochen bitte Mösel-Eiche!). Nach dem Holzkreuz beim Baum halblinks weiter, aber schon vor dem Ende des Kreuzungsdreiecks (sprich: nach 20 Metern) den Waldpfad (entfernte Markierungen am Baum) nach links einschlagen. Folgen Sie diesem Waldpfad, der ab der nächsten Kreuzung Teil des Burgensteigs ist und ab der wiederum nächsten Abzweigung (Naturschutzgebiet) noch vom Jurasteig (von unten kommend) verstärkt wird.

## INFO:

**Sinzing – Möseleiche – Burgstall Schwarzenfels – Zuylenkapelle – Burgstall Schlossberg – Kapelle Bruckdorf**

**Anfahrt:** Autobahn A3, Ausfahrt 98 „Sinzing"; Richtung Sinzing, nach links in den Ort; vor der weithin sichtbaren, modernen Kirche nach rechts in die Bergstraße; immer geradeaus, wieder leicht bergab in „Am Reißbrunnen"; am Ende am Straßenrand parken

**Parken & Navi:** 93161 Sinzing, Am Reißbrunnen 13

Die Handelswege sind noch dieselben, die Transportmittel haben sich verändert. Über dem Kahn thronte Burg Schwarzenfels. Erfolgreiche Schiffer sagten damals: Veni, vidi, pipi.

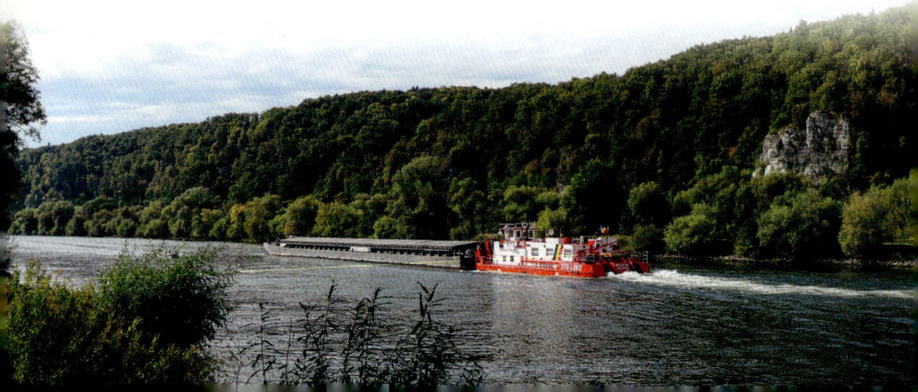

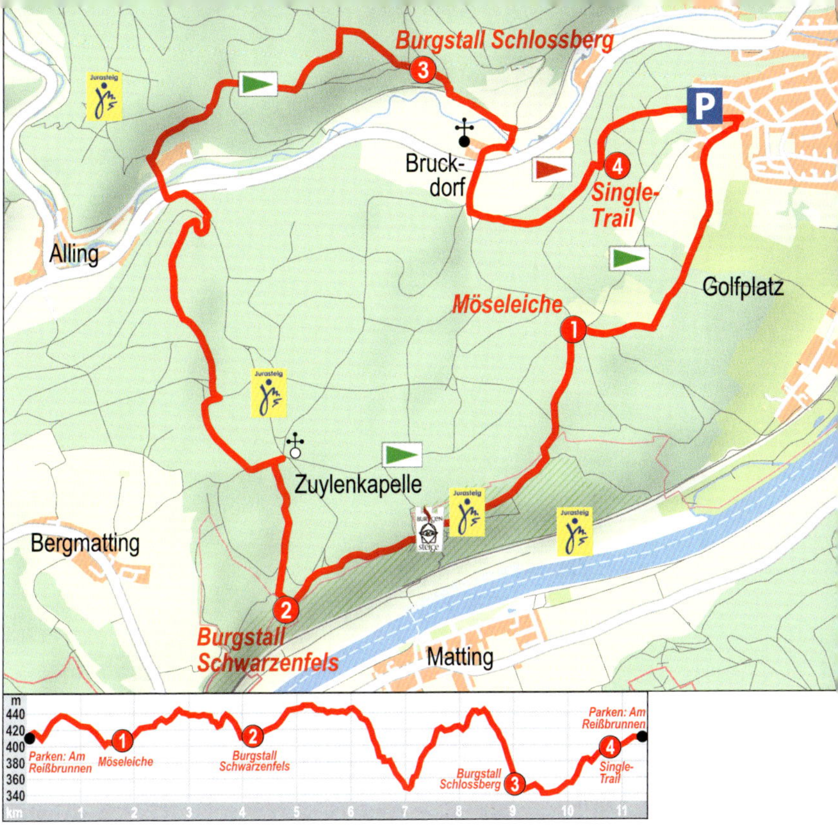


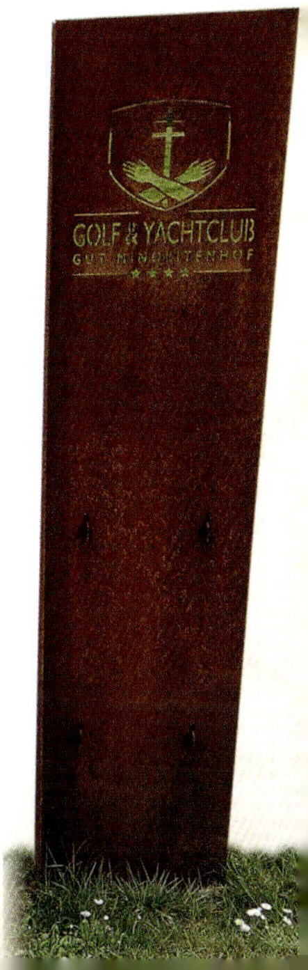


Sie wandern jetzt 1,2 Kilometer eben auf der Höhe oberhalb der Donau im Buchenmischwald, folgen Jurasteig und Burgensteig. Beim nächsten Hauptwanderschild nach links: Stichweg zum Aussichtspunkt/Schwarzenfels 300 m. Folgen Sie dem Jurasteig bis zum ultimativen Aussichtspunkt beim **Burgstall Schwarzenfels** (Blick nach Matting) 2. Folgen Sie dann dem Trampelpfad nach rechts an der Felskante entlang (ohne abzustürzen). Sie kommen in einem beschaulichen Rechtsbogen auf dem Halsgraben der Burganlage zum Zugangsweg zurück.

Wieder bei der Infotafel des Landratsamts zu diesem Burgstall biegen Sie nach links ab, bergab. Nach knapp 100 Metern stehen Sie in einer Kreuzung. Nehmen Sie den eingetieften Weg nach rechts bergauf. Er geht nach 150 Metern als Schotterweg weiter bis hoch zur **Zuylenkapelle,** welche Sie aber nur 50 Meter rechts von sich sehen. Sie biegen nach links ab und folgen der Forststraße durch die nächste Rechtskurve. 400 Meter später treffen Sie auf ein Mega-Forstwegsdreieck. „Unser“ Weg führt auf gleicher Höhe gegenüber weiter. Also gehen Sie zunächst nach rechts leicht bergab, dann links kurz bergauf (Kontrolle: Grüne Rechtecke), um dann gleich wieder nach rechts, im Bogen bergauf, abzubiegen (alles Forstwege).

Die nächste Abzweigung ist etwas „tricky“. Erneut nach 400 Metern zweigt dieser vergessene, ehemalige OWV-Pfad nach halbrechts ab. Er ist leicht erhöht in recht grünem Gelände. (Kontrolle: 10 Meter davor findet man auf der gegenüberliegenden Seite am Baum ein zweites geschnitztes Grünes Dreieck (das erste ist 50 Meter vorher).) Folgen Sie diesem „lost track“ (grün übermaltes ►) am Hochsitz vorbei, bis Sie nach einer wilden S-Kurve auf die Jurasteig-Wanderautobahn treffen. Hier dann links auf Jurasteig, hinunter nach **Alling.**

## GUT ZU WISSEN:

**Die Fernweihe**

Studiert man die knappen Einträge im Internet zur Kirche in Bruckdorf, so liest man, dass sie im Jahre 1052 von Papst Leo IX. per Fernweihe geweiht wurde. Motyka (Motyka, S. 32) bringt Licht ins dunkle Mittelalter: Papst Leo war gerade in Regensburg gewesen, wo er die Wolfgangskrypta in St. Emmeram geweiht hatte und reiste nun weiter nach Norden.

… Fortsetzung nächste Seite

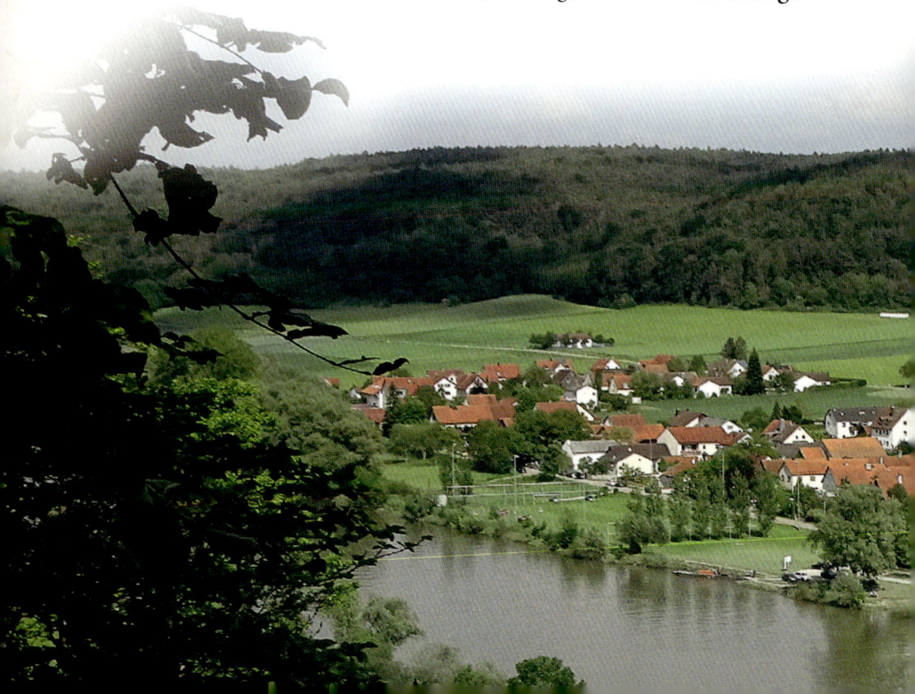

Hauptstraße und Laber überqueren. Geradeaus, kurzer Aufstieg am Gelben Haus links vorbei. Aber gleich nach dem Haus nach halbrechts durch die Wiese auf den Wald zu. Im Wald angekommen steigen Sie auf dem W5 bergauf. Oben – am Schotterweg – folgen Sie dem W5 nach rechts (Richtung Regensburg/Prüfening) und dann weiter über die nächste Kreuzung, ab welcher er als beliebter, vermatschter MTB-Drecktrack weiterführt.

Nach 10 Minuten Single-Trail (Vorsicht: Zwischendrin biegen Sie mit dem W29 nach links ab!) erreichen Sie wieder Schotter. Hier geht es nach rechts leicht bergab (W29). Die nächste scharfe Linkskurve (Schlaufenwegschild an einer Buche zeigt nach links) ignorieren Sie und gehen auf Mini-Single-Trail auf den Hochsitz zu. Nun sehen Sie den Hügel, der einst den **Schlossberg** 3 beherbergte. Wie Sie den Hügel erklimmen, überlasse ich Ihnen (ggf. seitlich vorbei und dann im Uhrzeigersinn hoch)! Oben findet man noch ein paar Mauerreste. Der Abstieg erfolgt auf der gegenüberliegenden Seite und ist schlecht für schlechte Kniescheiben. Irgendwann trifft man dann aber wieder auf einen echten Single-Trail.

Nachdem er bei Prüfening übergesetzt hatte, kam er nach Riegling und hätte seine Reise nach Nürnberg fortgesetzt, wäre nicht hohe Verwandtschaft aus Bruckdorf heraufgekommen. (Ja, auch ein Papst hat nicht immer Glück.) Man bat ihn, die Kapelle in Bruckdorf zu weihen. Doch der Papst hatte wohl gerade keine Lust auf einen Umweg und hob die Hand zur Fernweihe. Das passt der Verwandtschaft gar nicht, aber Papst Leo – ein Könner vor dem Herrn – hieß sie, in die Kapelle zu schauen. Und tatsächlich: Alle Zeichen der Weihe befanden sich in der Kirche!

Blick auf Matting vom Burgstall Schwarzenfels

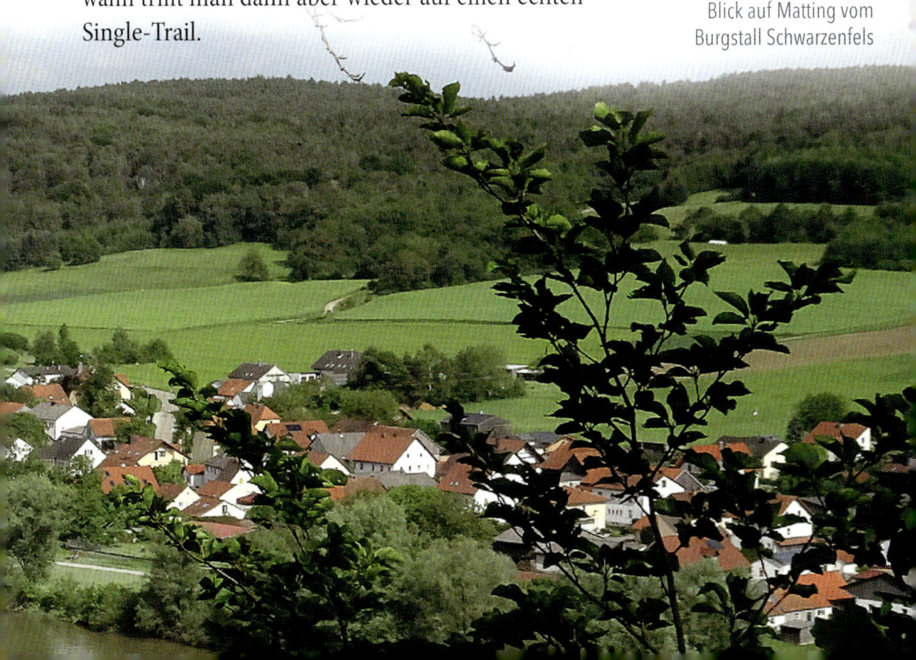

Abstieg auf Burgensteig zum Pustet-Fahrradweg am Waldrand hinunter. Diesem folgen Sie nach links, Richtung Sinzing. Dort, wo Fahrradweg (links) und Feldweg (rechts) sich fast berühren, wechseln Sie auf den Feldweg, dem Sie über die Brücke rechts nach **Bruckdorf** folgen. Nach dem Ort überqueren Sie die Hauptstraße und gehen auf der gegenüberliegenden Seite leicht bergauf, geradeaus. An der Kreuzung am Waldrand folgen Sie dem ► in einer Spitzkehre nach links. Jedoch nach einem kurzen Aufstieg verlassen Sie diesen zugunsten des breiteren Wegs, der bergauf führt.

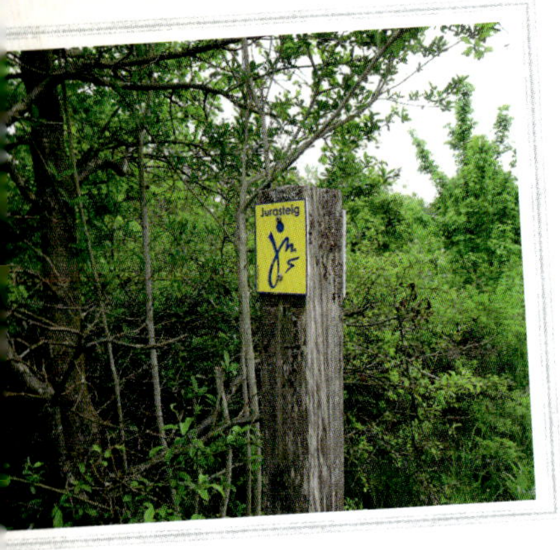


700 Meter später, an der höchsten Stelle dieses Wegs, steht ein weiterer Hochsitz. Gegenüber zweigt ein unscheinbarer Schleichweg nach rechts ab. Nach 30 Metern auf diesem Weg sind Sie auf dem Rückweg (diesen nach links einschlagen). Nur noch an der nächsten Gabelung rechts halten, und Sie erreichen den Ort Sinzing in der Westwendstraße und sehen dort schon Ihr liebes Auto!

## DAS SOLLTEN SIE GESEHEN HABEN:

**Burgstall Schwarzenfels 2:** Kein Wunder, dass von dieser Spornburg wenig erhalten ist. Laut den Quellen stand sie nur zwei Jahre, nämlich von 1243 bis 1245. Herzog Otto II. von Bayern hatte sie drei Jahre lang erbauen lassen, aber dann kamen Beschwerden vom Kloster Prüfening, und man gab die Burg wieder auf. (Probieren Sie das mal bei Ihrem Nachbarn! „Hey, ich mag nicht, dass dein Haus da rumsteht." „Sorry, Mann, ich reiß' es gleich ab …") Im 15. Jahrhundert wurde die Burg abgebrochen.

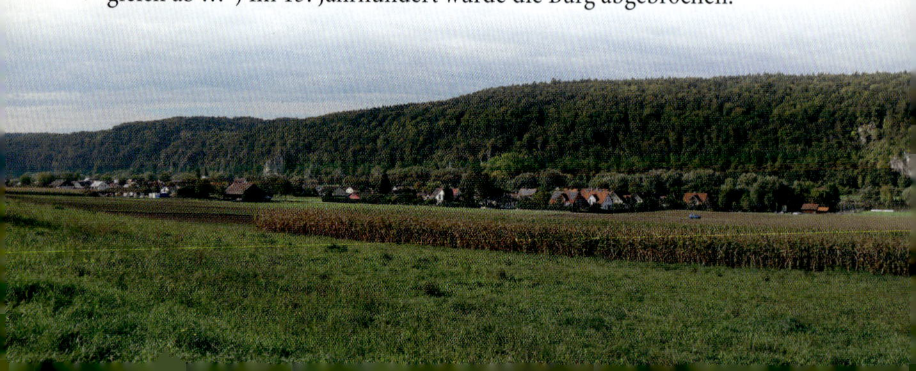

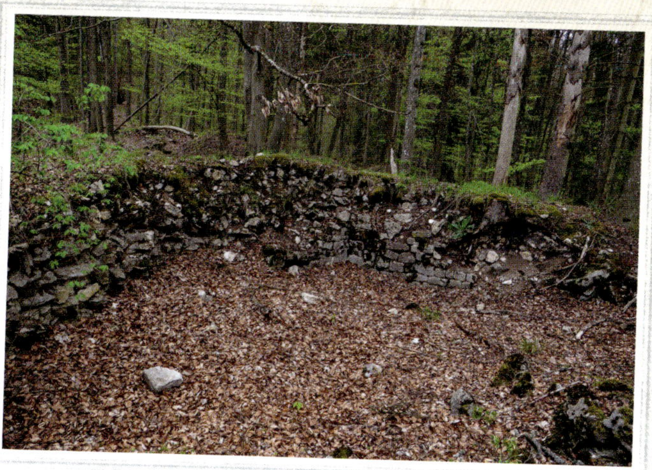

Die Geschichte hat uns von der kleinen Burg auf dem Schlossberg nicht mehr viel übrig gelassen.

Immerhin war das Areal der mächtigen Anlage 80 mal 39 Meter groß. Heute sieht man nur noch den Ringgraben, im welchem man mehr oder weniger um die Burganlage laufen kann. Die Aussicht auf Donau, Matting und eine kühle Gipfelhalbe ist lohnender als die Suche nach alten Brocken der Burg.

**Burgstall Schlossberg 3:** Geschichte ratzfatz: kleine Spornburg am Hang zum Tal der Schwarzen Laber, vermutlich im 13. Jahrhundert erbaut, hatte einen Turm, einen fünfeckigen Bergfried und einen 4 Meter tiefen Halsgraben. Im Gegensatz zum Burgstall Schwarzenfels findet man noch ein paar klägliche Mauerreste. Trotzdem ist es nur noch ein Bodendenkmal.

**Kirche Hl. Kreuz, Bruckdorf:** Diese alte Kirche wurde im Jahr 1052 erbaut und sage und schreibe von einem Papst geweiht, nämlich von Papst Leo IX. (1002–1054). Dies geschah allerdings per Fernweihe. 1940 malte der Münchner Kunstmaler Josef Wittmann dieses Ereignis als Deckenfresko an die Decke der Kirche. Wegen dieses Wunders wurde die bereits profanierte Kirche nicht abgerissen, sondern 1817 vom Bayerischen Staat als erhaltenswertes Geschichtsdenkmal zurückgekauft. Leider ist die Kirche dauerhaft versperrt.

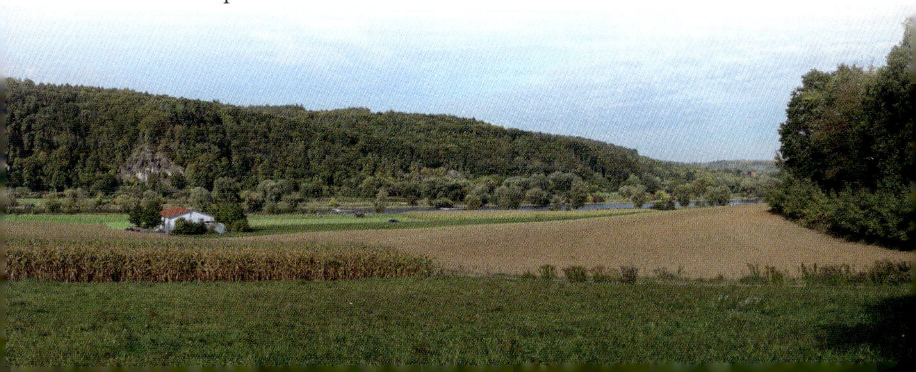

# DURCHELENBERG – DEUERLING

## ALLES, AUSSER DEUERLING. SORRY.

14,4 KM / 4:30 H / 256 HM (LEICHT VARIIERBAR)

Burgstall Durchelenburg, Burgstall Weihenstefen und viel Natur – das alles auf einem Track, der sensationell wenige offizielle Wanderwege enthält. Hier wandert anscheinend kaum jemand. Wer sich trotzdem – oder gerade deswegen – auf diese Rundreise wagt, wird durch wunderbare Natur und schöne Ausblicke belohnt.
Tipp: In der zweiten Märzhälfte blühen beim Schrammlhof noch die Märzenbecher (Frühlingsknotenblumen), Schneeglöckchen und Scilla (Blaustern), während am Eitelberg schon die Küchenschellen hervorspitzen! Diese Runde kann man auch öfter gehen – in unterschiedlichen Jahreszeiten.

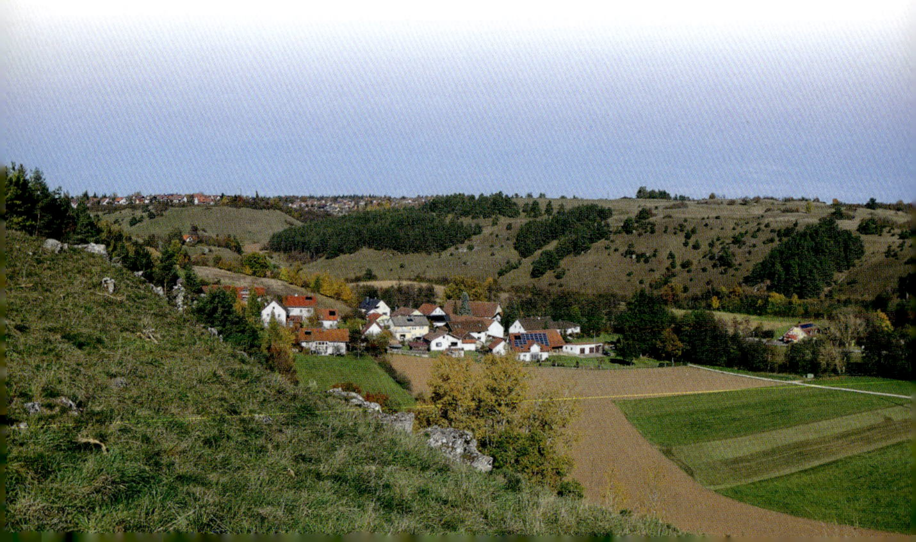

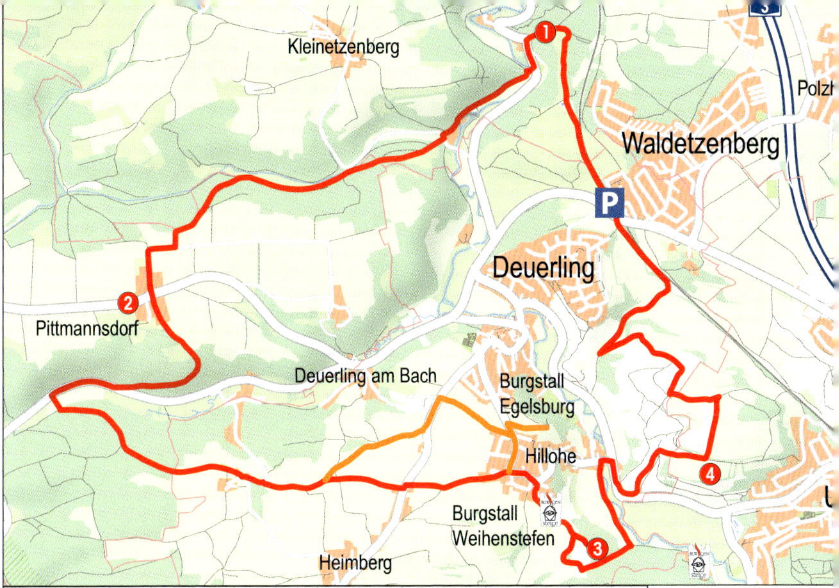


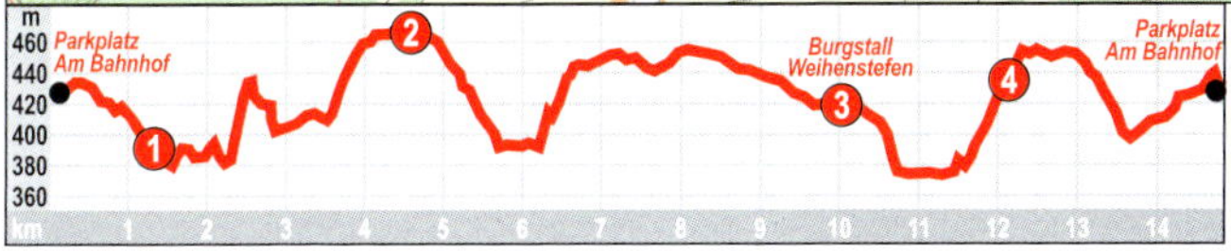


## WEGBESCHREIBUNG:

Vom Parkplatz auf der Südseite des Bahnhofs Deuerling geht es auf Schotterweg direkt an den Bahngleisen entlang, am Klärwerk vorbei und etwas später im Linksbogen auf Asphalt zum **Schrammlhof** hinunter. Dort finden Sie die Erklärtafel zum **Burgstall Durchelenburg 1.** (Von der Burg selber auf dem Kalksteinsporn ist nichts mehr zu sehen! Das namensgebende Felstor ist direkt unter dem höchsten Punkt des Felssporns. Sie errei-

## INFO:

**Burgstall Durchelenberg - Märzenbecher - vergessene Pfade en masse - Burgstall Egelsburg - Burgstall Weihenstefen - Eitelberg mit Küchenschellen (Ende April)**

**Anfahrt:** Autobahn A3, Ausfahrt 97 „Nittendorf"; auf der alten B8 Richtung Pollenried, Deuerling, Hemau; nach Überquerung der Bahnstrecke nach rechts zum Parkplatz am Bahnhof Deuerling

**Navi:** 93180 Deuerling, Am Bahnhof 1

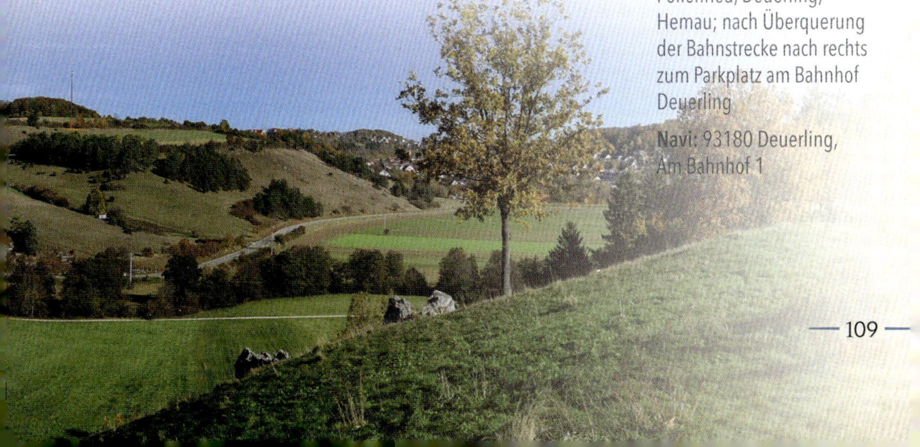

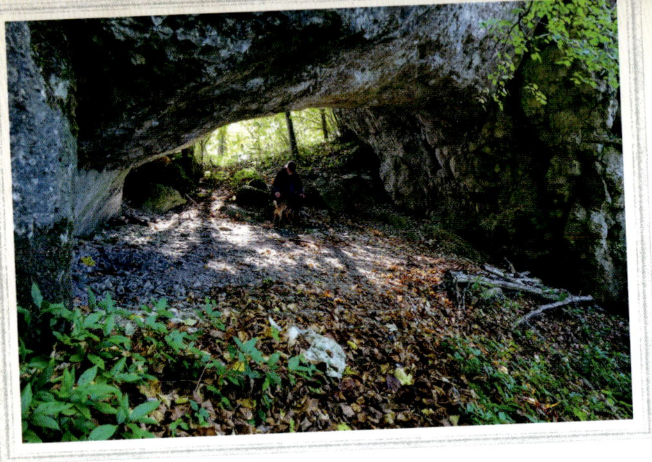

Der Name des Burgstalls Durchelenburg leitet sich von diesem Torbogen unterhalb des Burgstalls ab.

chen es über die Rückseite des Sporns. Sieben Meter bevor Sie von der Kante ins Labertal abstürzen würden, zweigt ein verwegener Weg nach links unten ab. Hals- und Beinbruch! Ich möchte nicht schuld sein.)

Weiter im Text: Biegen Sie beim **Schrammlhof** nach links auf die Fahrstraße ein und folgen Sie den Burgensteigschildern nach 160 Metern nach rechts über die Schwarze-Laber-Einbaumbrücke. Am anderen Ufer schwenken Sie nach links, folgen jetzt dem MD-Weg bzw. an der Laber entlang, durch die Münchsmühle hindurch bis zur Straße. Dort angekommen, biegen Sie auf dieser kurz nach links ab, erklimmen aber gegenüber nach 30 Metern vor dem Haltestellenschild den Wald. Nach 100 Metern gabelt sich ein Weg nach rechts ab, leicht bergab. Folgen Sie diesem Weg, von dem aus Sie immer ins **Segeltal** hinausblicken können.

Nach guten 600 Metern (1,5 Tartanbahnen) erreichen Sie die Stelle, an der ein Wirtschaftsweg von der Fahrstraße hereinführt (die Straße verschwindet dann nach Kleinetzenberg). Sie halten sich geradeaus links, wandern also nicht in dem Trockental, sondern auf dem Waldweg. Nach weiteren 700 Metern gabelt sich der Weg erneut: Sie nehmen den Anstieg nach halblinks. Am Ende dieses Anstiegs sehen Sie Pittmannsdorf vor sich, das Sie nach ein paar geschlagenen Haken auf Asphalt erreichen.

Überqueren Sie in **Pittmannsdorf** 2 die Staatsstraße. Es geht im leichten Linksbogen auf den Wald zu. Auf dem Hauptweg bleiben. Im Wald, nach 50 Metern, geradeaus weiter, nicht nach rechts. Dann kommt eine Rechtskurve, die sich erneut gabelt. Sie nehmen den Trampelpfad nach links, nicht den 2-spurigen Waldweg! (Der Pfad bräuchte vielleicht mal wieder einen Frisör!) Am Ende dieses Abstiegs erreichen Sie das Tal des **Bachmühlbachs.**

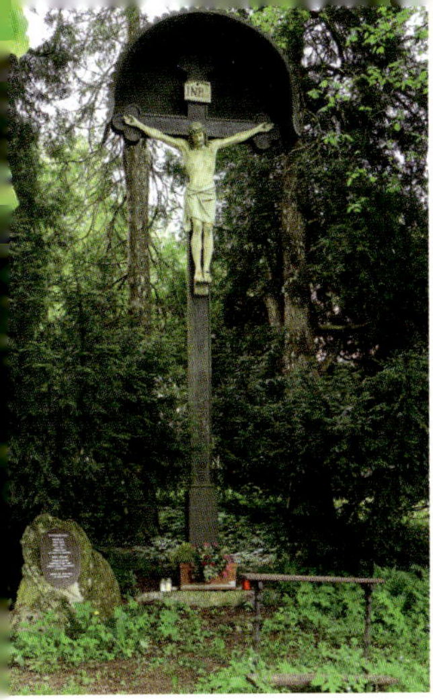

Willibaldskreuz

Gehen Sie auf der Fahrstraße (Kann Spuren von Autos enthalten!) 300 Meter weiter und wählen Sie den Feldweg nach links entlang einer eingezäunten, langgestreckten Anpflanzung zum Waldrand. Dann 50 Meter zurück bis zum Aufstieg im Wald, halbrechts. Dem Aufstiegsweg folgend erreichen Sie nach 450 Metern eine Gabelung. Hier links an der Schonung entlang, und dann weiter, bis Sie das Bachleitener Gestüt erreichen. Auf Asphalt geradeaus durch die Häusergruppe und am anderen Ende auf dem Feldweg leicht bergauf weiter.

Attenzione prego, sobald Sie fast auf der Höhe angekommen sind: 80 Meter vor dem einzelnstehenden Baum zweigt ein unscheinbarer Feldweg nach halbrechts ab. Folgen Sie ihm geradeaus bis zu den letzten Häusern von Heimberg. Überqueren Sie die „Forstraße" (Name der Straße!) und setzen Sie links versetzt beim Haus Nr. 1a Ihren Weg Richtung Hillohe fort. In **Hillohe** erreichen Sie in der Dorfmitte einen Baum auf Verkehrsinsel. Ab hier folgen Sie den Burgensteigschildern: Abzweigung nach rechts, dann Gabelung am Zaun nach rechts. (Anm.: Wenn Sie **Burgstall Egelsburg** einbinden möchten, gehen Sie am einzelnstehenden Baum (s. o.) geradeaus und beim Franziskuskreuz den Feldweg nach Hillohe (siehe Karte!). Danach durch Hillohe zum Wanderweg zurück!

Außerhalb des Ortes bietet sich ein Picknick mit wunderbarem Blick ins Labertal an. Danach geht es weiter – mit einem kurzen Abstecher (siehe Karte!) zum **Burgstall Weihenstefen** 3. Weiter geht's auf dem Burgensteig im großen Linksbogen mit Abstieg zum Willibaldhäusl samt Kreuz. An dieser Verzweigung biegen Sie nach links ab, um einen halben Kilometer später die Brücke bei **Steinerbrückl** zu erreichen. Sie überqueren die Laber, gehen

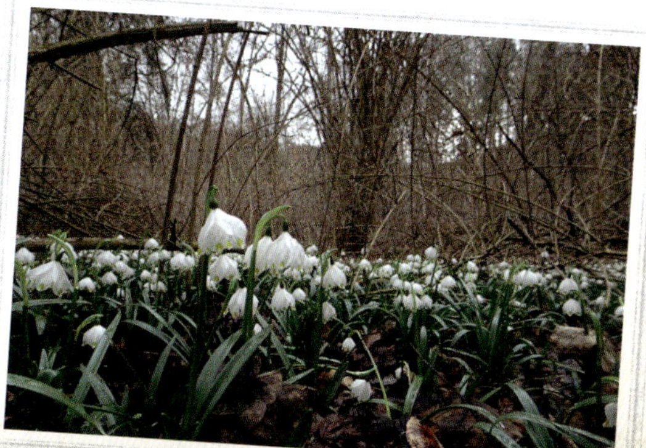

Frühlingsknotenblumen, aka Märzenbecher beim Schrammlhof

am Gasthaus Steinerbrückl vorbei und erreichen direkt unterhalb des Kalkfelsens, neben der Straße, einen Trampelpfad. Diesem folgen! Nach 150 Metern erreichen Sie einen geschotterten Weg. Wenn Sie ihn nach links einschlagen, bringt er Sie im Gegenzug im großen Rechtsbogen zum Sender auf dem **Eitelberg** hinauf. (Im Frühjahr finden Sie hier jede Mengen Küchenschellen!)

Unterhalb des Senders angekommen **4**, können Sie in Ost-Südost den Turm von **Burg Loch** erblicken, darüber die Kirche von Thumhausen. 100 Meter nach dem Sender links, durch die Hecken hindurch. Kurz nach Überschreiten des höchsten Punktes nehmen Sie die linke Abzweigung. Nach knapp 300 Metern erreichen Sie einen Bauwagen des Modellflugvereins (möge ihm ein langes Leben beschieden sein!). Hier rechts, nach Norden. Sie umrunden nun die Pfarrerplatte, touchieren einen Kiefernwald, steigen wieder ab. Unterhalb der Häuser des Deuerlinger Ortsteils „Am Haslach" knicken Sie scharf rechts ab und folgen dem Weg, bis dieser fast an den Bahngleisen ins Gehölz nach links, bergauf, verschwindet. Wenn man auf dem Feldweg oben angekommen ist, geht rechts ein Trampelpfad bergab, der dann parallel zur Bahn unter der Staatsstraße hindurchführt (Kopf einziehen!). Dann gehen Sie links zum Bahnhof und sind wieder da!

## SAGENHAFTES:

**Seelgerätstiftung**

Durchelenburg. Zwischen 1061 und 1080 wird für einen Hesso von Duerchlburgk eine „Seelgerätstiftung" erwähnt, was auch ein erster Hinweis auf die Burg ist.

Mit diesem interessanten Wort bezeichnete man eine Stiftung, mit deren Kapitalerträgen regelmäßig zum Todestag des Stifters eine Seelenmesse gelesen wurde. Man sah das als das geeignete „Gerät" an, der armen Seele des Wohltäters zum ewigen Heil zu verhelfen. (Das war vermutlich einfacher, als ein gottgefälliges Leben zu führen …)

Auf diese Weise wechselte beträchtliches Vermögen den Besitzer hin zur Katholischen Kirche, zu Klöstern und Bistümern. Als Gegenleistung dafür verpflichtete sich die Kirche, Totengottesdienste und Vigilien (Nachtwachen) abzuhalten. Helfe, was helfen mag.

## POINTS OF INTEREST:

**Burgstall Durchelenburg** **1**: Auch Türkl- oder Dürchlburg genannt ist sie eine hochmittelalterliche Spornburg. Ihr Name leitet sich ab von einem Felstor im Bergsporn.

Entstehung der Burg im 11. Jahrhundert als Kontrollstation einer Straße durch das Labertal. Als im 12. Jahrhundert diese Straße auf die Albhochfläche verlegt wurde, verlor die Burg an Bedeutung und verfiel.

Besitzer waren Angehörige des Geschlechts der Durchelenburger, die sich immer andere Schreibweisen zulegten: Hesso von Duerchlburgk, Sigahart de Durchelinburc, Sigehart de Durchelenburh (erwähnt 1107), Sigehart de Durchelenburch.
Erwähnung der Burg als Castrum Durchelnburg in einem Friedensvertrag 1205. In diesem regelte der Regensburger Bischof Konrad IV. eine Erbstreitigkeit mit Herzog Ludwig dem Kelheimer: Anscheinend sollte die Burg samt Personal im Todesfall ohne Erben an das Hochstift Regensburg übergehen. Letzte Erwähnung 1213 und 1224, als die Burg in selbigem Konflikt noch einmal erwähnt wurde. Dann versank die Burg ins Dunkel der Geschichte und löste sich auf.
Die Burgstelle auf dem Bergsporn ist mittels nicht markiertem Weg durch den Wald erreichbar.

**Burgstall Egelsburg:** Der Name leitet sich ab vom Burgherrn Egilolf von Stein, dessen Linie schon gegen Ende des 12. Jahrhunderts ausstarb, was auch das Ende der Burg bedeutete. Aufgabe war möglicherweise die Sicherung der Königsstraße und der Brücke im Ortsteil Steinerbrückl – eine Steinbrücke, was für damalige Zeit ungewöhnlich war.

**Burgstall Weihenstefen 3:** Leitet sich ab von Wihensteten („wîh“ = heilig, geweiht). Fraglich ist, ob hier überhaupt je eine Burg stand oder ob die Anlage schon nach den ersten Arbeiten aufgegeben wurde. Wenn, dann war der Erbauer ein Gozbertus de Wihensteten (um 1150).

Blick nach Loch, eine von zwei Höhlenburgen in Bayern

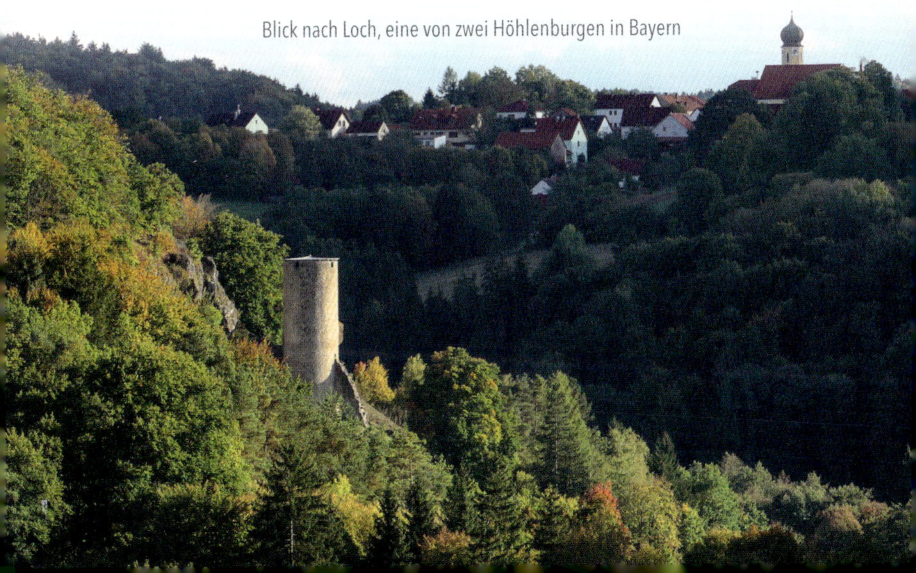

# BREITENEGG – BREITENBRUNN

## RUND UMADUM BREITENBRUNN – EINE TOUR FÜR ROMANTIKER.

15 KM / 4:15 H / 130 HM

WEST: 9,2 KM / 2:45 H / 63 HM (WISSINGER LABER)

OST: 7,6 KM / 2:15 H / 126 HM (EHTAL – ST. LEONHARD)

In den Ort Breitenbrunn habe ich mich spontan verliebt. Es ist ein wunderbares Ensemble aus alten Häusern, die immer noch alt sind, sowie aus alten Häusern, die man geschickt modern gestaltet hat. Gewürzt wird alles durch eine ganze Reihe von interessanten Sehenswürdigkeiten, die das Gesamtbild abrunden. Man hat Einblicke und Ausblicke und sogar ein bisschen Weitblicke.

Allem voran steht natürlich die Natur, und Sie werden mir zustimmen, dass die autofreie Wissinger Laber superidyllisch ist und die beiden anderen Täler ihr in nichts nachstehen.

Bringen Sie Ihre Freunde mit (sofern vorhanden) und führen Sie gute Gespräche. Wenn Sie gerade mal wieder verliebt sind, dann bringen Sie den Partner mit. Dann können Sie sich der Schmetterlinge im Bauch erfreuen, oder aber zumindest der echten Schmetterlinge, die hier im Sommer herumtanzen und sich auch fortpflanzen. Apropos: Auch für Familien ist die Wanderung prima!

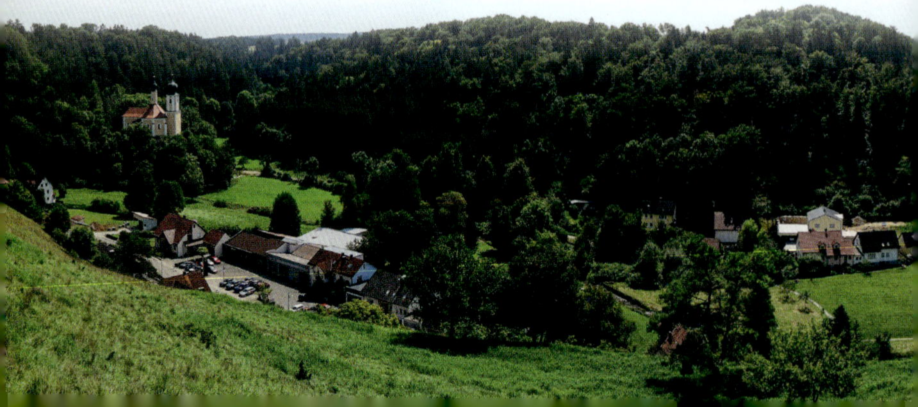

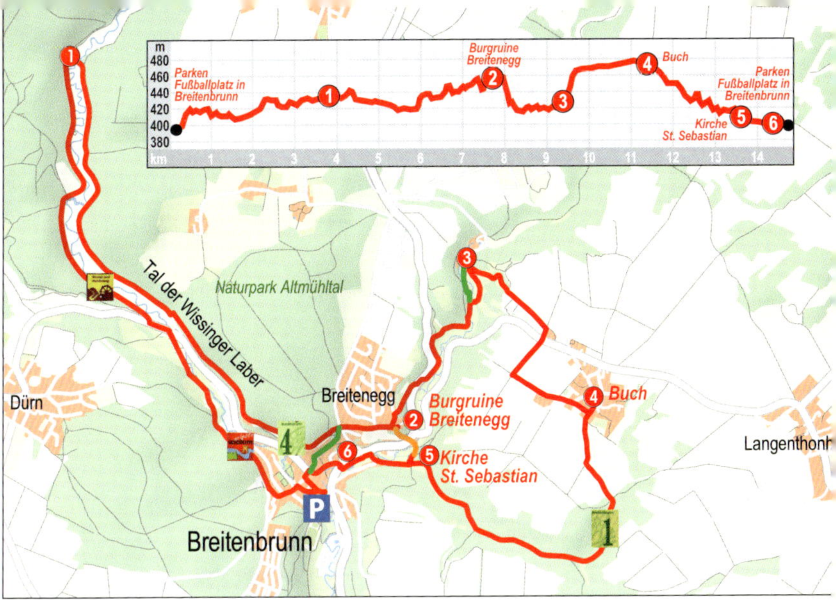


## WEGBESCHREIBUNG:

Sie starten vom Parkplatz, sprich: Fußballplatz in Breitenbrunn. Das historische Zentrum heben wir uns für den Rückweg auf. Wenden Sie sich also von der Einfahrt zum Fußballplatz in die Dietfurter Straße nach links (weg von der Hauptstraße), um sofort wieder nach links in den Kastlmühlweg einzubiegen (Tillyland-Schlaufenweg zweigt ebenfalls nach links ab). An der Feuerwehr vorbei erreichen Sie links die Brücke über die **Wissinger Laber.** Besuchen Sie vor dem Aufstieg auf der Premerzhofener Straße nach links noch den Friedhof mit seinen gusseisernen Kreuzen, die vom Turm der **Kapelle Mater dolorosa**

## INFO:

**Historisches Zentrum Breitenbrunn – Wissinger Laber mit Mühlenweg – Burgstall Breitenegg – Rosengarten – Buch – Ehtal – Bachhaupter Laber – Wallfahrtskirche St. Sebastian**

**Anfahrt:** Autobahn A3, Ausfahrt 94 „Parsberg"; durch Parsberg Richtung Breitenbrunn

**Parken & Navi** (E-Ladestation): 92362 Breitenbrunn, Dietfurter Straße 5

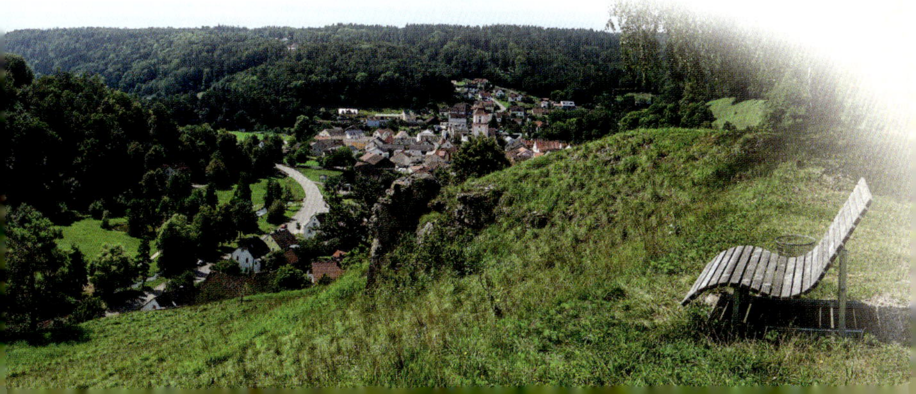

videoüberwacht werden (wegen Fluchtgefahr dürfte die Videoanlage nicht installiert worden sein …).

Folgen Sie der Premerzhofener Straße nach rechts, um vor dem Reisebüro Soellner auf den Waldweg nach rechts abzubiegen. Es prangen hier viele Wanderschilder. Nehmen Sie die 3 oder auch den Erlebte-Geschichte-Weg. Der Weg führt wieder hinunter und an dem Sägewerk vorbei, steigt wieder ein Stück an und passiert das ländliche Gestüt-Grundstück rechts. Nach gut 500 Metern erreichen Sie bei einem Feldkreuz die Straße. Einige Meter links davon steht ein Vorfahrt-achten-Schild, das ebenfalls schwer mit Wanderschildern behängt wurde. Hier beginnen 100 Meter Trampelpfad entlang der Straße durch die Wiese, der beim Schotterweg endet, der Sie nach rechts zur Wissinger Laber bringt. (Kontrolle: Durchfahrt für KFZ und Motorräder verboten, Fischereiberechtigte frei.)

Nun folgt ein wunderbares Stück im Tal der Wissinger Laber auf dem Wasser- und Mühlenweg. Unterwegs können Sie zu einer kleinen Brücke gehen (und bereits ans andere Ufer wechseln und den Rückweg antreten) sowie bei einem **Bodenlabyrinth** Rast machen. Mein unverbindlicher Vorschlag wäre, dass Sie nach gut 2 Kilometern, dort wo sich der Schotterweg gabelt, den -Weg verlassen und scharf rechts über die Brücke an das linke Flussufer wechseln. 2 Dieser Weg Nr. 3 führt wieder zu der Kreuzung mit dem Feldkreuz zurück. Doch Achtung:

100 Meter bevor der Weg den beliebten Wanderparkplatz erreicht, zweigt nach links der Waldweg 4 bzw. und nach halblinks bergauf ab. Dieser schattige Weg steigt langsam bergan und erreicht nach knapp einem Kilometer eine Gabelung. (K: Zuvor sind Sie an einem sehr obskuren Bretterverschlag entlanggegangen.) Halten Sie sich an der Gabelung links, leicht bergauf, immer auf der 4. Hier kriegen Sie einen ersten wunderbaren Aussichtspunkt auf **Breitenbrunn.** Etwas später gabelt sich der Weg erneut. Sie bleiben diesmal rechts und nehmen den geländerten Pfad in den Ort. Diesen erreichen Sie an der Obergasse, der Sie aber nur kurz nach links bergauf folgen, weil der Wanderweg nach rechts im Breitenegger Weg weiterführt.

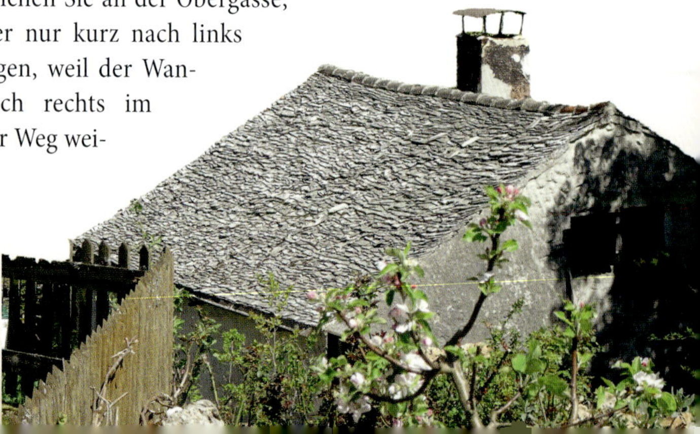

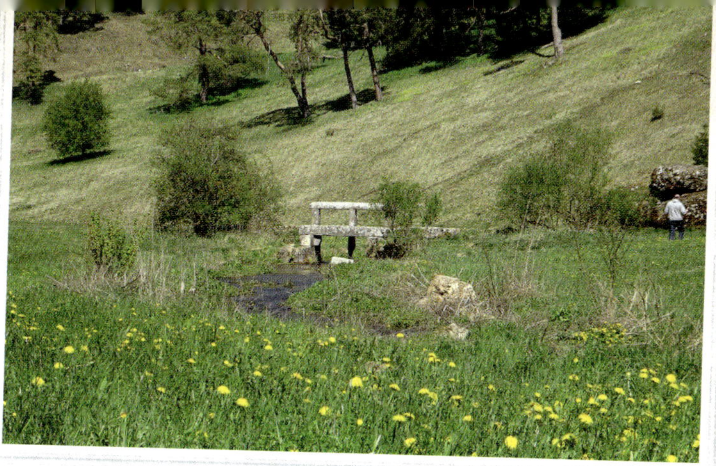

Nach erneutem Aussichtspunkt mit Panoramablick erreichen Sie geradeaus, in einer Sackgasse, die **Burgruine Breitenegg.** Wenn Sie die **Westrunde** gehen, dann steigen Sie hier nach rechts auf dem Serpentinenweg zur Kapelle St. Sebastian ab und folgen der Beschreibung ab Punkt 8 zum Auto zurück.

Der große Rundweg geht an der Kreuzung vor der Burgruine nach links weiter (von diesem Weg aus kann man einen schlechten Blick in den Burggraben werfen, aber immerhin). Nach Haus Nr. 6 zweigt ein Wiesenpfad am Haus Nr. 8 vorbei ab. (Kontrolle: Wanderschild ✚.) Unten, bei der PKW-Parkbucht, überqueren Sie die Straße auf die gegenüberliegende Seite. Folgen Sie dem Weg am Waldrand entlang (Kontrolle: Radweg Bachhaupt 1 km). Etwas später, nach einer scharfen Linkskurve, sehen Sie im Mittelgrund eine Steinbrücke über die Bachhaupter Laber. Diese steuern Sie auf Wiesenpfad an, überqueren sie und gehen nach Linksbogen am Fuß des Trockenhangs vor bis zum Weiler Bachhaupt. (Alternativ kann man am Waldrand entlanggehen und den Bach später überqueren, siehe GPS-Track „19 Breitenegg Ost".)

**3** Am Fuße des Felsens beginnt der Aufstieg auf den **Schanzberg,** der den Rosengarten beherbergt. Oben angekommen ignorieren Sie den Campingplatz zur Rechten und gehen bis zur Lamafarm, wo Sie nach rechts die Straße überqueren. 300 Meter Feldweg geradeaus, 300 Meter Feldweg nach links Richtung Buch, das Sie an einem sterilen Toskanahaus erreichen. Wenn Sie sich die kleine, verschlossene Kirche näher besehen wollen, müssen Sie sich am Ende der Straße, nach der Scheune zur Rechten (mit dem Gusseisenkreuz), links in den Ort wenden **4**. Ohne Kirchenschau geht es nach der Scheune nach rechts auf den Feldweg.

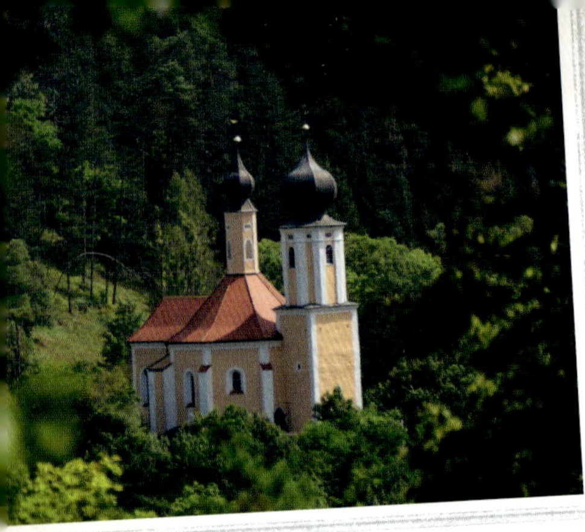

St. Sebastian

Bachhaupter Laber: Ein Eldorado für Schmetterlinge und deren Liebhaber

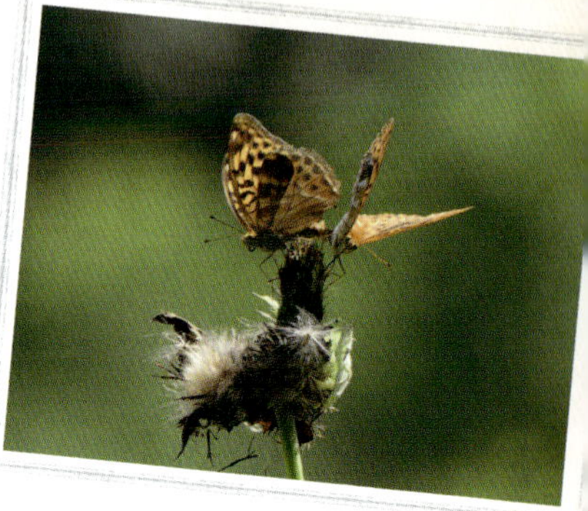

Sobald Wald bzw. Gestrüpp auftauchen, halten Sie sich links, leicht bergab. Wenn Sie alle Abzweigungen tapfer ignorieren, bringt Sie der 1 im großzügigen Rechtsbogen des Ehtals zum Fuß der **Kirche St. Sebastian** 5. Sie können kurz (oder auch länger) zu diesem pittoresken Bauwerk aufsteigen.

Danach geht es auf diesem Weg weiter bis zum Kneippbecken samt Rastplatz. Wenn der Magen voll und die Füße kühl genug sind, nehmen Sie den Durchlass durch die Hecke. Nach wenigen Metern sind Sie wieder an der Bachhaupter Laber. Am Ende des Wegs kreuzen Sie die Straße nach rechts in den Ort hinein, gehen am Supermarkt vorbei und stoßen auf Rathaus und **ehemaliges Tilly-Schloss.** Kurz danach kommen Sie zum **Zehentstadel,** der noch jede Menge Aufhübschung vertragen könnte. Nach der **Pfarrkirche Mariä Aufnahme in den Himmel** biegen Sie in den Unteren Markt ein und folgen dieser Straße zurück zum Auto.

**Variante Ost:** Gehen Sie vom Wanderparkplatz zur Pfarrkirche (Unterer Markt). Nach der Kirche biegen Sie nach rechts ab zum Markplatz und erklimmen – am Wirtshaus links vorbei – via Obergasse die Höhe. Am Breitenegger Weg angekommen biegen Sie in diesen rechts ab und setzen die Wanderung bei Punkt 5 fort.

## GESCHICHTLICHES:

**Burg Breitenegg (Breitenbrunn)** 2**:** Die Geschichte dieser Burg ist erfreulich überschaubar – genau wie ihre Lage auf der vorspringenden Bergspitze: urkundlich erstmals erwähnt 1247 mitsamt den damaligen Besitzern, den Herren von Breiteneck. Nach mehreren Besitzerwechseln landete sie

in den Händen der gräflichen Familie Tilly und gelangte zuletzt in die Hände der Freiherrn von Gumppenberg.
Schon vor dem Dreißigjährigen Krieg war die Burg eine Ruine (beruhigend, dass nicht alles in diesem Krieg kaputt gemacht wurde). Bis zur Gebietsreform 1978 gehörte Breitenegg zur Gemeinde Kemnathen, das weiter nördlich liegt.
Bis zum Erscheinen eines Burgenbuches des Breitenbrunner Ortsheimatpflegers Kurz Martens waren die beiden Schlösser in Breitenbrunn vertauscht. Jetzt steht fest, das Rathaus ist das Tillyschloss, während das Dornröschen-Schlösschen daneben das ehemalige Gumppenbergschloss ist.

**Tilly-Schloss:** erbaut 1740 von Reichsgräfin von Tilly-Montfort, die auch in Breitenbrunn starb (1744). Danach Pflegeamt, Schulgebäude und seit 1992 Rathaus der Gemeinde.

**Gumppenberg-Schloss:** in Privatbesitz. Erbaut 1756 von Ignaz Josef Freiherr von Gumppenberg.

**Ehemaliger Zehentstadel:** erbaut 1665 (zweitältestes Gebäude Breitenbrunns nach der Pfarrkirche); bis 1965 als Lagerhaus genutzt.

**Wallfahrtskirche St. Sebastian 5:** oktogonale (achteckige) Kirche in beherrschender Lage; erbaut 1386–1401; Erweiterung 1702–1708; Renovierung 1983/84. Patrozinium am Tag des Heiligen Sebastian (20. Januar). Heute findet die Wallfahrtsprozession am Pfingstmontag statt. Die Innenausstattung ist ebenso wertvoll wie sehenswert. Leider ist die Kirche i. d. R. versperrt.

Zehentstadel – Gumppenberg-Schloss – Tillyschloss (v. l. n. r.)

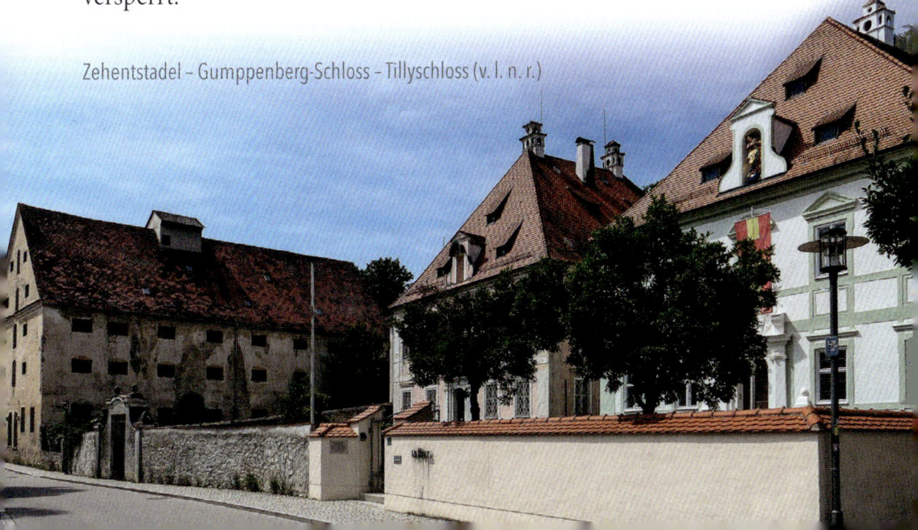

# HAUSEN – HEIMHOF

## RUHE – STILLE – RUHE – STILLE – UND EINE PRISE GESCHICHTE.

12,1 KM / 3:30 H / 300 HM

(10 KM, WENN SIE DIREKT IN HEIMHOF STARTEN)

Vor einiger Zeit diskutierten wir mit unseren letzten verbliebenen Freunden, wie das Adjektiv „interessant" zu verstehen sei, zum Beispiel, wenn man von Essen spricht: „Schmeckt heute sehr interessant, deine Quiche!" Ist das nun positiv oder doch eher negativ? So wie: „Sehr apart, Ihr Schmuck! Gefällt mir."
Diese interessante Tour bietet nicht allzu viele Highlights, dafür aber eine schöne, ruhige Wanderung im Herzen der Oberpfälzer Alb. Es ist eine Mischung aus Jurasteig-Premiumstrecke und heimischen Wanderwegen in Kombination mit ein bisschen Abenteuer. Letzteres vor allem für meine

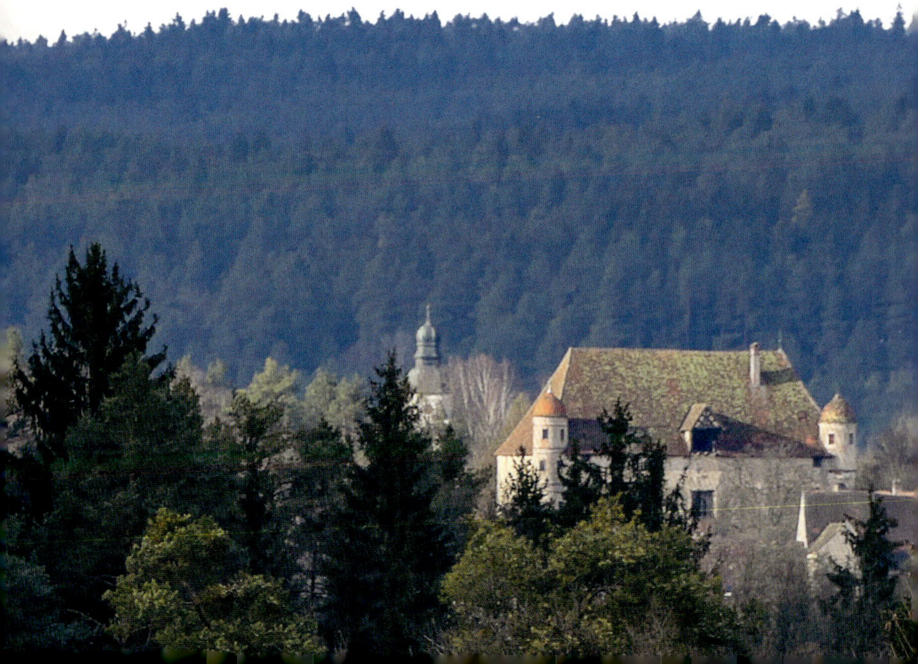

**Burg Heimhof**

Wacholder, Eichen, Haselnuß
Und zarter Espen ruhlos' Schauern ...
Den Felsen krönend ganz am Schluß
Ein Zinnenkranz ergrauter Mauern,

Aus dem der Pallas wuchtig ragt
Mit helmbewehrten Erkertürmen,
Vom Wind der Zeit berannt, benagt,
Doch standhaft über allen Stürmen.

Ein stolzer Horst und Herrensitz
Der Nothafft einst, der Loefen später.
Verstummt der Söhne Streit und Witz,
Erloschen Glück und Glanz der Väter.

Im Kreuzgewölb ein Wappenbild
Läßt ihr begrenztes Hiersein dauern,
Dazu ein Ritter, kühn und wild,
Versteint in zeitverlor'nem Trauern.

Und überm Ganzen hochgespannt
Der Jurahimmel, unermessen,
Spinnt ein die Burg und 's arme Land
Rundum in Stille und Vergessen ...

Anton Wurzer
in: Oberpfälzer Burgen, Heimatbuchreihe Band IV.
Gustav Bosse Verlag Regensburg, 1952

Helden, also für Wanderer, die ohne Navi wandern. Mit Navi ist es ein Kinderspiel, bleibt aber eine schöne Tour, die man mal an einem Nachmittag gemütlich machen kann.
Im Herzen dieser eigentlich tollen Tour liegt Burg Heimhof, eine sehr aparte Schönheit. Hermetisch abgeriegelt. Leider. Dabei ist die Burg lt. Wikipedia „eines der wichtigsten noch erhaltenen Burgen-Denkmale in der Oberpfalz“. Schon allein deshalb darf sie in diesem Burgen-Wanderbuch nicht fehlen.

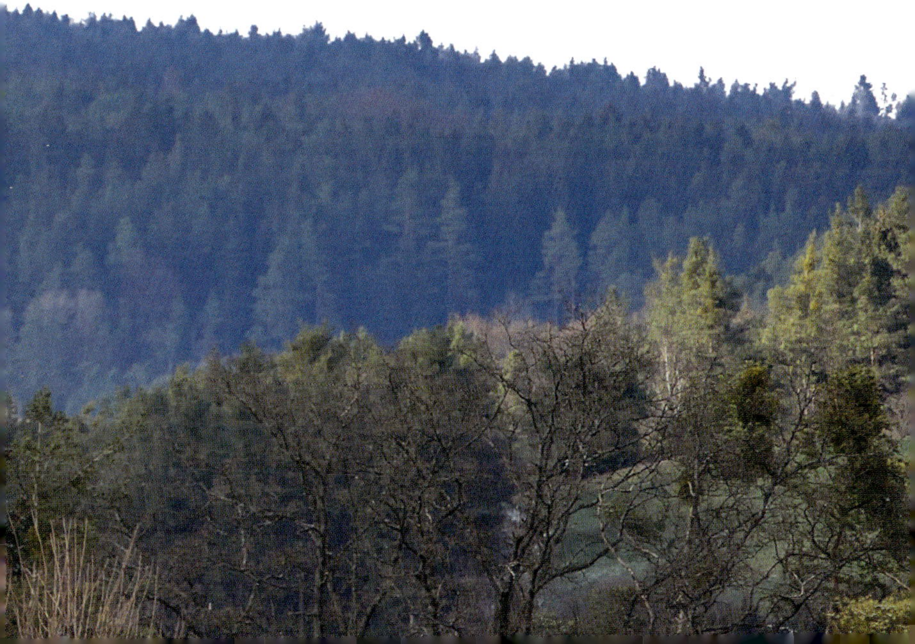

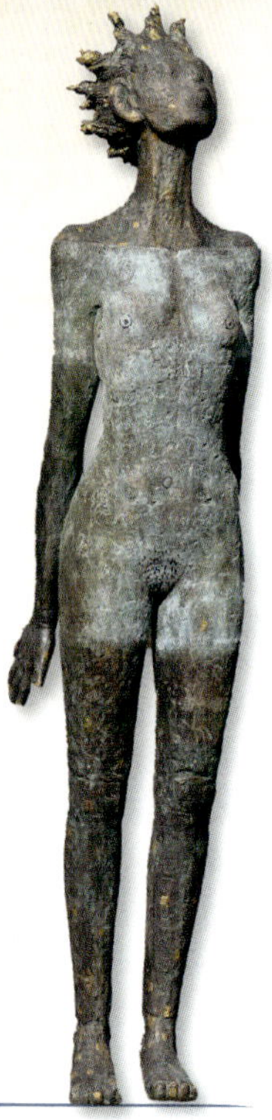

## WEGBESCHREIBUNG:

Diese Wanderung startet vom leicht versteckten, aber großzügigen Parkplatz der **Wallfahrtskirche St. Georg.** Sie gehen zurück in den Ort, zweigen nach rechts „Zur Wiege“ ab und folgen diesem Weg (beschildert ✚), später Fußweg, bis **Heimhof** ❶. Hier geht es nach rechts durch die Burggasse in Serpentinen zum Tor der **Burg Heimhof** hinauf (gleich zu Beginn der Burggasse, links im Grünen, fristet die **Burgkapelle** ein trauriges Dasein). Der Wanderweg führt von der Burg weg, leicht bergauf (nicht auf den Parkplatz!). Rechts begleitet uns eine Hecke, bis 250 Meter später ein Feldweg kreuzt. Diesen überqueren und an der nächsten Hecke zur Linken (der Weg ist kaum als solcher zu erkennen) gute 100 Meter weiter. Von rechts unten übernimmt danach der Schotterweg, der Sie in den Wald bringt. (Vorher Blick zurück nach Nordosten zum **Burgstall / Kapelle Zandt** (Tour 20).)

Nach 70 Metern im Wald nehmen Sie an der Gabelung den unscheinbaren, rechten Weg (Schild „Flügelsbuch“) und gehen gute 500 Meter auf herrlichem Waldweg immer geradeaus. Flügelsbuch sollte an den Kreuzungen weiter geradeaus ausgeschildert sein. Fast am Ende des Waldes führt ein Weg hinaus aufs Feld (das ist, bevor der Hauptweg deutlich nach links bergauf schwenkt).

## INFO:

**Ort und Burg Heimhof – Wallfahrtskirche St. Georg, Hausen – Natur, Natur, Natur**

**Anfahrt:** Durch das Lauterachtal entweder von Kastl oder Schmidmühlen kommend oder via A6, Ausfahrt 65 „Amberg-West“; in Ursensollen nach links abbiegen

**Parken & Navi:** 92289 Ursensollen, Georgenstraße 16

**Alternativer Start:** 92277 Hohenburg, Ransbach 47 (Startet im Text bei Seite 124, Mitte.)

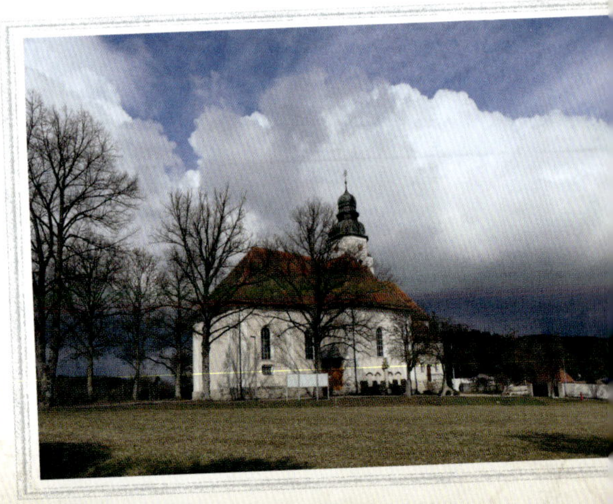

Ehemalige Wallfahrtskirche St. Georg in Hausen

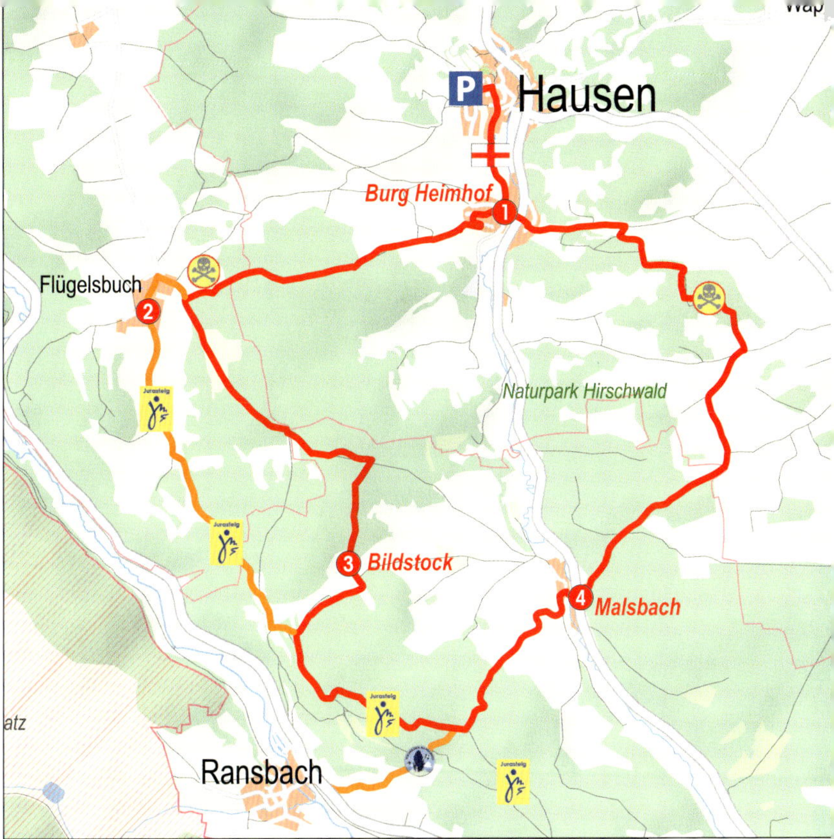


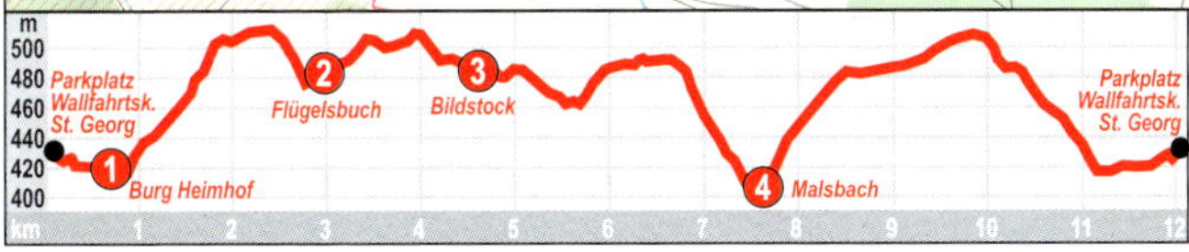


Wenn Sie das Feld erreicht haben, werden Sie denken: „Und was jetzt?“ Keine Bange. Vor der nächsten Hecke, die Ihnen den Weg nach Flügelsbuch versperrt, führt ein zuwuchernder Weg in den Wald hinein (Expertentipp: Wer suchet, der findet!) und im Wald um die Hecke herum. Danach geht es zwischen Feld und Wald in das Karsttal unterhalb **Flügelsbuch** hinunter.

Alternative: Gehen Sie auf Schotterweg rechts, nach Flügelsbuch hinauf und auf dem Jurasteig weiter (s. nächste Seite). Ist aber ziemlich fad. Besser

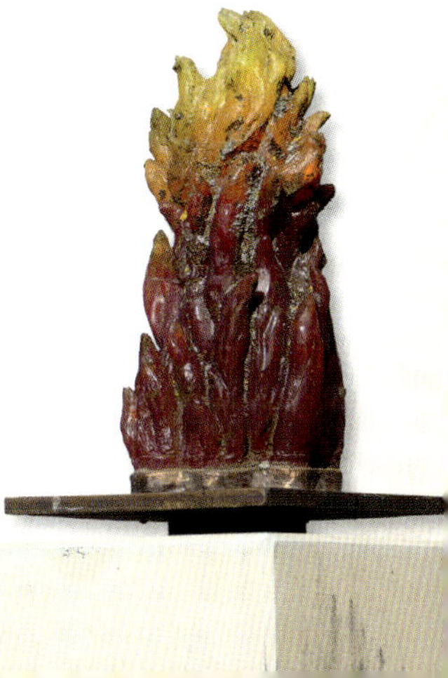

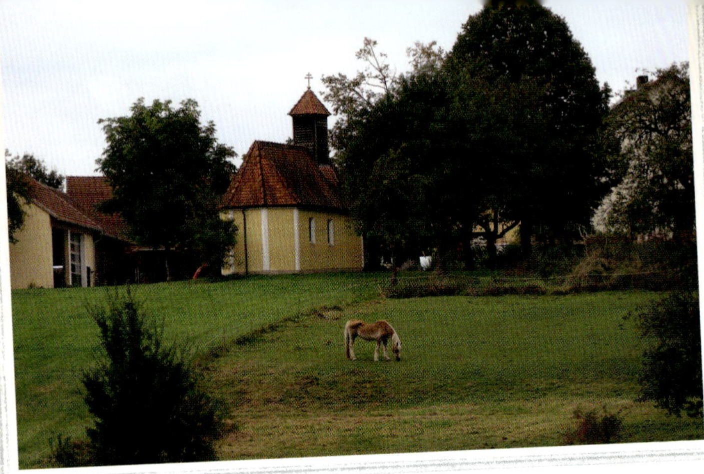

Kapelle Flügelsbuch

ist es, am Feldweg angekommen nach links zu gehen. 900 Meter Forstweg. Dann, an der Kreuzung mehrerer Wege, leicht links (Schild „Ransbach") auf Waldweg, kurz danach links halten. Nach ein paar Gehminuten erreichen Sie eine weitere Kreuzung. Hier nach rechts zur **Linderkapelle** abbiegen 3. Diese Kapelle, die auch in den Straßenkarten eingetragen ist, ist in Wirklichkeit ein unscheinbarer Bildstock, der schüchtern aus den Büschen lugt.

Wie dem auch sei, folgen Sie dem Feldweg zum nächsten Wald, wo Sie der Rechtskurve nach Süden (rechts) folgen. Nach einem knappen halben Kilometer am Waldrand entlang stoßen Sie wieder im Wald auf eine weitere Forststraße.

Hier geht's nach links und kurz danach entdecken Sie die Schilder des **Jurasteigs**. Nach 400 Metern (Länge: eine Tartanbahn) zweigt der Jurasteig nach links bergauf ab. Hier erleben Sie jetzt ein wunderbares Single-Trail-Stück. „Genießen" lautet die Devise! Nach einiger Zeit kommt von rechts unten der **Wacholderwanderweg** aus **Ransbach** herauf. (Dort könnte man alternativ parken und müsste dann jetzt hier absteigen.) Folgen Sie den beiden Wegen für gerade mal 50 Meter.

Danach halten Sie sich links, was eigentlich fast geradeaus ist (Jurasteig und Wacholderwanderweg verschwinden nach halbrechts). Nach kurzem, leichtem Aufstieg biegt der Weg nach rechts ab und gabelt sich. Sie nehmen den weiteren Bogen (linke Gabelung), steigen gut gepolstert im Zick und Zack ab und gelangen geradeaus gehend letzendlich nach Malsbach (nach Verlassen des Waldes sehen Sie halblinks die Burg Heimhof aus dem Tal-V herausspitzen).

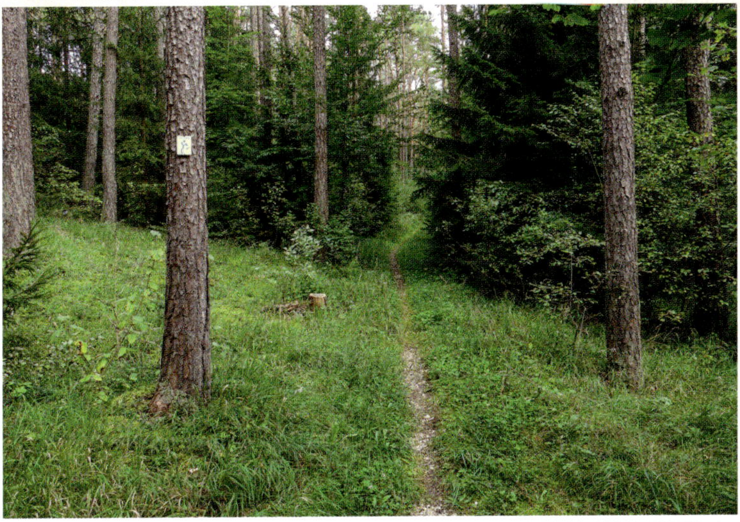

Jurasteig

In **Malsbach** 4 (ggf. kurzer Abstecher nach links zur Kapelle) überqueren Sie den Hausener Bach, die Hauptstraße und steigen auf der anderen Seite zügig bergauf, das „lost-place-Rasthaus" links liegen lassend (links begleitet uns im ersten Stück ein alter Doppel-Hohlweg). Auf einer Strecke von 1,7 Kilometern ignorieren Sie alle Abzweigungen von diesem soliden Schotterweg (bei der Abzweigung zum Ödallerzhof links weitergehen). Nach Verlassen des Waldes geschwungen über freies Gelände auf die drei Windräder am Horizont zu. Kurz bevor Sie die Kuppe mit dem Steinhaufen und dem freistehenden, mehrstämmigen Baum erreichen, knicken Sie 90° nach links ab und halten auf den Wald zu. (Kontrolle: Kurz vor der Kuppe kommt ein weiterer Schotterweg von unten, scharf links, dazu.)

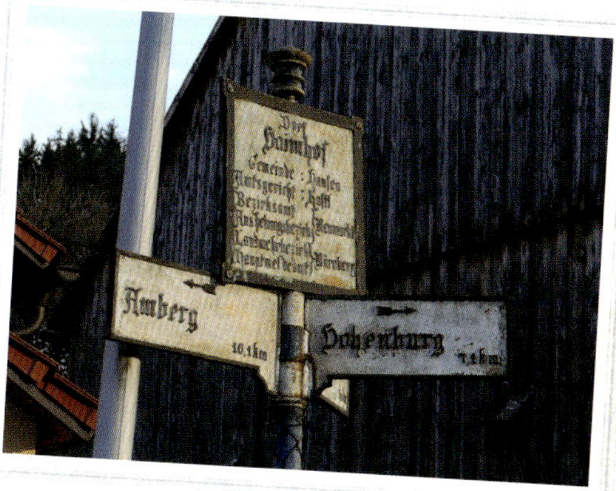


Das Navi früherer Jahrhunderte. Früher konnte man sich nicht so genau verlaufen wie heute!

Mit Erreichen des Waldes wird es spannend: Im Wald angekommen nach 70 Metern dem verwildernden Weg nach halblinks folgen. Sie müssen sich das jetzt so vorstellen: Sie wandern auf dem Rücken eines schlafenden Dinosauriers, der Rückenpanzer hat. Der Weg schlängelt sich nach rechts, nach links. Danach wird der Weg deutlich schlechter und Sie sehen noch ein übermaltes Wanderschild (möge der Buche ein langes Leben beschieden sein!). Hier überschreiten Sie den Rücken des **Steckberg-Dinos** nach rechts. Danach knickt der Ex-Waldwanderweg nach rechts (Norden) ab, bergab. (Pfad ist wieder deutlich sichtbar! In den digitalen Karten macht der Weg einen zu großen Bogen nach Westen!) Noch im Wald, kurz vor Erreichen einer Ecke der Acker-Freifläche, folgen Sie dem Weg nach links. Ab hier geht der Weg schattig weiter, bis hinunter zu dem alten Feldweg mit seiner Bruchsteinmauer. Wenn Sie diesen Weg nach links einschlagen, erreichen Sie fünf Minuten später den Ort **Heimhof** **1**. Dort mögliche Einkehr, z. B. in der Tafernwirtschaft Kopf. Im Ort selbst geht es auf dem ✕ nach Hausen bzw. zum Auto zurück.

GASTRONOMIE:

**Gasthof Kopf**
Altmannshof 66
92284 Poppenricht
Tel. 0 96 21/6 24 17
www.gasthaus-kopf.de

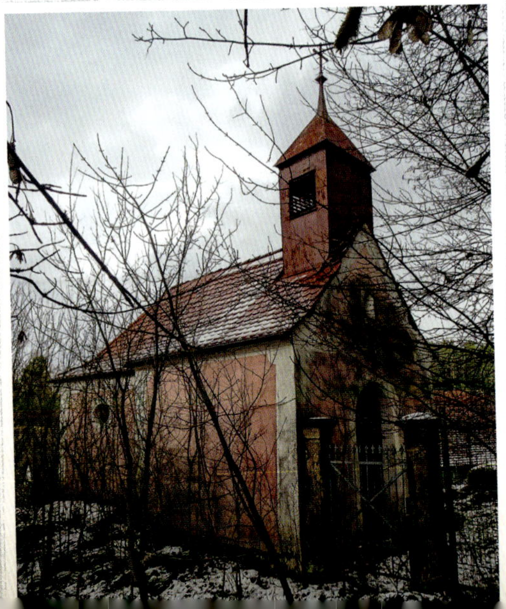

Die Kapelle neben Burg Heimhof findet man nur im Winter, wenn die Büsche kein Laub tragen.

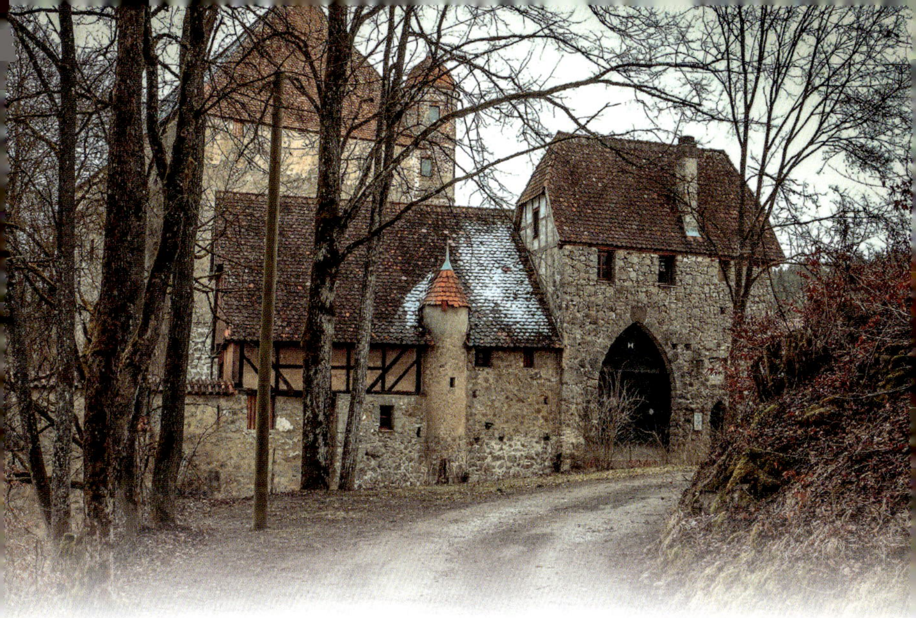

Burg Heimhof, wie aus einer anderen Welt, einem anderen Jahrhundert

SEHENSWÜRDIGKEIT:

**Burg Heimhof 1:** Wie schon im Einleitungstext erwähnt, eine der wichtigsten noch erhaltenen Burgen-Denkmale in der Oberpfalz. Erbaut von den Herren von Haimenhofen; erste Erwähnung 1331 im Besitz des Ritters Heinrich Ettenstätter, der die Burg an seine vier Neffen verkaufte. Danach zahlreiche Besitzerwechsel. Umbau zum Schloss im 16. Jahrhundert.
Vom 16. bis 19. Jahrhundert im Besitz der Familie von Loefen, die ihr Geld und Adelstitel mit Hammerwerken verdiente. 1855 Verkauf an 17 Heimhofer Bürger, danach Verfall. Burgenforscher Bodo Ebhardt kaufte die Burg 1922 und restaurierte sie. Seit 1958 ist die Burg in Privatbesitz einer Familie Maier und nur den Besitzern frei zugänglich.

TIPP:

Es soll einen Gang geben, der vom Westfuß der Burg zum 22 Meter tiefen Burgbrunnen reicht und dort in 6 Meter Tiefe mündet. Wenn Sie erwischt werden, lassen Sie auf jeden Fall mich da raus und verweisen stattdessen auf Wikipedia, wo das geschrieben steht!

# KASTL – PFAFFENHOFEN

## JEDE MENGE GESCHICHTE – UND RUHE – STILLE – RUHE – STILLE

12,2 KM / 4 H / 400 HM

Kennen Sie den Film „The Shining“? Am Ende dieses Horrorfilms aus dem Jahre 1980 wird der wahnsinnige Jack Torrance von seinem eigenem Film-Sohn Danny überlistet, indem dieser in einem verschneiten Labyrinth in seinen eigenen Fußspuren rückwärts geht.
Wer hatte diese brillante Idee? Ganz einfach, es war Ritter Seyfried Schweppermann. Dieser hatte eigentlich ein Einhorn auf seinem Wappen gehabt, aber einmal schwer von Feinden bedrängt, hieß er einen Schmied, die Eisen verkehrt ans Pferd zu schlagen. Der Ritter entkam und änderte selbstbewusst sein Statusbild. Dieses enthält jetzt Hufspuren, die in unterschiedliche Richtung laufen (zu finden im Wappenfries der Klosterkirche Kastl!).
Gehen Sie diese wunderbare Rundtour, es gibt viel zu sehen und zu erleben! Wandeln Sie ruhig auch ein paar Schritte auf Ritter Schweppermanns Hufspuren und gehen den Weg rückwärts. Man wird sich in Kastl nicht über Sie wundern! Das hat dort Tradition.

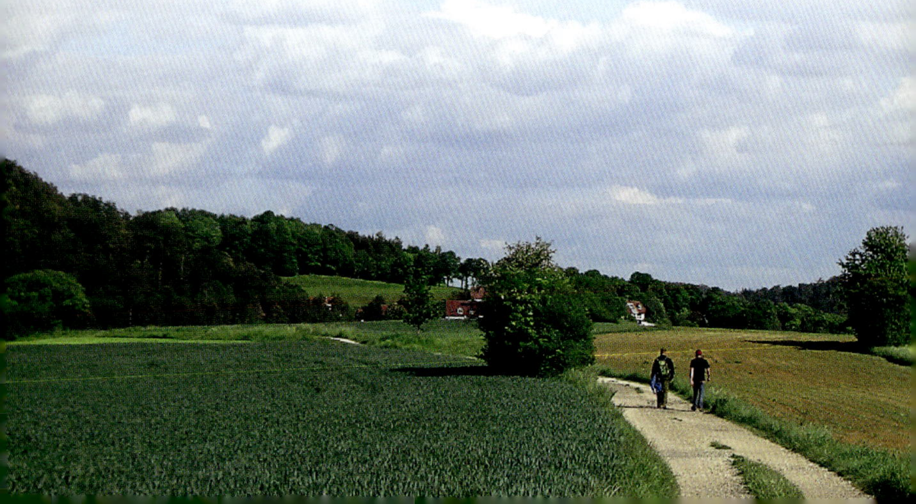

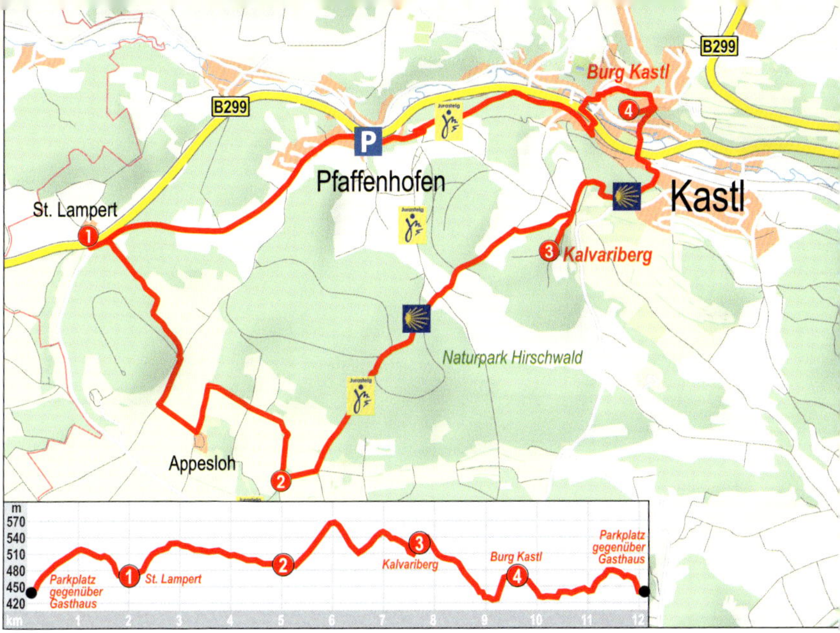


## WEGBESCHREIBUNG:

Diese wunderbare Kultour in einem etwas versteckten Winkel der Oberpfalz startet nicht am Fuß der imposanten Kastler Burg, sondern etwas außerhalb, nämlich in **Pfaffenhofen.** Kastl selbst bildet dann den imposanten Abschluss.

Von der Kreuzung im Ort Pfaffenhofen (direkt beim Parkplatz vorm Gasthaus) aus starten Sie auf der St.-Martin-Straße nach Westen, also weg von der Burg, die hoch oben über dem Ort thront. Be-

## INFO:

**Kirche St. Lampert – wunderbare Kuppenalb – Alter Bahnhof – Klosterburg Kastl – Innenstadt Kastl mit Rathaus und Marktkirche St. Christophorus – Schweppermannsburg Pfaffenhofen – Kirche St. Martin mit ehemaligem Karner**

**Anfahrt:** Autobahn A6, Ausfahrt 65 „Amberg West" Richtung Kastl; Autobahn A3 Ausfahrt „Neumarkt Opf", B299 Richtung Kastl

**Parken:**
Gegenüber Gasthaus „Zum Schweppermann"

**Navi:** St.-Martin-Straße 11, 92280 Kastl (Pfaffenhofen)

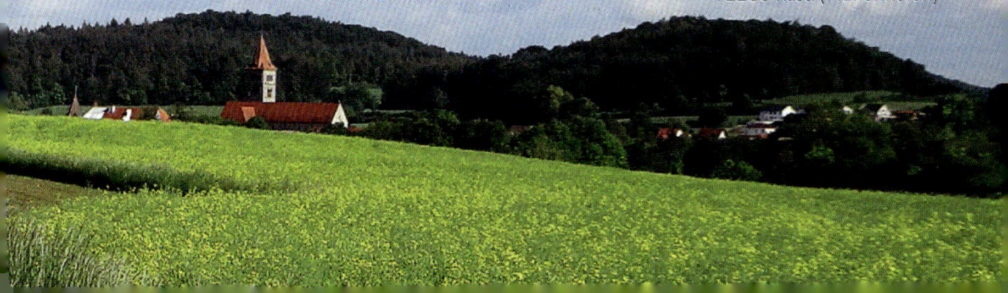

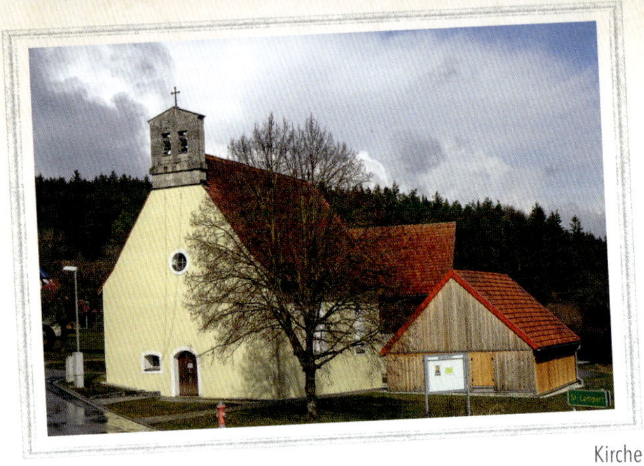


Kirche St. Lampert

## SAGENHAFTES:

Zur Gründung der Klosterburg Kastl gibt es die Sage, dass drei reiche Grafen, ausgestattet mit viel Geld, ein neues Schloss bauen wollten. Zur Standortsuche entließen sie drei Raben. Nach einer ersten Pause ließen sich die Raben auf dem Felsen nieder, wo dann das Schloss gebaut wurde, das später ein Kloster wurde. Noch heute sieht man in der Kirche an der Wand die drei Männer, die je einen Geldbeutel, einen Raben und eine Kirche tragen.

Am Ende fehlt aber doch noch Geld. Das kam von dem Hündlein, das man in Stein gehauen links vom Musikchor oben in der Mitte des zugemauerten Fensterstocks sitzen sieht.

reits nach 100 Metern gabelt sich die Straße. Sie entscheiden sich für die „Alte Straße", die forsch bergauf führt. Gute 100 Meter nach dem letzten Grundstück nehmen Sie den rechten Zinken der Gabelung, quasi geradeaus.

Auf einer Strecke von 1,4 Kilometern folgen Sie nun dem breiten Feldweg, weiter unten auch durch den Wald, bis Sie bei der sehenswerten Kirche des **St. Lampert** 1 die Bundesstraße erreichen. Um die Kirche von innen zu besichtigen, müssen Sie die Straße überqueren. Danach zurück über die Straße und noch weitere 100 Meter auf dem Herweg zurück. An der Gabelung am Waldrand entscheiden Sie sich diesmal für den rechten Arm, also den, der im Rechtsbogen bergauf führt. (Kontrolle: Nach wenigen Metern erkennen Sie links einen alten Hohlweg, der parallel zu unserem Weg verläuft.) Weiter oben erreichen Sie eine Freifläche, folgen aber dem Weg in Bögen am Waldrand entlang, bis Sie auf einen breiteren Flurweg treffen, auf den Sie nach rechts abbiegen. Nach 300 Metern links abbiegen, auf das Gehöft namens Appesloh zu. Vor diesem Gehöft erneut nach links, Richtung Wald. Am Wald angekommen 90°-Knick nach rechts und dem „Straßenverlauf auf einer Strecke von 850 Metern folgen" (Kontrolle: Rechtskurve um ein kleines Wäldchen herum).

Sind Sie alles richtig gegangen, treffen Sie hier **2** u. a. auf den **Jurasteig,** aber auch den Jakobsweg. Folgen Sie den beiden nach links. Gute 200 Meter weiter knicken an einer Bank am Waldeck beide Wege nach Norden ab. Auf geht's! 1,3 Kilometer, Beschreibung überflüssig, weil zuverlässige Markierung.

Nach erneutem kurzen Abstieg trennen sich Jurasteig (nach links) und Jakobsweg (bergauf, geradeaus) bei einem Feldkreuz in der Freifläche eines Tales. Sie gehen geradeaus. Es geht nun auf den **Kalvariberg** hinauf. 50 Meter nach dem Scheitelpunkt zweigen Jurasteig-Zubringer und O nach einem Rain nach rechts ab. (Der Weg ist nicht unbedingt mehr als solcher erkennbar! Dann ggf. geradeaus bis zur Scheune und dann rechts.) Nach der Holzscheune mit den alten Wanderschildern können Sie nach rechts zur Kalvarienbergkapelle **3** via Kreuzweg abbiegen. Das ist aber mehr was für die Fitness und weniger für den Kunstgenuss! Wieder zurück, folgen Sie den Jakobswegschildern am Zaun entlang, an einer weiteren Kalvarienbergkapelle (kann man nie genug haben!) vorbei, durch den Wald, später um den Wald herum nach Kastl hinunter, welches Sie beim **alten Bahnhof** (heute Cappuccino-Station) erreichen.

WISSENSWERTES:

**„Hier leit begraben Herr Seyfried Schweppermann alles thuns und Wandels wohl gethan,**
**Ein Ritter keck und fest,**
**Der zu Gammelsdorf und Ampfingen**
**Im Streite that das Best,**
**Der ist nun tod**
**Dem Gott genod.**
**obiit 1337**
**Jedem ein Ey**
**dem frommen Schweppermann zwei."**

Inschrift auf dem Sarkophag des Ritters Schweppermann auf Burg Kastl

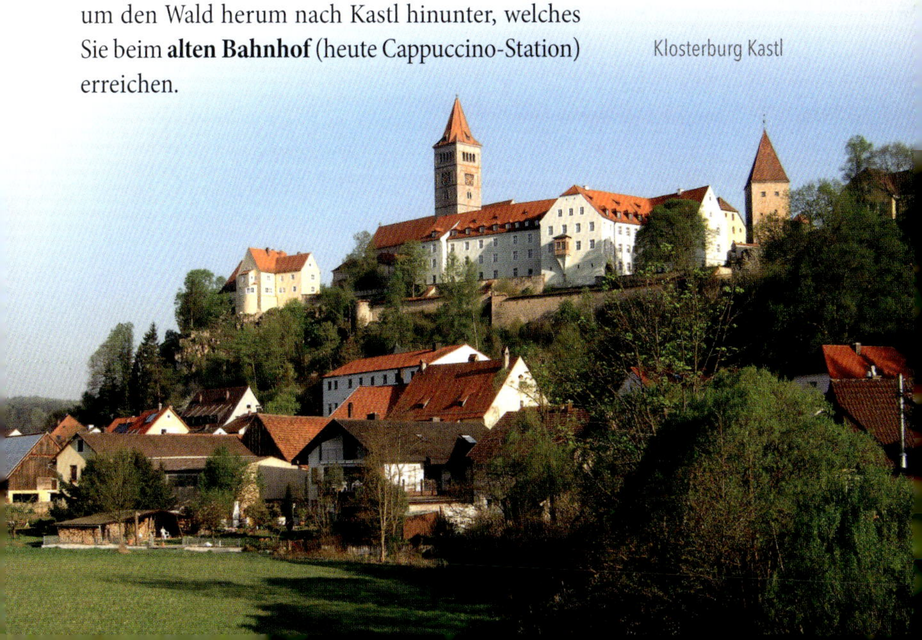

Klosterburg Kastl

Bei der Bedarfsampel überqueren Sie die B299, an der Minikapelle vorbei, dann über die muntere Lauterach. In der Hohenburger Straße beginnt der Treppenaufstieg zur **Burg Kastl** 4 hinauf. Besichtigen Sie dort die mit den Wappen geschmückte Kirche und vergessen Sie in der Vorhalle der Kirche die Mumie von **Prinzessin Anna** nicht!
Der Abstieg von der Burg erfolgt nach Norden, über die Klosterbergstraße. Beim **Rathaus** mit seinem Skulpturenbrunnen erreichen Sie wieder „festen Boden".

Kastl selbst hat viele historische Gebäude und bietet auch zwei historische Rundwege (https://www.kastl.de/page_4_11.php). Uns soll im Rahmen dieser Wanderung die **Kirche des St. Christoph** – an der Hauptstraße gelegen – genügen. Um zu ihr zu gelangen, gehen Sie vom Marktplatz aus in die Martin-Weiß-Straße und überqueren mittels Fußweg zweimal die Lauterach nach Süden, bis Sie die Kirche vor sich haben.

Nach Besichtigung der Kirche geht's über die Neumarkter Straße (B299), und dann nach links, zurück zum **Land-gut-Hotel Forsthof.** Nach dem Gebäude biegen Sie nach rechts auf den Parkplatz, überqueren diesen und steigen nach halblinks zur alten Bahntrasse auf. Auf dieser (heute Jurasteig) gehen Sie 600 Meter, bis sich der blaue Kringel auf Schild **„Zur Schweppermannsburg"** nach leicht links bergauf abgabelt. Weitere 600 Meter später erreichen Sie das Areal der Schweppermannsburg. Die eigentliche Anlage selbst ist versperrt, wird aber für die alle fünf Jahre stattfindenden Schwep-

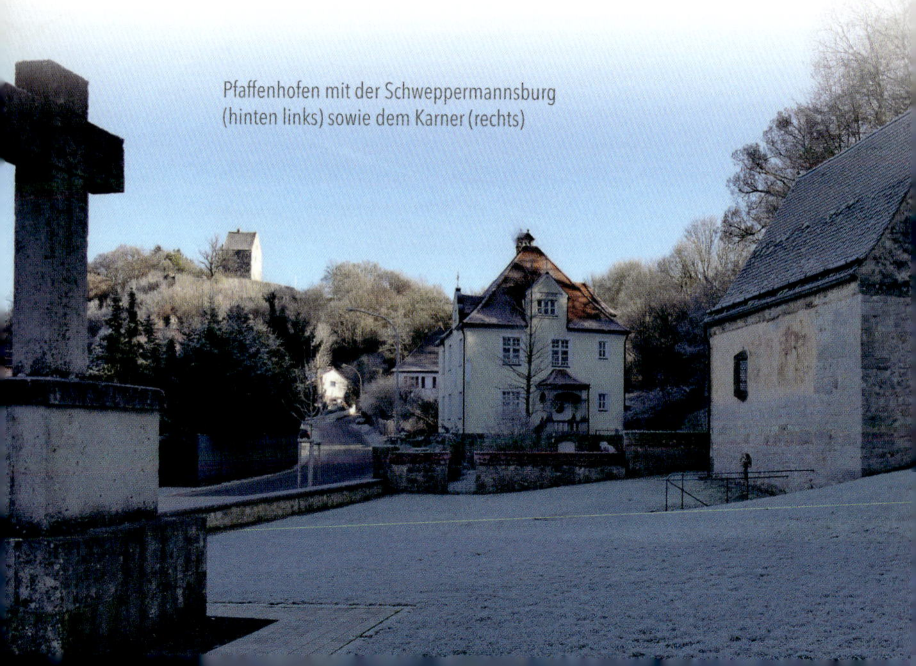

Pfaffenhofen mit der Schweppermannsburg (hinten links) sowie dem Karner (rechts)

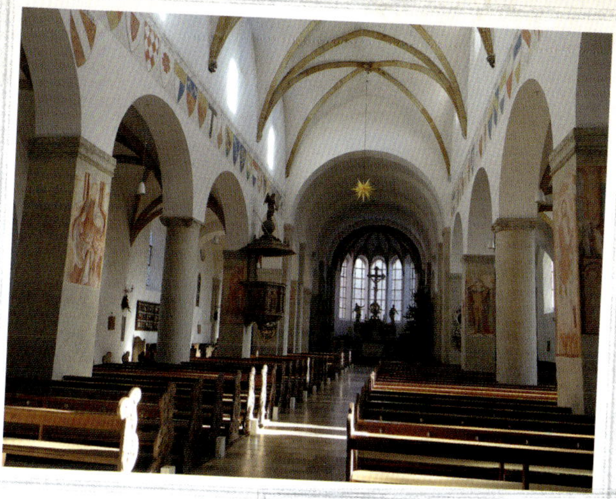

Kirche Kastl

permannspiele geöffnet. Danach Abstieg über den Burgweg nach Pfaffenhofen. Jetzt ist noch Zeit für Beschäftigung mit Kirche St. Martin und ehemaligem Karner in Pfaffenhofen oder zumindest für eine kühle Halbe im Gasthaus.

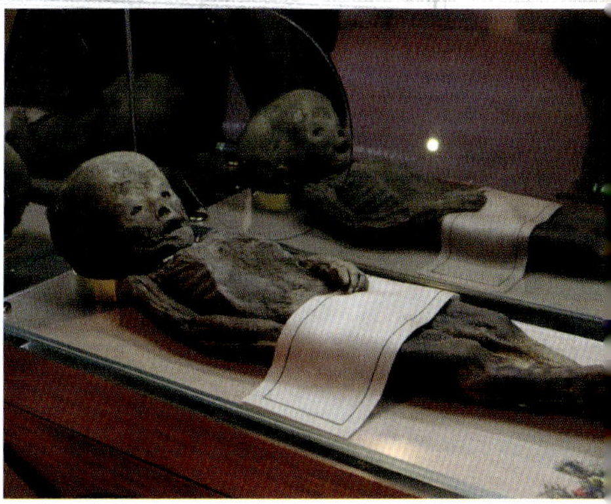

Prinzessin Anna

## BAUDENKMÄLER:

**Klosterburg Kastl 4:** Ursprünglich eine Burg der Sulzbacher. 1103 Gründung des Benediktinerklosters St. Petrus (älteste Benediktinerabtei des bayer. Nordgaus). 1413 Erhebung zum Reichskloster, also sehr bedeutend. Rascher Verfall ab dem 16. Jahrhundert. 1782 an den Malteserorden. Aktuell Ausbau zur Außenstelle der Polizeihochschule Sulzbach-Rosenberg. Neben Prinzessin Anna liegt dort seit 1337 auch Ritter Seyfried Schweppermann begraben. Von ihm stammt der legendäre Spruch: „Jedem eyn ey, dem braven Schweppermann zwey." (Jedem ein Ei … Nach der Schlacht bei Mühldorf belohnte Ludwig seinen Feldherren mit der doppelten Ration, und das, obwohl für alle nicht genug da war.) Mit der Umwidmung der Burg zur Polizeischule dürften die Schweppermannspiele Geschichte sein.

**Schweppermannsburg Pfaffenhofen:** Siedlungstätigkeit seit dem 9./10. Jahrhundert, umfangreiche Bautätigkeiten im 13. Jahrhundert. Erste Erwähnung im Hausvertrag von Pavia 1329. Besitzer 1335 – 1352 Hartung der Schweppermann, ein Sohn von Ritter Seyfried Schweppermann (siehe Klosterburg Kastl). Zerstörung im Dreißigjährigen Krieg. Aktuell im Besitz der Amberger Sektion des Deutschen Alpenvereins.

**Bahnhof Kastl:** Die gesamte Strecke („Lauterhöfer Bockl") führte von Amberg (Drahthammer) bis Lauterhofen. Eröffnung 1903. Betrieb bis 1962 (Personenverkehr) bzw. 1972 (Güterverkehr). Heute Trasse des Schweppermann-Radwegs.

**Karner Pfaffenhofen:** Wie üblich doppelgeschossig: Oben eine Kapelle für Seelenmessen, unten der Lagerraum (Beinhaus) für Gebeine, die man vom Friedhof überführte, um Platz für neue Gräber zu schaffen. Über den Lichterker auf der Nordseite (zur Straße hin) sollte geweihtes Licht den Armen Seelen Linderung bringen. Die Praxis des Umbettens wurde in der Reformationszeit (16. Jhdt.) beendet und der Karner leergeräumt, das Gebäude blieb stehen. In moderner Zeit wurden zahlreiche Gebeine zwischen Kirche und Karner gefunden, vermutlich die ausgeräumten Knochen. Ewige Ruhe sieht anders aus.

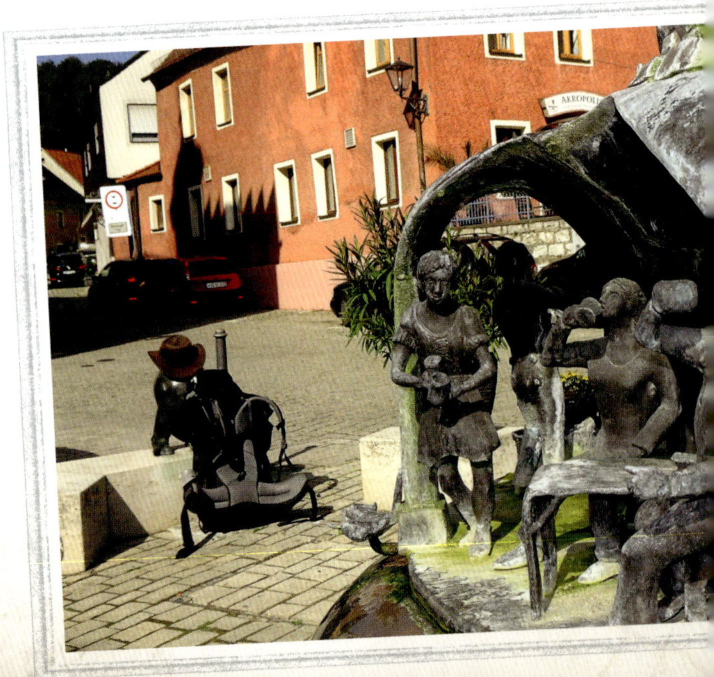

## GESCHICHTLICHES:

Wir schreiben das Jahr 1319. Ein kalter Januarabend. In der Frühe war Ludwig von Wittelsbach mit seinem Tross in Amberg aufgebrochen. Mit dabei waren Frau und seine vier Kinder. Ludwig hatte Stress, aktuell weniger mit seiner Frau Beatrix, sondern mit seinem Widersacher Friedrich von Habsburg. 1314 waren Ludwig und Friedrich von rivalisierenden Adelsparteien zum römisch-deutschen Kaiser gewählt worden. Zwei sind einer zu viel. Irgendwann demnächst musste das Dilemma auf dem Schlachtfeld geklärt werden.

Aber dann trat ein ganz anderer Stress in den Vordergrund: Die dreijährige Prinzessin Anna, eines der vier Kinder des Königspaars, entwickelte starkes Fieber. Es brauchte keinen Gelehrten, um zu erkennen, dass sich das Kind in Lebensgefahr befand. Vermutlich wurde Ludwig an dieser Stelle mit Vorwürfen überhäuft (hätte man nicht besser in Amberg bis zur Genesung gewartet?), aber er konnte sich rechtfertigen (ich muss doch in München die Sache wegen Friedrich regeln, du willst doch auch Königin bleiben ...). Aber Ludwig blieb nicht untätig. Er sorgte dafür, dass das Mädchen an die frische Luft kam, indem man es auf eine Mauer am Wegesrand legte. Es half nicht. Wenig später verstarb Prinzessin Anna.

In ihrer Not und Pein steuerte die Königsfamilie das Benediktinerkloster Kastl an. Dort wurden sie von den Patres wohlwollend aufgenommen, und vermutlich sofort wurde eine Seelenmesse für die arme Seele gelesen.

Nun aber tat sich ein weiteres Dilemma auf: Was tun mit der royalen Leiche? Auf dem Friedhof des Klosters beerdigen kam nicht in Frage. So weit weg von München in fremder Erde? Beatrix war entsetzt. Dem Kind stand doch mindestens ein Fürstengrab zu! Die verblichene Prinzessin im Wagen mit nach München nehmen und den Leichnam der Verwesung aussetzen? Kein schöner Gedanke und Anblick.

Aber wie immer im Leben gab es auch hier eine dritte Lösung: Unter den Mönchen war einer, der im Orient die Kunst des Einbalsamierens gelernt hatte. Und so einigte man sich wohl auf den Kompromiss, dass Prinzessin Anna an Ort und Stelle konserviert wurde und übergangsweise im Steinsarkophag, den der Prior für sich geplant hatte, am 30. Januar 1319 ihre letzte Ruhestätte fand. Der Königstross zog dann nach München weiter.

Wenige Monate später wurde die Mumie ins zwischenzeitlich angefertigte XS-Hochgrab im „Paradies" (Vorhalle der Klosterkirche) gebettet. 1715 nahm man die überraschend gut erhaltenen, unsterblichen Überreste heraus und exponierte sie in einer Vitrine in der Kirchenvorhalle, wo sie heute noch zu sehen sind. Sie ist eine der bedeutendsten Mumien Europas!

Wer es sich leisten kann,
ist auch in Kastl ein gern
gesehener Gasthausgast.

# URSENSOLLEN – ZANT – HOHENKEMNATH

## ALTES UND MODERNES WANDERBAR VERBUNDEN.

VERSION M: URSENSOLLEN – HOIBRUCK – BURGSTALL SCHARFENBERG – HOHENKEMNATH
10,7 KM / 3 H / 200 HM

VERSION L: ZUSÄTZLICH WALLANLANGE UND KIRCHE ZANT / WÜSTUNG FINSTERHÜLL
13,7 KM / 4 H / 232 HM

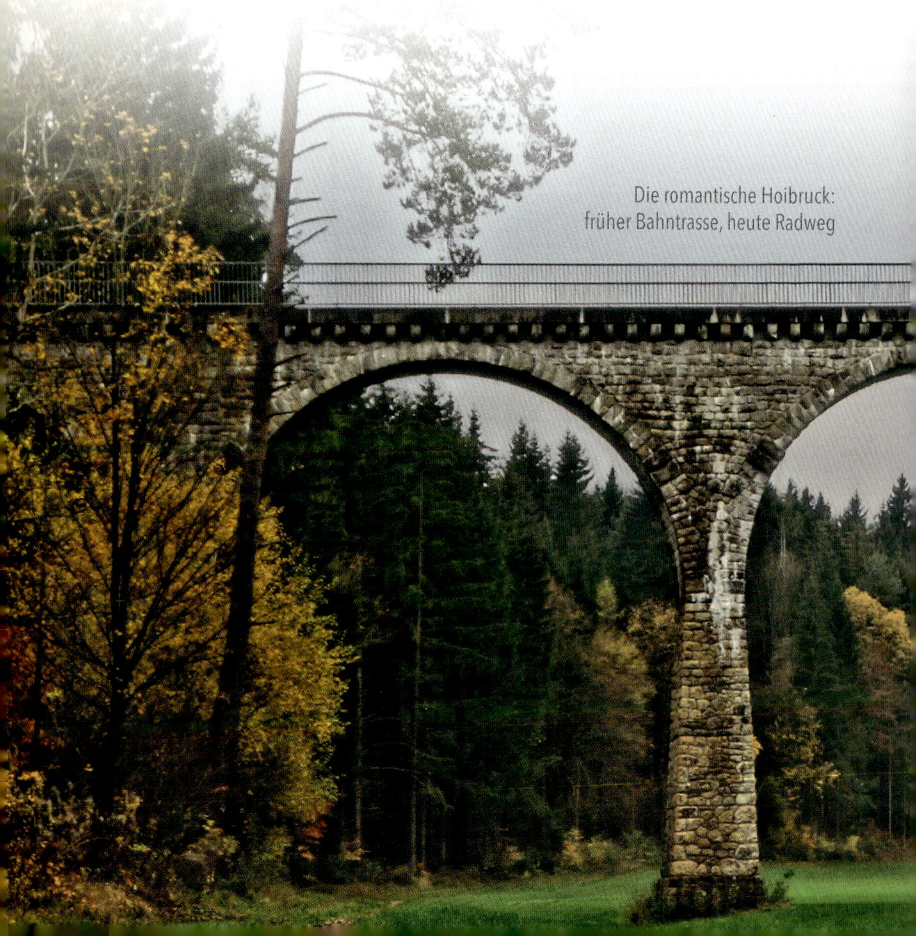

Die romantische Hoibruck: früher Bahntrasse, heute Radweg

Die großen Qualitätswanderwege wie Jurasteig oder Goldsteig haben sicherlich ihre Berechtigung. Sie erschließen unsere wunderbare Heimat einem größeren Publikum, das auch ohne große Auseinandersetzung mit dem Gelände oder einer Karte komfortabel das Land durchwandern kann.
Zwei Punkte sehe ich kritisch: Die Qualitätswege locken, erstens, Horden von Mountainbikern auf die Singletrails. Letztere leiden teilweise erheblich. Der Wandergenuss leidet – auch wegen des ramponierten Bodenbelags. Zweitens – und darum geht es hier – vergessen die Menschen die regionalen Wanderwege, die meist in ehrenamtlicher Fleißarbeit angelegt und lange gepflegt wurden.
Dieses Schicksal ist auch der Gegend um Ursensollen widerfahren. Steht man im Sommer unterhalb der Zanter Kirche in den Brennnesseln, denkt man nicht, dass hier ein Wanderweg sein soll. Ist aber so. Vielleicht bringt ja die Präsentation dieser Route in diesem Vademecum ein bisschen Licht in den Verhau. Es muss ja nicht gleich eine Massenwanderung wie nach Santiago werden.

TIPP:

Gehen Sie diese Tour in der blattlosen Zeit (plusminus Winter). Sie erkennen erstens die Wallanlage bei Zant viel besser und Sie ersparen zweitens Ihren wunderbaren Wadeln die Brennnesselattacke zur gleichnamigen Kirche!

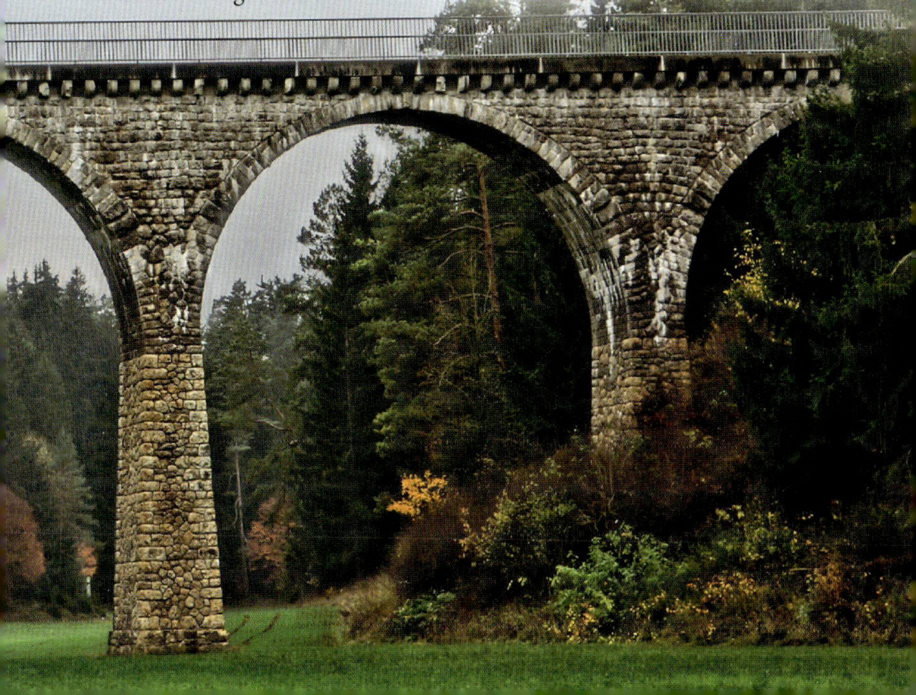

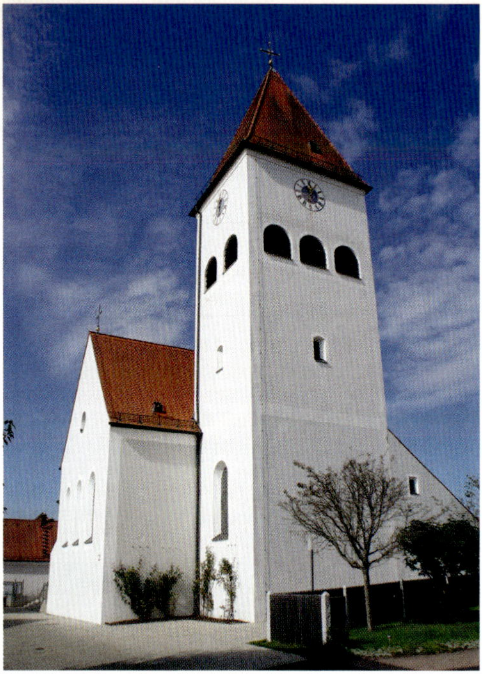

Pfarrkirche St. Vitus, Ursensollen

## INFO:

**Akanthusaltar Kirche Ursensollen – Hoibruck – Burgstall Scharfenberg – Burgstall Zant – Wüstung Finsterhüll – Schloss Hohenkemnath – Alte Bahnlinie Kastl / Amberg mit Bahnhof**

**Anfahrt:** Autobahn A6, Ausfahrt 65 „Amberg West"; nach Ursensollen

**Parken & Navi:** 92289 Ursensollen, Vitusstraße 9

## WEGBESCHREIBUNG:

Diese herrliche abgelegene Rundwanderung in die Geschichte der Oberpfalz startet am Parkplatz nördlich der Ursensollener **Pfarrkirche St. Vitus** (Patron der Geisteskranken). Nach Kirchenbesichtigung (Akanthusaltar!) kurz nach rechts und dann weiter nach Süden auf der Rathausstraße – am Rathaus vorbei. Kurz später zweigen Sie in den Buchenweg nach rechts ab und verlassen diesen bei der zweiten Möglichkeit nach links. Rechter Hand Spielplatz, dann in den Sonnenwinkel nach rechts. Vor dem scharfen Rechtsknick dieser Straße startet ein Trampelpfad, der Sie nach knapp 200 Metern an den Bockerlradweg übergibt.

Schlagen Sie die alte Bahntrasse nach halbrechts ein und folgen Sie diesem historischen Weg, bis Sie nach 1,5 Kilometern die **Hoibruck** 1 überqueren.

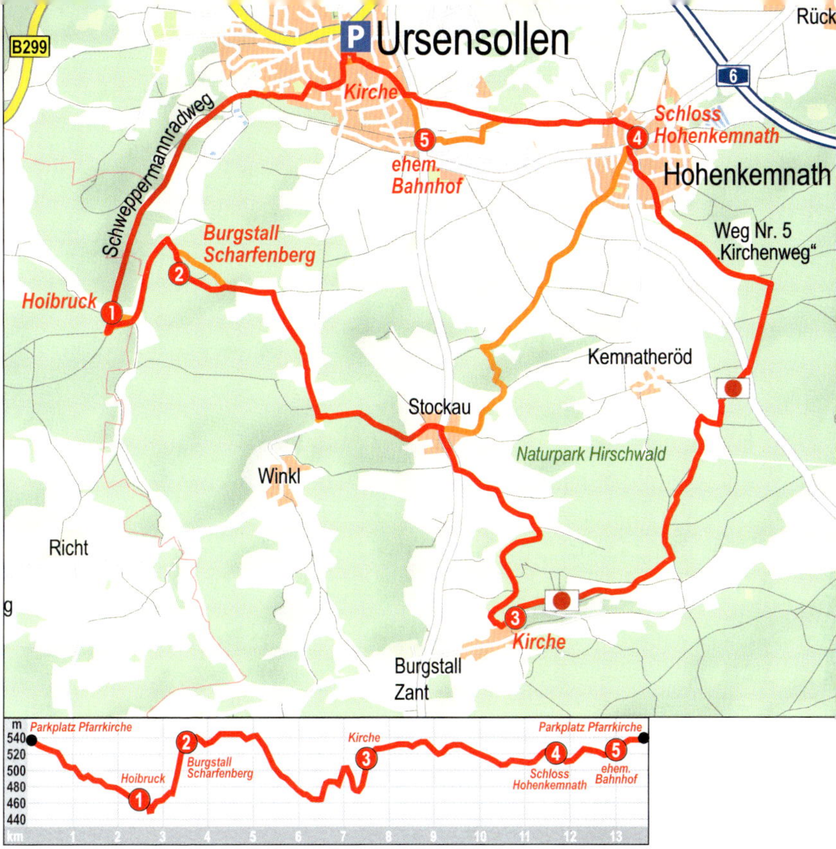


Natürlich möchten Sie die romantische Hoibruck auch von unten sehen. Also gehen Sie nach Überqueren der Brücke noch 100 Meter, um dann dem Weg nach links hinunter ins Tal zu folgen. Dort, wo Sie aus dem Wald herauskommen, gehen Sie nach dem Abstecher zur Brücke (obligatorischer Point of Foto) geradeaus weiter (also ein Stück weit wieder Richtung Ursensollen).

Links von Ihnen schließt sich die Lichtung, Sie gehen geradeaus weiter in den Wald, parallel zu zwei alten Hohlwegen zur Linken, und erreichen fast wieder eine Lichtung. Hier beginnt der (beschilderte) Aufstieg nach rechts zur **Ruine Scharfenberg** 2 . In dem Felsenchaos halbrechts finden Sie die kläglichen Überreste der Anlage. Danach weiter bergauf, dem Weg oder der Intuition folgend, hinauf auf den

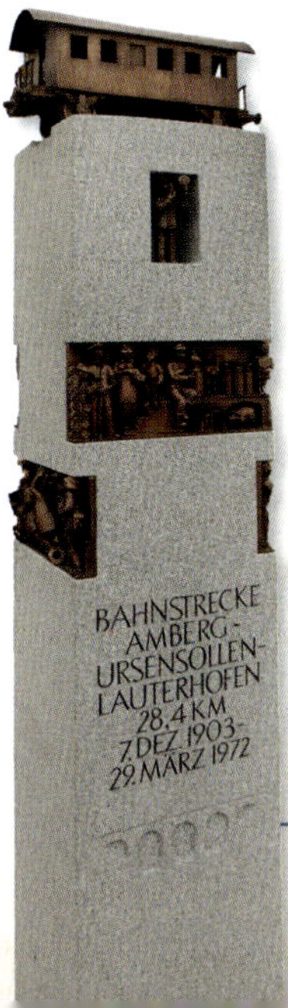

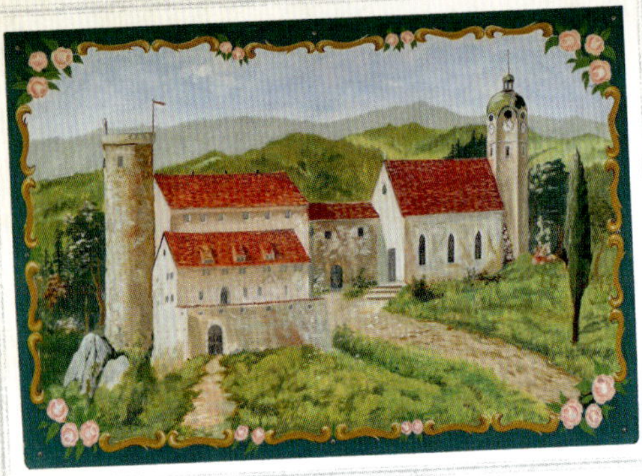

Burg und Kirche Zant im Wandgemälde am Haus gegenüber

Scharfenberg. Oben angekommen führt Sie ein Feldweg nach leicht links hinaus ins Freie. 200 Meter später zweigt ein Feldweg nach rechts ab, der Sie – an zwei Waldstücken vorbei und nach einer Halbrechts-Abzweigung – zur Straße nach Winkl bringt. Schlagen Sie diese Straße nach rechts ein. Es geht bergab, in den Wald. Kurz vor der Rechtskurve der Straße führt unser Rundweg leicht hinauf nach scharf links ins Gehölz hinein. Bleiben Sie auf diesem Weg, gehen Sie bei einer Gabelung im Wald rechts, und kommen Sie wie von selbst nach **Stockau** hinunter.

Für die mittellange Version gehen Sie in Stockau geradeaus über die Straße. Weiterer Verlauf siehe „Version M". Version L biegt in Stockau auf die Straße nach rechts ab (Richtung Hausen) und verlässt nach 250 Metern diese wieder nach links. Weiter auf Welligleichthinunterfeldweg. An der ersten Gabelung auf Hauptweg rechts halten. An der Stelle, an der dieser Feldweg dem Waldrand am nächsten kommt, gehen Sie geradeaus weiter in den Wald hinein. Hier ist tatsächlich ein Weg, der sich im Wald mit einem anderen Weg kreuzt. Sie gehen nach rechts, heißt, Sie schlagen einen Weg ein, der relativ ebenerdig den Plattenberg halb umrundet. Entsprechend ignorieren Sie bis auf Weiteres alle Bergaufabzweigungen.

Kirche Zant – wo früher die Burg stand

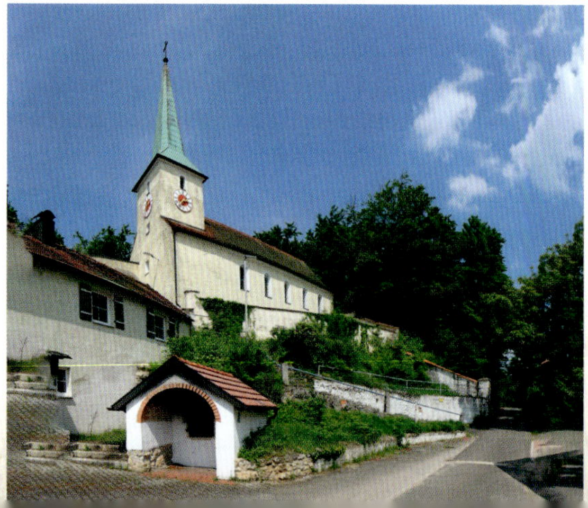

Nach der halben Umrundung stehen Sie direkt vor den bzw. unterhalb der Reste der **Wallanlage Zant** 3. Aber keine Sorge, Sie müssen nicht die supersteilen 4 oder 5 Meter Anstieg nehmen, sondern den verblassenden Waldpfad nach halbrechts, der leicht wellig nun die eigentliche Wallanlage umrundet. Gehen Sie diesen Weg im Linksbogen, bis er an einer Wiese verendet. Entweder gehen Sie nach links am Waldrand entlang bis zum ersten Haus von **Zant** und dann auf dem Singletrail weiter nach links zur Kirche. Oder Sie steigen noch im Wald ein paar Meter „wild" zu den Mauerresten der Anlage auf. Dort verläuft ein zweiter Weg. Diesen gehen Sie nach rechts, bis Sie zu dem Singletrail kommen, der nach links zur **Kirche** führt (Vorsicht: Brennnesseln im Sommer. Augen zu und durch! Dies ist eine Abenteuerwanderung, kein Besuch auf dem plüschigen Einhornhof!).

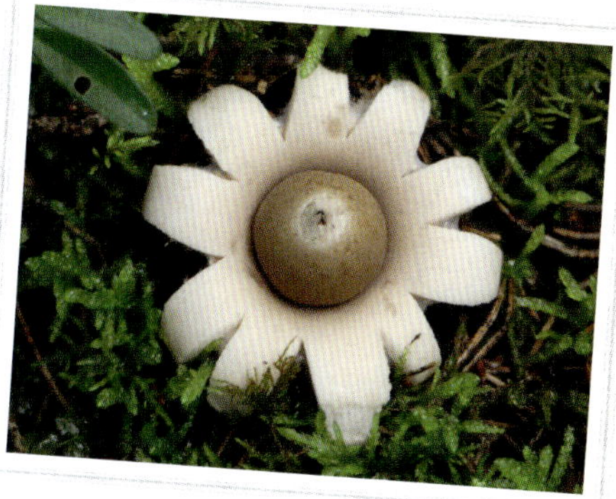

Gwimperter Erdstern
Foto: Helmut Baumgartner

Aufstieg zur **Zanter Kirche St. Josef** 3 (am Horizont ist die Habsberger Kirchturmspitze zu sehen!). Unser Weg läuft ab hier ein gutes Stück auf dem „Rotpunktweg" ● weiter. Dazu direkt an der Kirche entlang und hinter der Kirche in und dann durch den Wald. An der Lichtung hangeln Sie sich am „Rotpunkt" (ich nenne ihn „Japanweg") am Waldrand entlang – bis Sie auf einen Feldweg stoßen, der von unten heraufführt. Es geht weiter bis zum Waldrand, der durch ein Feldkreuz markiert ist. Ab in den Wald und dort nach rechts weiter, am Waldrand entlang. Infotafel **„Finsterhüll".**

Weiter auf dem „Japanweg." Dieser verschwindet nach 200 Metern nach rechts. Sie bleiben aber auf dem Hauptweg geradeaus, ignorieren auch die Abzweigung nach links, die etwas später kommt. Auf der anderen Seite dieses Waldes unterqueren Sie eine kleine Stromleitung und treffen auf einen hoffnungslos zugewucherten Tümpel. Nach ebendiesem knicken Sie scharf rechts ab. Dann, am Waldrand, wieder nach links. „Japanweg". 130 Meter nach halbrechts in den Wald, um nach weiteren 200 Metern diagonal die Straße zu überqueren. Setzen Sie den Weg um weitere 500 Meter fort. Unterwegs überqueren Sie Radweg „Waldhaus-Tour" Nr. 7. Bei der dann

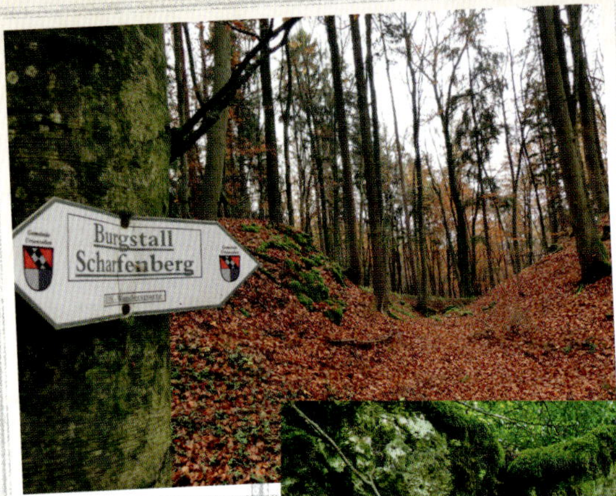


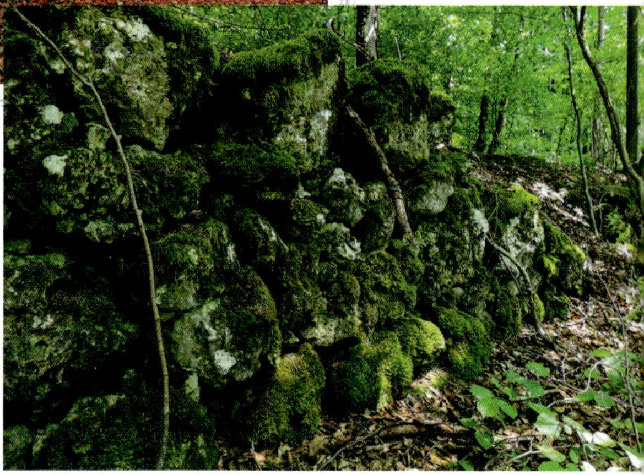

oben:
Die Reste der Burg Scharfenberg

rechts:
Das bisschen, was man von der Wallanlage Zant noch findet

nächsten Kreuzung treffen Sie auf Wanderweg Nr. 5, „Kirchensteig". Wenn Sie diesen nach links einschlagen, gelangen Sie auf direktem Wege nach Hohenkemnath.

Gegenüber der Hohenkemnather Kirche steht das bemitleidenswerte **Schloss Hohenkemnath** 4. An ihm biegen Sie nach links ins Schloßgaßl. Dann ein Durchlass. Dann am Brunnen mit der Wasserträgerin vorbei, leicht bergab in die Schmiedgasse. Ich würde nicht den planen Schweppermannradweg gehen, sondern den Feldweg. (Er beginnt, wo es heißt „Zu Hs. Nr. 7a".) Überqueren Sie etwas später den Radweg und folgen Sie dem Feldweg direkt nach Ursensollen hinüber. Der Kirchturm verrät Ihnen den Ort, an dem Ihr Auto auf Sie wartet!

**Tipp:** Sollten Sie den **ehemaligen Bahnhof** 5 samt der wunderbaren Skulptur sehen wollen (was ratsam ist), dann gehen Sie am Ortsrand von Ursensollen zur Jakob-Oswald-Straße hinauf und durch das Gewerbegebiet vor bis zur Hauptstraße (Hohenburger Straße). Dort treffen Sie auf den Bahnhof. Dann durch Ursensollen hindurch zurück zur Kirche.

**Version M:** Sie sind in Stockau geradeaus weitergegangen, durchqueren einen Hof mit Ziegenzucht. Beim achteckigen Stromverteilerturm biegen Sie links ab, folgen dem Weg zum Wald. Da, wo der Schotterweg den Wald erreicht, gehen Sie geradeaus in den Wald hinein, und bereits 20 Meter weiter erneut abbiegen – halblinks, der steilere Weg nach oben. Sie gehen bis zur Stromkabelschneise und biegen hier auf einen deutlich erkennbaren Trampelpfad. Seinen Schlängeleien folgen Sie, bis Sie auf die Forststraße treffen. Diese schlagen Sie nach rechts ein und erreichen 1,2 Kilometer später Hohenkemnath. An der Kirche weiter in der Mitte von Seite 142 im Haupttext.

## SEHENSWÜRDIGKEITEN:

**Burgstall Scharfenberg 2:**

Über diese Burg weiß man sehr wenig, es ist ja auch nicht mehr viel erhalten. 1144 findet man einen Heinrich de Ursensolingen (Ursensollener), aber die Burg selbst wurde wohl erst um 1200 als Stammsitz des oberpfälzischen Geschlechts der Scharfenberger errichtet.

Aus dem Jahr 1217 wird Ärger mit dem Kastler Kloster berichtet: Der dortige Abt hatte den Scharfenbergern ein Begräbnisrecht verweigert, woraufhin man dessen Kloster in Brand steckte, was das Kloster – Auge um Auge – bewog, die Stammburg der Markgrafen von Hohenburg zu zerstören. So oder so, seit dem 16. Jahrhundert ist die Burg definitiv eine Ex-Burg.

**Wallanlage Zant 3:**

Erste Erwähnung dieser Randhausburg 1130, die als Stammsitz der Herren von Zant erbaut worden war (Randhausburg: Die Gebäude bilden die Außenmauer.). 1132 wird ein Luitpold de Zante in einem Schenkungsbuch erwähnt. Bis ins 14. Jahrhundert blieben die Zanter hier wohnen, dann siedelten sie auf eine Burg von Rieden um. Doch auch danach hießen die Besitzer weiterhin Zant. Ab 1585 findet man einen Wilhelm Rummel von Lonnerstadt, der sich dann auch Zant nannte. Die Burgkapelle wurde von Freiherr Johann Joachim von Rummel zur heutigen Wallfahrtskirche St. Josef umgebaut. Die Rummels blieben bis 1807, danach übernehmen die Podewils. (Im Deckengemälde fehlt die bildliche Darstellung des fünften Erdteils, Australien. Dessen Entdeckung war wohl zur Zeit des Gemäldes – Rokoko – noch nicht bis in die Oberpfalz vorgedrungen …)

# LICHTENEGG – HAUNRITZ

## A „DOBB DUA", WIE DER FRANGGE SACHT.

10 KM / 3:30 H / 265 HM

Im Rahmen meiner Recherchen für das Amberg-Sulzbacher Freizeitbuch „draußen daheim" stand ich 2012 an der Orientierungsscheibe oben auf der Ruine Lichtenegg. Neben mir standen zwei Herren, von denen einer diese Worte an die Allgemeinheit richtete: „Gell, mia hamm's scho scheij in unserm Frangglandd." Daraufhin erwiderte ich lakonisch: „Ja, aber hier ist noch Oberpfalz!" Antwort des Franken: „Ou, da weiß's aber einer ganz genau."

Zu Hause recherchierte ich meine verwegene Antwort und stellte fest, dass ich ums A…lecken Recht hatte. 100 Meter weiter westlich – mitten im Wald – steht ein Stahlrohr, das die Grenze Baye…, Verzeihung, Oberpfalz – Franken markiert.

Ethnien hin oder her, dieser Flecken Natur ist wirklich herrlich. So herrlich, dass man in Lichtenegg im Mai kaum einen Parkplatz findet. Der gesamte Großraum Nürnberg sucht hier entweder Erholung beim Klettern oder in den Orchideen oder in den Felsenlabyrinthen.

Kommen Sie also günstigerweise an einem Mittwochvormittag im November bei kaltem Schnürlregen. Eine Idee von den Orchideen vermitteln Ihnen die Bilder in diesem Buch ohnehin viel besser.

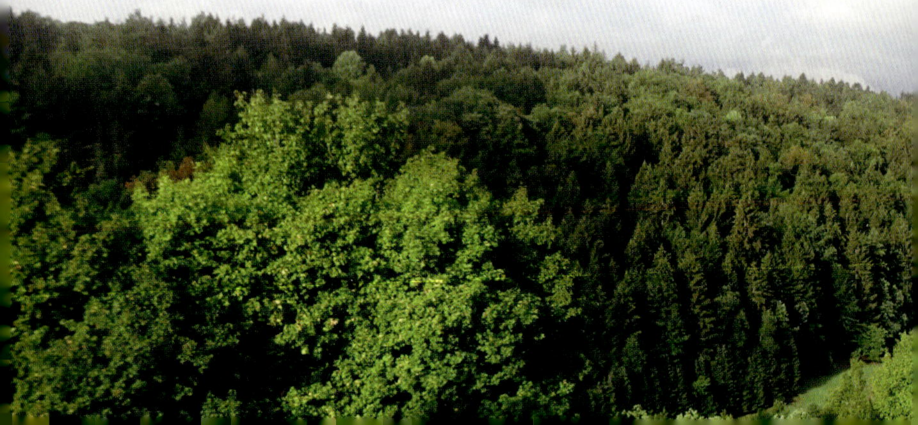

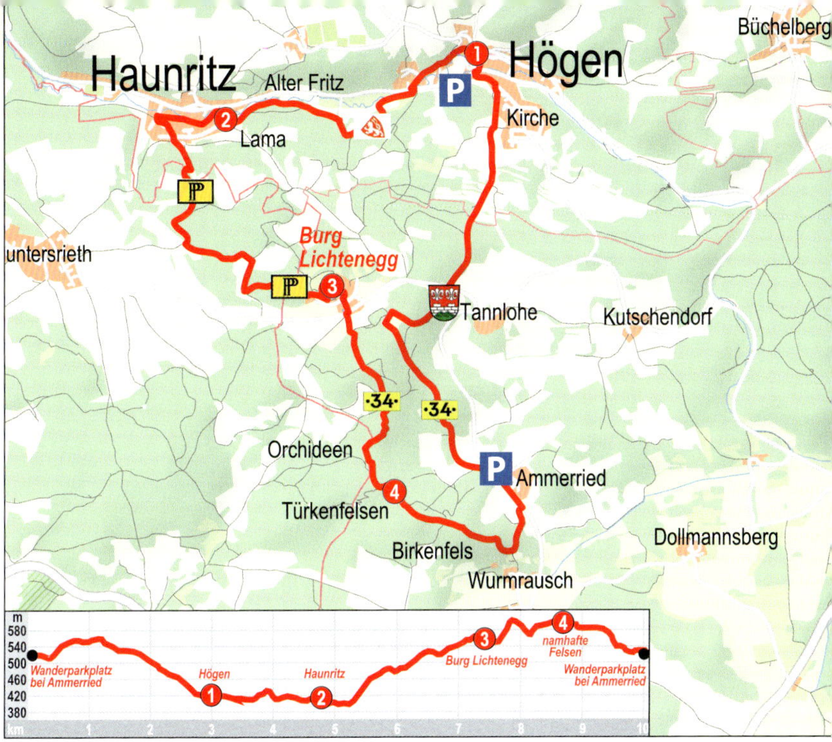


## WEGBESCHREIBUNG:

Die Wegbeschreibung dieser Wanderung gestalte ich diesmal etwas knapper, denn es gibt nur etablierte, gut ausgeschilderte Wanderwege. Ich gebe hier die Basiswege vor und verweise ggf. auf diverse Fallstricke!

Diese einmalige Wanderung startet beim Feldweg nördlich des Wanderparkplatzes bei Ammerried. Sie folgen der Beschilderung ·34· weiter nach rechts in den Wald. Kurz vor der roten Bank gerade-

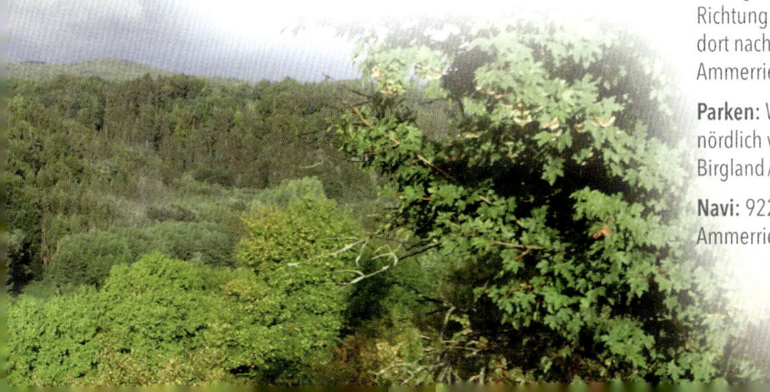

## INFO:

**Kalknadel „Alter Fritz" – Mühle Haunritz – Burgruine Lichtenegg – Orchideenweg – Kalkformationen „Hänsel und Gretel", „Türkenfelsen" etc.**

**Anfahrt:** Autobahn A6 Ausfahrt 64 „Sulzbach-Rosenberg"; Richtung Su-Ro; beim Gewerbegebiet Illschwang nach links abbiegen; in Sunzendorf Richtung Wurmrausch; dort nach rechts Richtung Ammerried

**Parken:** Wanderparkplatz nördlich von 92262 Birgland/Ammerried

**Navi:** 92262 Birgland, Ammerried 1

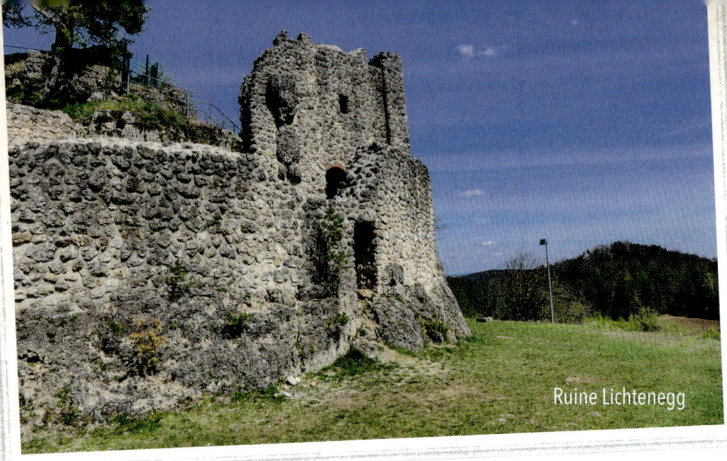

Ruine Lichtenegg

aus in den Wald. Nach einem Kilometer (gute 10 Minuten) auf diesem Weg – am Ende einer Lichtung – stoßen Sie auf den Birglandrundweg. Diesen Weg schlagen Sie nach rechts ein (andernfalls kommen Sie viel zu früh nach Lichtenegg und hätten sich das Schnitzel noch gar nicht verdient!).

Nach einem halben Kilometer leicht bergab überqueren Sie die Straße. Ab hier ohne Beschilderung knapp 1 km leicht bergab, später am Waldrand rechts entlang nach **Högen** **1**. Beim ersten Haus angekommen, immer noch geradeaus mit dem ● auf dem Wiesenweg und zwischen Kirche und Friedhof hindurch zum Parkplatz des Sternwirts von Högen.

Blick über den „Alten Fritz"
ins Högenbachtal

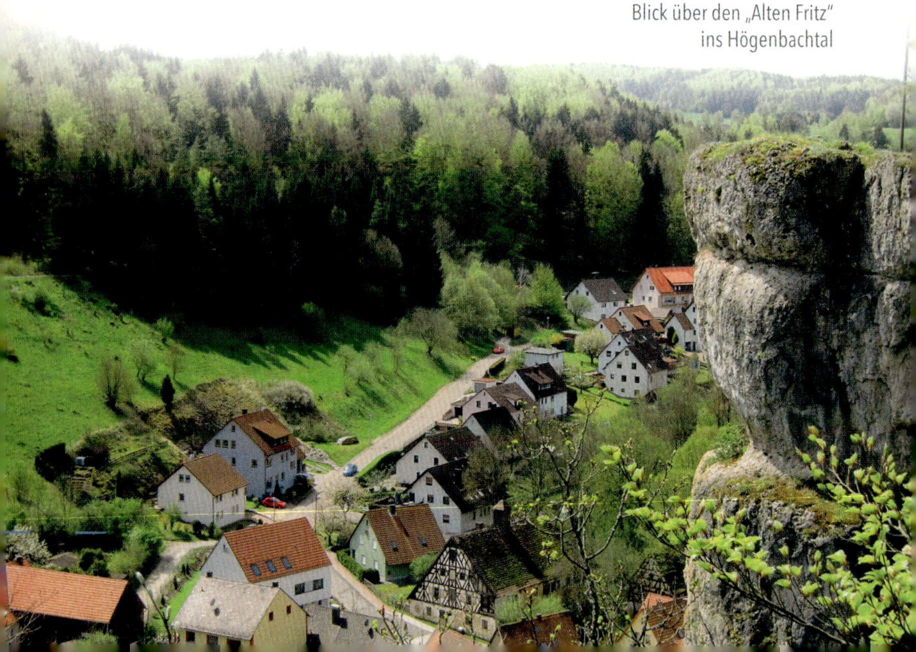

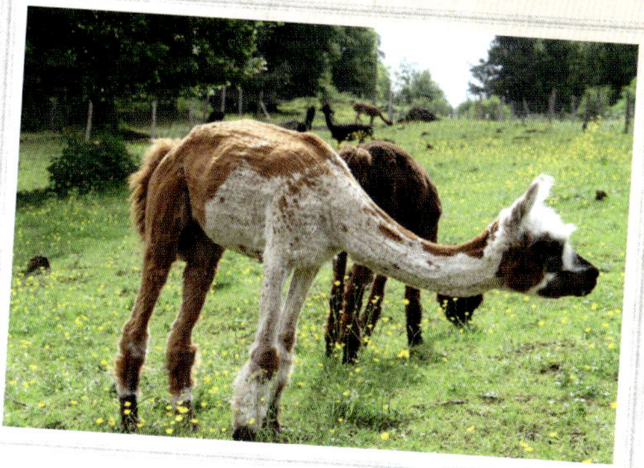

Die Strecke Högen – Haunritz verläuft auf dem Wanderweg **Goldene Straße**, der alten Handelsstraße zwischen Nürnberg und Prag. Mittels Fußweg vom Parkplatz erreichen Sie das Hotel **Sternwirt** (Wellness gibt's später). Ab dort den Goldene-Straße-Schildern nach links folgen. (Fallstricke: Noch im Ort am „Sackgassengrundstück“ rechts am Haus vorbei. Am Ende des Ortes nach links (!) über die Brücke und gleich wieder vor der Scheune nach rechts auf und über die Wiese, kurz später in den Wald hinauf.) Nach ca. 250 Metern leichten Aufstiegs zweigt der Weg am Waldrand nach rechts ab, wieder bergab. Nach dem Kneippbecken (im Hang gegenüber steht der **„Alte Fritz“,** eine markante Kalknadel! Besteigung später) geradeaus weiter, Aufstieg zum Lamagehege (die Lamatour gibt's später!). Dort geradeaus Abstieg zum Dorfplatz von **Haunritz** mit dem Bergsteigerbrunnen 2.

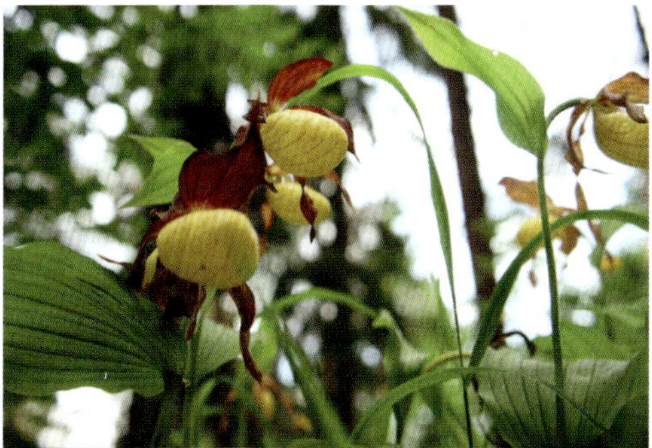

links: Frauenschuh

untere Reihe v. l. n. r.: Fliegenragwurz, Großes Zweiblatt, Weißes Waldvögelein

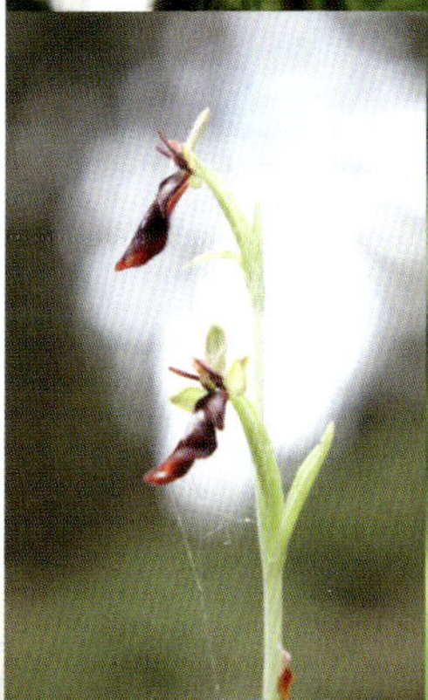

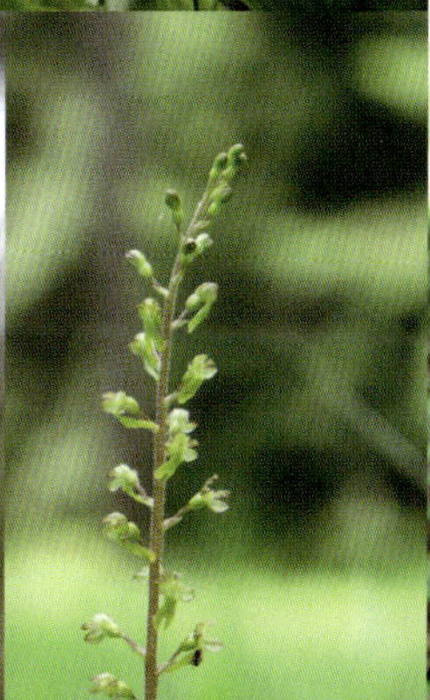

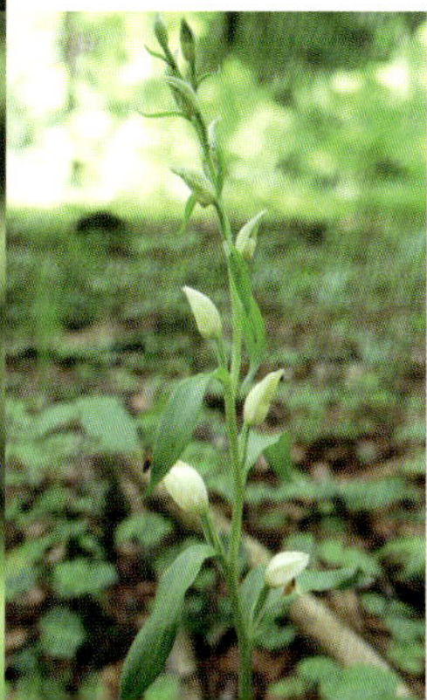

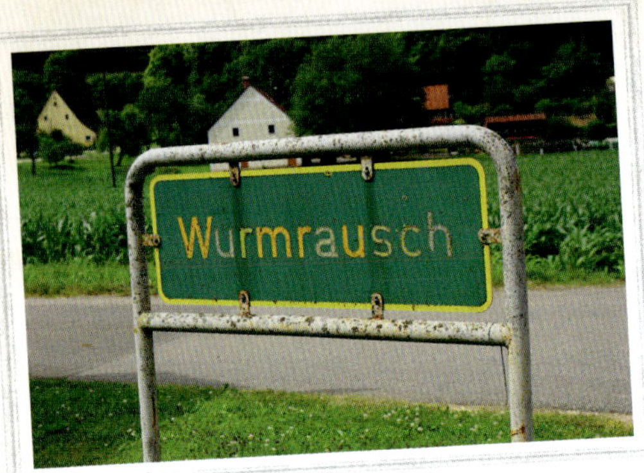


## GASTRONOMIE:

Landgasthof
**ALTER SCHLOSS-WIRT LICHTENEGG**
Familie Hans Raum
Lichtenegg 5
92262 Lichtenegg-Birgland
Tel. 09663/2616
E-Mail: raum.lichtenegg@t-online.de
www.lichtenegg.info

**Landhotel Sternwirt**
Wellness & Wandern
Schlossplatz 2–4
91249 Högen
Tel. 0 96 63 / 4 25
E-Mail: info@landhotel-sternwirt.de
www.landhotel-sternwirt.de

Ab hier geht es kurz Richtung Hauptstraße, Sie biegen aber nach der notsanierten Mühle und vor dem Högenbach nach links ab. Am Spielplatz (den gibt's später!) vorbei und über den Bach. Etwas später kommt die Passage der alten, renovierten **Schlossanlage** mit den Rundbögen.

Am Ende dieser Straße scharf links. Ab hier beginnt für uns der Paul-Pfinzing-Weg P. Dieser bringt Sie – ein paar Haken schlagend (siehe Karte) und Mittelfranken betretend – bis zur **Ruine Lichtenegg** 3 hinauf.

An guten Fernsichttagen sieht man von der Ruine bis zum Dylen / Tillenberg in Tschechien! Nach der Aussichtsorgie Abstieg an der Südseite durch **Gasthaus Raum.** Sie steigen weiter durch den Ort ab und stoßen am südlichen Ortsrand auf eine Scheune, die reichhaltig beschildert wurde. Sie gehen rechts an dieser Scheune vorbei und dann auf dem Feldweg Richtung Wald.

Mit Betreten des Waldes sind Sie wieder auf dem ·34·, der als Orchideenweg überregionale Berühmtheit besitzt und Ende Mai und an Wochenenden unerträglich stark überrannt ist. Nun folgen Kronberg, einige namhafte Felsen (Hänsel und Gretel, Türkenfelsen und Birkenfels) 4. (Vorsicht: Bei der Tafel „Frauenschuh. Perle des Birglands" den linken Weg an der Y-Gabel nehmen.) Nach knapp einer halben Stunde auf diesem herrlichen Höhenweg (1,8 km) sehen Sie die lustige Ortschaft **Wurmrausch** im Tal

## GELD ODER LEBEN, DU PFEFFERSACK!

**Lichtenegg - Lichtenstein.** Vielleicht standen die Bewohner beider Burgen mit Lichtzeichen in Kontakt. Kamen Fuhrwerke unten im Tal auf der Goldenen Straße von Nürnberg nach Prag dahergeholpert, so verabredete man sich zu gemeinsamen Raubzügen. Vielleicht kassierte man auch einfach nur „Schutzgeld", was aufs Gleiche rauskam.

Aber raue Gesellen waren sie wohl alle, so auch „Hansjörgl" Furthenbacher, dem man illegales Bierbrauen vorwarf. Er erwiderte den Nürnbergern, dass a, sein Vorgänger damit angefangen hätte, und b, er „nur den Kessel etwas näher ans Wasser gerückt hätte".

Ein Wiesenstück in der Nähe von Lichtenegg nannte man „Tanzlfleck". Laut der Sage gab es dort wildes Treiben (wilde nackte Frauen und so), was man an den Fackeln und Laternen erkannte, die dort das Spektakel manifestierten.

Bei Kutschendorf gab und gibt es eine Mulde, in welcher die Bewohner des Ortes im Dreißigjährigen Krieg eine Truhe mit Gold vergruben, um sie vor den Söldnertruppen zu schützen.

Nach dem Krieg wollte man die wertvolle Truhe wieder heben. Doch als man es fast geschafft hatte, kam „der Leibhaftige auf einer Wildsau" aus dem gegenüberliegenden Hang angeritten. Vor Schreck ließen die Männer die Truhe fallen (Frauen durften damals nur tanzen, keine Schätze heben!), und so verschwand das Gold für immer in dem Loch. Sollten Sie also gerade wieder mal in Geldnot sein …

(Quelle: Raum, S. 110–112)

(Rausch gibt's später!). Vorher biegen Sie aber im Wald nach links ab, immer noch dem ·34· folgend.

❋ Nach einem kurzen Stück auf der Straße erreichen Sie wieder den Wanderparkplatz. Jetzt können Sie alles nachholen, was vorher nicht möglich war: Wellness, Alter-Fritz-Besteigung, Lamatour, Spielplatz und sogar ein ordentlicher Wurmrausch.

## SEHENSWÜRDIGKEIT:

❋ **Burg Lichtenegg 3:** Hochmittelalterliche Adelsburg; erste Erwähnung vor 1300, aber vermutlich wesentlich frühere Besiedlung. Zeitweise im Besitz der Reichsvogtei Nürnberg, aber häufig wechselnde Besitzer. Zerstörung im 15. Jahrhundert. Seit 1998 im Besitz der Gemeinde Birgland, frei zugänglich. Vitrine mit Exponaten im Eingangsbereich der Burg. Gastrotipp: Es gibt zwei Grillstellen. Bring your own sausage!

TOUR 22

# NEUHAUS – TRAUTENBERG

## HAIDENAAB ODER FICHTELNAAB? ODER DOCH WALDNAAB?

15,4 KM / 4:30 H / 244 HM

Zum Ende des Kalten Krieges schob Fahnenjunker L. in seinem Panzer Wache an einer Kreuzung irgendwo in der nördlichen Oberpfalz. Er kannte sie damals noch kaum. Nach einiger Zeit ereignislosen Wartens kam der stellvertretende Bataillonskommandeur [die Nr. 2] vorbei: „Fahnenjunker L., wie ist die Lage?“ – „Der Feind steht 17 km diese Richtung an der Haidenaab!“ – „Das stimmt nicht“, wurde L. korrigiert. „Der Feind steht 34 km diese Richtung [zackig in dieselbe Richtung zeigend] an der Waldnaab.“ – „Jawohl.“ Kurze Zeit später kam der Bataillonskommandeur [die Nr. 1 – Ober sticht Unter] vorbei. „Fahnenjunker L., wie ist die Lage?“ – „Der Feind steht 34 km diese Richtung an der Waldnaab.“ – „Das stimmt nicht, der Feind steht 17 km diese Richtung [zackig in dieselbe Richtung zeigend] an der Haidenaab.“ – „Mit Verlaub, aber hier scheint Verwirrung zu herrschen …“ Vielleicht ein böswilliges Täuschungsmanöver der Kräfte von „Rotland“, wie es damals noch hieß?

Am Ende des Tages kannten einige Herren der Artillerie die Hydrographie der Oberpfalz besser als noch bei Tagesanbruch, Fahnenjunker L. eingeschlossen.

Am Ende dieser aussichtsreichen Tour werden Sie noch viel mehr kennen als zwei der drei Naabflüsse. Sie werden sich den sprichwörtlichen Überblick verschafft haben.

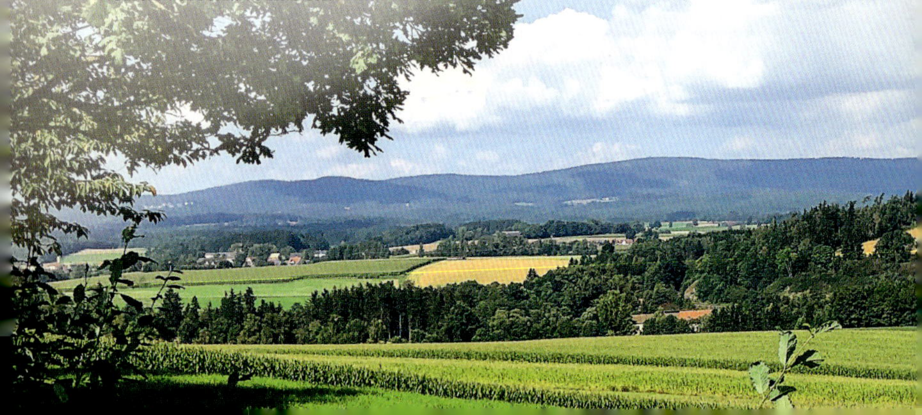

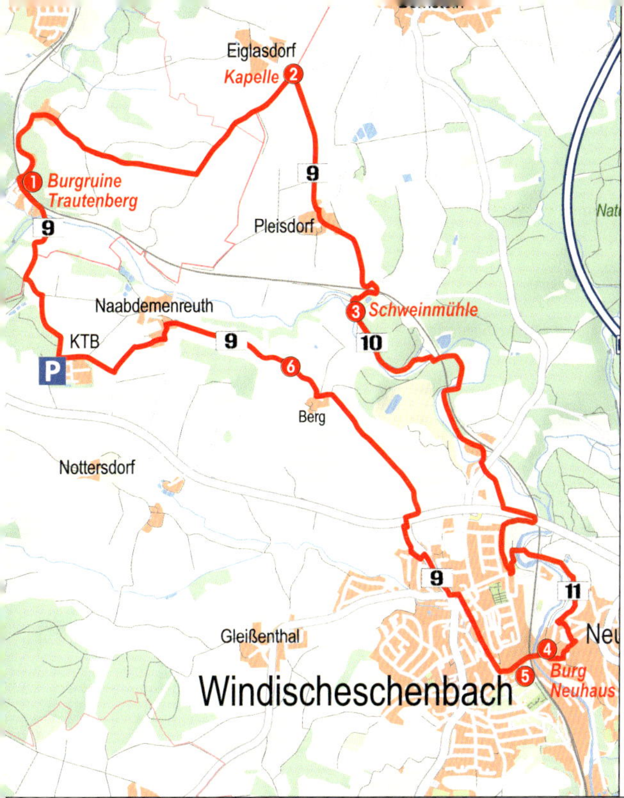


INFO:

**Kontinentales Tiefbohrprogramm KTB – Burgruine Trautenberg – Schweinmühle – Haidenaab – Waldnaab – Zoiglstädte Neuhaus und Windischeschenbach – Burg Neuhaus – Fallkörpersperre – herrliche Blicke auf Steinwald und Oberpfälzer Wald – 3 Kapellen – Kirche St. Agatha**

**Anfahrt:** Autobahn A93, Ausfahrt 20 „Windischeschenbach"; Richtung Erbendorf, dann zum KTB (Kontinentales Tiefbohrprogramm) nach rechts abbiegen

**Parken & Navi:** 92670 Windischeschenbach, Am Bohrturm 1

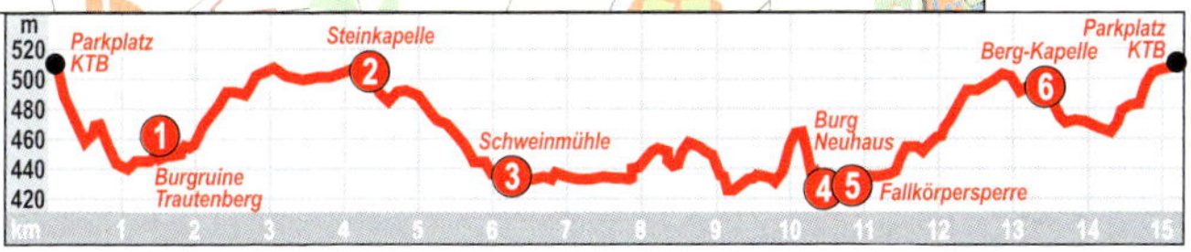


## WEGBESCHREIBUNG:

Diese Wanderung starten Sie vom **KTB.** Besichtigung vorher oder nachher ist möglich – und sogar empfehlenswert.

Bei der Einfahrt zum Parkplatz führt ein zunächst mit Asphaltstücken durchsetzter Weg am Waldrand nach unten. Folgen Sie diesem Weg bis zur Fahrstraße, an welcher Sie (an der Birke) nach links abbiegen. Am Waldrand biegen Sie nach rechts ab. Schilder von Weg Nr. **9** finden Sie hier wieder.

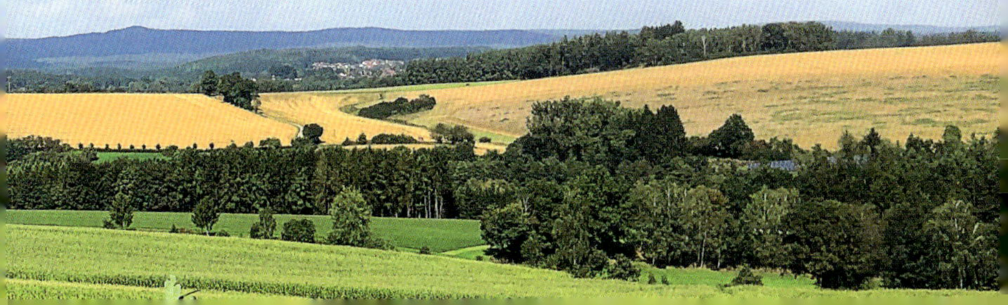

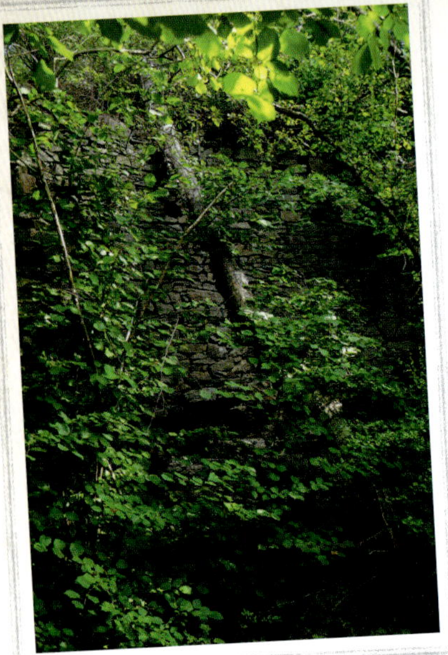

Der letzte Rest von Burg Trautenberg – die zweitälteste Burg im süddeutschen Raum!

Unten angekommen geht es über die **Fichtelnaab.** Folgen Sie der Straße durch die Rechtskurve durch die Bahnunterführung. Unmittelbar danach steigt im Wald ein verblassender Trampelpfad zu den kläglichen Überresten von **Ruine Trautenberg** 1 auf. Abstieg wie Aufstieg!

Danach geht es durch den „interessanten“ Ort Trautenberg idyllisch weiter, dann hinauf nach Lehen, wo Sie nach rechts – weiter bergauf – abbiegen. An der letzten Scheune geradeaus, weiter auf Nr. 9 . Feldweg. Nach 200 Metern bei der Gabelung links halten, dann geradeaus auf das Wäldchen zu, das Sie rechts passieren.

An der nächsten Kreuzung biegen Sie nach links ab (Kontrolle: gelber Gassichtmarker nach wenigen Metern). Sie gehen diesen Weg bis zur **Steinkapelle** 2 an der Kreuzung nach Eiglasdorf. (Von hier oben sehen Sie im Osten den Oberpfälzer Wald, aus dem leicht rechts der Kegel der Ruine Flossenbürg herausragt, im Norden begrenzt der Steinwald die Sicht.) An der Kapelle biegen Sie nach scharf rechts ab, weg vom Ort. Nach Überschreitung der Kuppe gelangen Sie nach **Pleisdorf,** lassen die blaue Kapelle links liegen, durchqueren den Ort, gehen am Backofen links vorbei und folgen der Straße nach Schweinmühle hinunter. Nach Unterquerung der Bahnstrecke rechts.

Wanderromantik an der Fichtelnaab

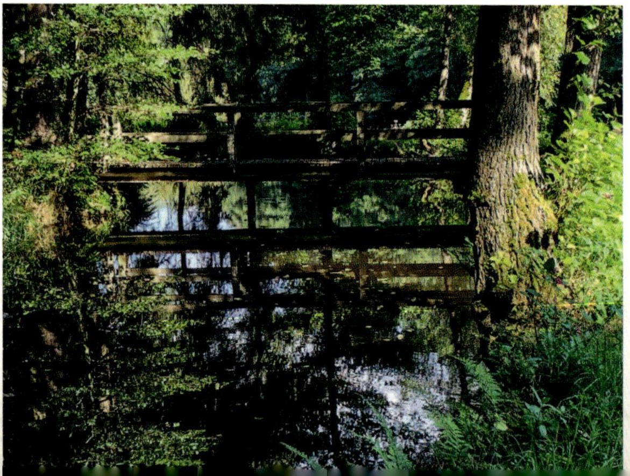

Wegkapelle bei Eiglasdorf

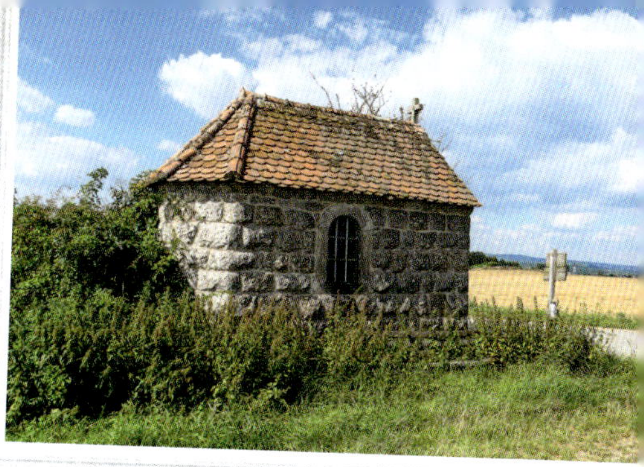

Spätestens seit meiner Übernachtung auf **Schweinmühle** 3 im Zelt gleich neben dem Schweinestall, weiß ich, wie Schweine riechen und klingen. Apropos: Wenn Sie Kinder dabei haben, dann schicken Sie die auf den Streichelzoo der Anlage, während Sie selber im Biergarten ein Zoiglbier testen. Danach knicken Sie nicht ein, sondern nach dem **Triebwerkskanal** scharf links ab, um zwischen dem Kanal und Fichtelnaab den Gewässern auf wunderbaren Wandermetern zu folgen. Vor Wiesenthal überschreiten Sie die erste Fußgänger-Stahlbrücke nach rechts, dann links unter der Eisenbahnbrücke durch. Nach einem Rechtsbogen am Waldrand entlang die zweite Stahlbrücke (diese hat einen spannenden Bogen).

Beim Sägewerk (samt Nepomukschrein) erreichen Sie die **Oberbaumühle.** Gleich nach der Brücke sehen Sie links einen Trampelpfad, der unter den südlichen Aufleger der großen Brücke hinaufführt. Folgen Sie diesem Pfad zwischen Gartenanlage und Feld entlang, bis Sie wieder auf einen Schotterweg stoßen, der entlang der Großen Straße nach Osten [links für Sie] führt. Wenn Sie auf diesem Schotter-Feldweg bleiben, können Sie den westlichen Brückenaufleger gefahrlos „untertunneln". Auf der südlichen Seite geht es am Waldrand entlang, später, bei den Häusern, heißt der Weg „Am Pfaffensteig".

In der Rundschleifstraße stoßen Sie auf einen Torbogen, der Sie an Stonehenge erinnert, auch wenn Sie vielleicht noch gar nie dort waren. Hier geht es schotterwegmäßig steil bergab. Auf geht's! Unten nicht zum Spielplatz, sondern nach links zur nächsten Eisenbrücke. Nach der zweiten, kleinen Brücke schlagen Sie scharf nach rechts den Saumpfad an der **Waldnaab** entlang ein. Auf diesem Weg bleiben Sie und folgen dem Mühl(wasser)graben haarscharf zu seiner Linken (nicht hineinfallen wäre super!).

Ein gutes Stück später gesellt sich der Goldsteig dazu, der bei drei kleinen Teichen nach links oben ansteigt. Lassen Sie ihn, er kann nicht anders. Sie selbst gehen mehr oder weniger am Wasser entlang auf Weg Nr. **11** . Dieser

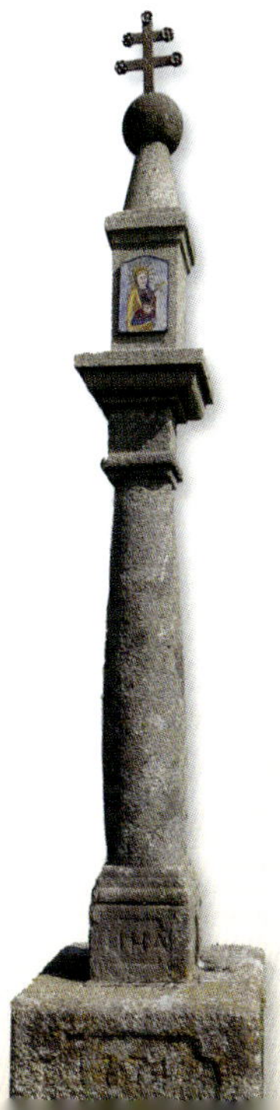

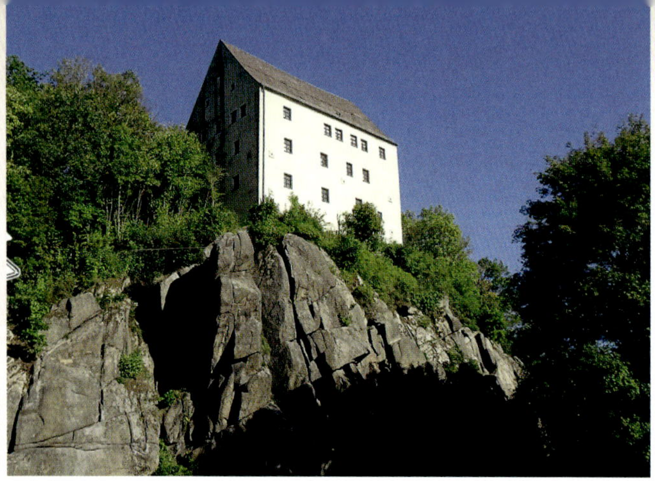

Burg Neuhaus: ein befestigtes Jagdschloss; der massive Butterfassturm versteckt sich verschämt dahinter

Weg bringt Sie nach **Neuhaus** hinauf, welches Sie in der Neuhauser Straße erreichen. Ein kurzes Stück auf Letzterer bergab und dann in den Fuhrweg. Nur Mut, hier kommen Sie durch, auch wenn es wie ein Privatweg aussieht. Noch die Treppe hoch und Sie sind in Neuhaus.

An der **Kirche St. Agatha** (sehenswert) vorbei (oder auch hinein). Am Marktplatz haben Sie diverse Einkehrmöglichkeiten. Gleich nach dem **Zoiglbrunnen** nehmen Sie die Burgstraße und folgen dieser (Überraschung!) bis zur **Burg Neuhaus** 4 mit dem **Butterfassturm.** Danach Abstieg über den Burgsteig und unter der Bahnlinie hindurch. Auf der anderen Seite der Bahnunterführung steht die **Fallkörpersperre** 5. Weiter bis zur Hauptstraße. Auf dieser nach rechts. Aber hier folgen Sie den Schildern Nr. **9** bzw. dem „Fußweg zum KTB" bis zum KTB zurück: Stadtplatz, Erbendorfer Straße, kurz nach links durch das Wohngebiet ausweichen, die St 2181 überqueren, kurz nach rechts, dann nach links hinauf, am Steinbruch (= Biotop) vorbei, in Berg nach rechts abbiegen, vorbei an der Berg-Kapelle 6, in Naabdemenreuth nach der ersten Scheune links halten und beim nächsten, orangen Haus wieder halbrechts, hinauf zum KTB, wo das Auto steht.

Fallkörpersperre

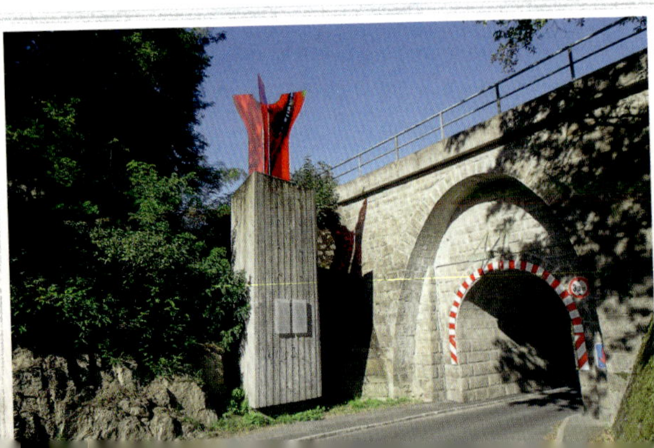

## HIGHLIGHTS DER TOUR:

**Burgstall Trautenberg 1:** Diese Burg – oder das, was davon übrig ist – war neben Burg Scheyern eine der ältesten Burgen im süddeutschen Raum. Sie war Stammsitz der Herren von Trautenberg, die hier seit dem 10. Jahrhundert lebten. Erste historisch belegte Person ist Marquard de Trutenberch. Irgendwann bauten sie sich eine neue Burg in Reuth und verscherbelten sie an ihre Verwandten, die Pfreimder.
Aber die hielten sie auch nur bis 1412 und überließen die Anlage wechselnden Besitzern, bis endlich ein Hans Georg von der Grün das Schloss unterhalb der Burg baute. Offensichtlich hatte man keine Lust mehr auf Burgenromantik – oder man brauchte sie schlichtweg nicht mehr. Das Schloss gehört heute den Freiherren von Lindenfels, von der Burg sind nur noch ein Graben und eine Schildmauer übrig.

**Burg Neuhaus 4:** Wollte man den Begriff „Spornburg" erklären, würde man wohl auf Burg Neuhaus zurückgreifen! Mächtig thront sie über dem Waldnaabtal. Dass es sich um eine Burganlage handelt, sieht man der Anlage allerdings erst an, wenn man den dazugehörigen Butterfassturm dahinter erblickt. Das liegt daran, dass Burg Neuhaus ein befestigtes Jagdschloss und keine Ritterburg ist.
Als Erbauer (um 1300) wird Landgraf Ulrich I. von Leuchtenberg (den kennen wir von Tour 5) geführt. Mehrmalige Verpfändung an das Kloster Waldsassen, an welches man die Anlage 1515 verkaufte. Das Kloster setzte dort einen Klosterrichter ein, und man nutzte das Gebäude bis 1803. Danach kaufte der Markt das Gebäude und richtete später darin das Waldnaabtalmuseum ein.
Nach Besichtigung des Museums samt Turmbesteigung geht es zum Zoigl in den Ort! www.windischeschenbach.de

**Fallkörpersperre 4:** Kalter Krieg. Wäre der böse Feind angerückt, hätte man den 50-Tonnen-Betonkeil unten angesprengt, er wäre vor die Durchfahrt gekippt und hätte so für Frieden und Sicherheit gesorgt. Erbaut in den 1970ern. Heute dient die Sperre als Sockel für ein gläsernes Kunstwerk, das auch und gerade in der Nacht sehenswert ist. Gehen Sie nach dem Zoigl hin, dann sehen Sie gleich zwei davon!

# HACKELSTEIN – WEISSENSTEIN

## LEUCHTEND-KRÖNENDER ABSCHLUSS AUF DEM STEINWALD

15,8 KM / 5 H / 314 HM

(20,3 KM / 6 H / 412 HM MIT ABSTECHER ZUR PLATTE)

Bei 82,42 Prozent meiner bisherigen Besuche auf Ruine Weißenstein lag Schnee (was daran liegen dürfte, dass Winter war). Ich kann Ihnen diese Kombination aus Jahreszeit, Wanderung und Burg nur wärmstens empfehlen!

Der Steinwald – der zweitkleinste der 19 bayerischen Naturparks – ist durchzogen von breiten Wegen. Und da man wegen der Tierwelt diese Wege natürlich nicht verlässt, muss man das Abenteuer hier anderweitig suchen. Also warten Sie den Wetterbericht ab, bis er wieder Schnee meldet, und dann nichts wie raus.

Es gibt viele kürzere Wege von diversen Parkplätzen zur Ruine Weißenstein, aber wollen wir wirklich unsere solitären Wanderimpressionen auf Wegen gewinnen, die von schweinebratenverdauenden Sonntagsspaziergängern überrannt sind? Ich denke nicht.

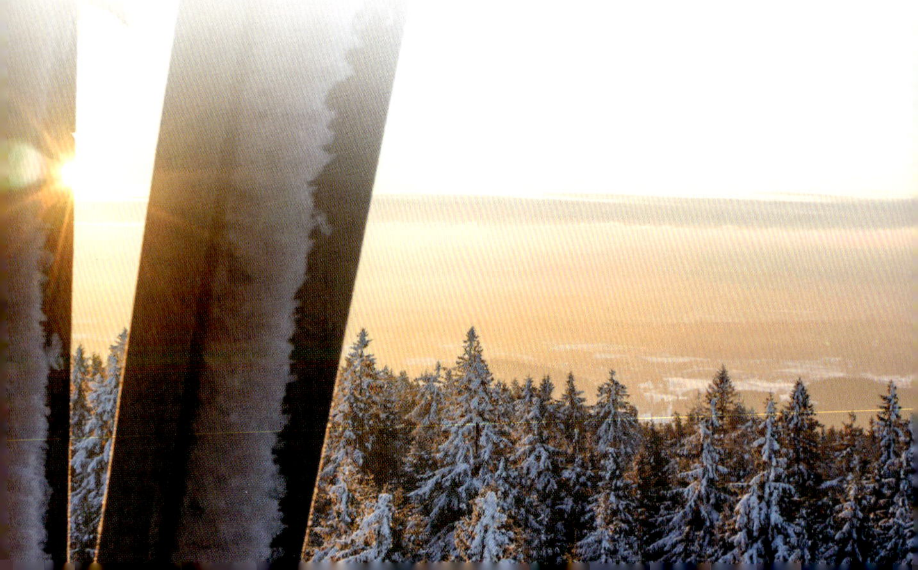

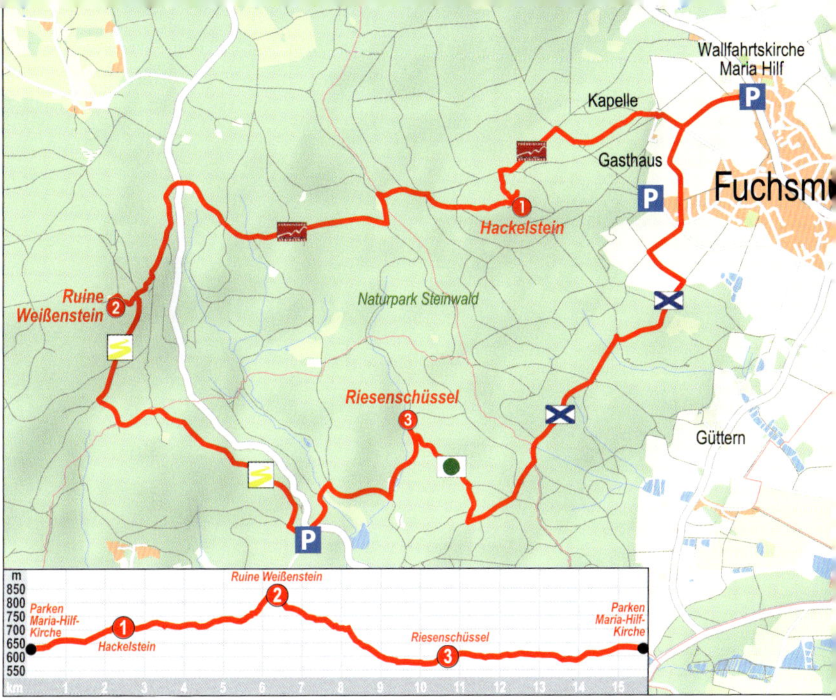


## WEGBESCHREIBUNG:

Sie starten diese Tour an der weithin sichtbaren **Maria-Hilf-Kirche** von Fuchsmühl. Folgen Sie der Steinwaldstraße hinaus aus dem Ort und hangeln Sie sich – inkl. Rechtsknick – an den Stationen des Kreuzwegs hinauf zur **Maria-Frieden-Kapelle** am Waldrand. Der Blick über das Stiftland stimmt Sie auf die Wanderung ein! An der Kreuzung bei der Kapelle finden Sie u. a. den Wegweiser des Fränkischen Gebirgswegs und auch schon den Hinweis zur Ruine Weißenstein. Folgen Sie den Schildern auf einer Länge von 5,4 Kilometern. Unterwegs erreichen Sie den **Hackelstein** (1) sowie weitere Felsformationen (teilweise kurze Abstecher). Einen Kilometer vor der Burg überqueren Sie die Staatsstraße.

## INFO:

**Wallfahrtskirche Fuchsmühl – Hackelstein – Kiebitzstein – Ruine Weißenstein – Riesenschüssel**

**Anfahrt:** Autobahn A93, Ausfahrt 18 „Wiesau"; der Straße an Wiesau vorbei nach Fuchsmühl folgen

**Start:** An der Wallfahrtskirche Maria Hilf

**Navi:** 95689 Fuchsmühl, Marienstraße 43

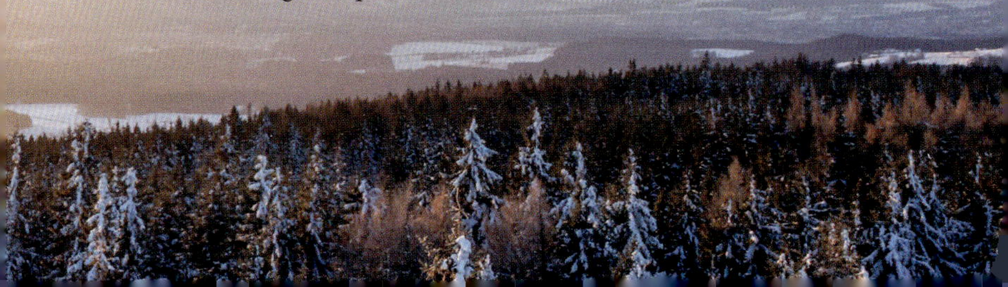

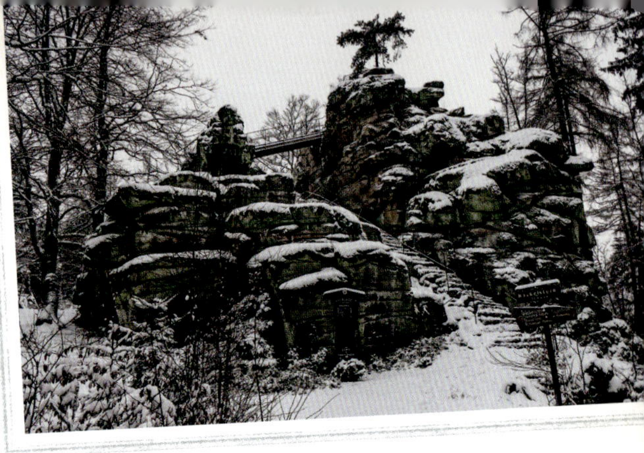

Hackelstein

Kurz später Gipfelsturm. 200 Meter unterhalb der Burg erreichen und queren Sie eine Forststraße und folgen ab hier auch dem Goldsteig hinauf zur Burg. Auf halbem Weg führt der Weg kurz nach links zum Felsentor **Kiebitzstein.** Nach der Burgbesichtigung geht es vom „Lassopunkt" auf der Forststraße auf dem Goldsteig weiter. (Vielleicht sind Sie den langen Abstecher bis zum Oberpfalzturm auf der Platte gegangen. Respekt. So oder so geht es hier weiter!)

Lassopunkt, Goldsteig. Hier den zuverlässigen Schildern auf einer Länge von knapp drei Kilometern bergab folgen. Am Ende unserer Goldsteigepisode landen Sie am **Zimmerplatz.** Während der Goldsteig nach Friedenfels hinunterführt, überqueren Sie erneut die Staatsstraße. (Diese Straße ist unter dem Namen **Rennstrecke** bekannt. Heute lässt man die Rennen aus der Mitte des letzten Jahrhunderts mit Oldtimern wiederaufleben!) Beim Wanderwegenetzpunkt 105 folgen Sie dem Weg in den Wald hinein.

Nach knapp 400 Metern erreichen Sie am tiefsten Punkt der Tour eine Waldwegekreuzung. Zwar steht am halblinks abzweigenden Weg (samt Bank, Marterl und Wanderschild 12) das Hinweisschild zur Felsformation **Riesenschüssel** 3**.** Ich würde aber

## SAGENHAFTES:

Die Felsformationen reg(t)en die Menschen immer zu Assoziationen an, die oft mit Riesen oder dem Teufel zu tun hatten.

Wesentlich konkreter ist die Erzählung von der Wisstensteiner Burgfrau, wie Manfred Böckl (Böckl, S. 168 f.) sie beschreibt: Im Jahr 1248 musste der Burgherr zu einem Kreuzzug aufbrechen und ließ seine junge Braut, Böckl nennt sie Nora, zurück. Kaum alleine, wurde die Frau von Ängsten geplagt: Was, wenn der Gatte den Tod findet? Dann werde ich nie Mutter gewesen sein. Die Ängste entluden sich in wildem, wochenlangem Sex, als ein Troubadour auf der Burg Station machte. (Er spielte seine Laute, sie gab wilde Laute von sich …) Die Folge blieb nicht aus: Murphy beschenkte die Frau mit Drillingen. Was tun mit dem Œuvre des fahrenden Sängers? Die Lösung schien eine Magd namens Kreszenz zu sein. Sie gab der Brut die Brust und nahm sie dazu mit in den Wald zu sich. Von wegen aus den Augen, aus dem Sinn! Erneut plagten Nora Gewissensbisse. Sie suchte die Magd auf und überredete sie (mit Goldstücken), die Kinder zu erschlagen. Die einfache

… Fortsetzung nächste Seite

die Abzweigung nach rechts empfehlen. (Sie finden vermooste Grüne Punkte an den Bäumen ●.) Nach einem knappen halben Kilometer erreichen Sie eine weitere Kreuzung. Hier biegen Sie nach links ab (Kontrolle: MTB-Weg Nr. 4/Wanderwegenetzpunkt 103). Die Riesenschüssel ist erneut ausgeschildert. (Kontrolle: Sie passieren gleich danach einen Teich zu ihrer Linken.)

Nach ein paar Minuten leichtesten Aufstiegs geht nach scharf rechts ein unbeschilderter, kleiner Forstweg ab. Hier gehen Sie nach Bestaunung und Besteigung (?) der Riesenschüssel (wenige Meter weiter auf dem Hauptweg) weiter! Bleiben Sie 10 Minuten auf diesem Weg. Er endet an einer T-Kreuzung mit Baum in der Mitte. Biegen Sie nach links ab.

Wenig später finden Sie links eine Bank mit Bildstock davor. Sie sind jetzt auf Weg Nr. 13. Etwas später stoßen Sie auf die Beschilderung ✕. Diese beiden Schilder (blaues Andreaskreuz und 13) bringen Sie zuverlässig nach Fuchsmühl zurück. Vor Fuchsmühl stoßen Sie noch auf den Lehrpfad, der einen Fuchs als Logo hat. Klingt irgendwie logoisch. [sic]

Durch Fuchsmühl hindurch bis zur Kirche gibt es mehrere Wegealternativen. Wenn Sie sich für die Variante am Waldrand nach links herum entscheiden, kommen Sie direkt am Gasthaus **Zum Hackelstein** vorbei. Eine Stärkung haben Sie sich in jedem Fall verdient!

## SEHENSWÜRDIGKEITEN:

**Wallfahrtskirche Maria Hilf:** Normalerweise werden Berge erodiert, heißt: durch Wind und Wetter abgetragen. Bei der Wallfahrtskirche Maria Hilf war das gleichermaßen der Fall, was bei der exponierten Lage auch kein Wunder ist. 1726 wurde sie als Nachfolgerin einer kleinen Mariahilfkapelle fer-

Magd, vom Geld gelockt, folgte der Rabenmutter zur Fichtelnaab, aber die Kinder zu erschlagen, das war ihr dann doch einen Zacken zu heftig, und sie ließ Nora selbst ihr Werk verrichten (deren Logik lautete: Die Kinder sind zu jung für eine Sünde, also kommen sie auch ins Paradies.).

Einige Zeit später kam der Gatte zurück, schwer gebeutelt, aber lebendig. Nun wurde die Magd von Gewissensbissen geplagt und outete sich gegenüber dem Ritter, als dieser einmal bei der Jagd in die Nähe ihrer Höhle kam.

Am Ende überführte der betrogene Ehemann seine Frau mit einer List: Er ließ drei Reiter zur Burg kommen – schwer verhüllt. Sie berichteten von einer Kindsmörderin und fragten den Burgherren um einen Richterspruch. Der gab die Frage direkt an seine Gattin weiter, die – mit brüchiger Stimme – antwortete, dass so eine Mutter den Tod verdient hätte. Danach ließen die Reiter die Kapuzen fallen. Die Magd war eine davon. Damit hatte Nora ihr eigenes Todesurteil gesprochen.

„Und wenn sie nicht gestorben sind …" trifft hier bestenfalls auf Ritter und Magd zu.

GASTRONOMIE:

**Gasthaus zum Hackelstein**
Steinwaldstraße 43
95689 Fuchsmühl
www.hackelstein.de

RITTERWITZ:

Ein Ritter rüstet sich zum Kreuzzug. Er legt seiner bezaubernden Gemahlin den Keuschheitsgürtel an und übergibt den Schlüssel dem zurückbleibenden jüngeren Bruder.

Dann bricht er auf gen Jerusalem.

Es dauert nicht lange, da holt ihn der Bruder ein: „Du hast mir den falschen Schlüssel gegeben …"

tiggestellt – mit Türmen und Helmen. Heftige Stürme zerfetzten im Lauf der Jahre, was zu weit in den Himmel ragte. Jetzt stehen nur noch die Turmrümpfe als Markenzeichen des Ortes.
Die Wallfahrt geht auf mehrere brennende Lichter und göttliche Stimmen zurück, die nacheinander verschiedene Herren im 17. Jahrhundert anwiesen, hier diese Kapelle zu bauen.
www.mariahilf-fuchsmuehl.de/

**Burgruine Weißenstein 2:** Wer denkt, der Name leite sich von dem weiß leuchtenden Stein der Burg ab, irrt. Schon vor ihrem Bau hieß der Felsen so, was grob gesagt die Gleichung „Kelten & Stein der Weisen" ergeben könnte.
Erste urkundliche Erwähnung dieser Burganlage am 12. März 1279. Obwohl es ein Sonntag war, bezeugte ein Wolff de Wisstenstein eine Urkunde. Damals war es noch eine kleine, straßensichernde Burganlage. Von den Weißensteinern ging die Burg um 1300 an die Notthaffts über. Diese erhielten 1339 die Erlaubnis, die Burg größer auszubauen. Danach wechselnde Besitzer, teilweise auch mehrere gleichzeitig (Ganerbenburg). Aufgabe nach 1560. Heute ist Eberhard Freiherr von Gemmingen-Hornberg (dem der gesamte Steinwald gehört) Besitzer der Burg. Fast vollständiger Verfall bis 1995. Die Gesellschaft Steinwaldia Pullenreuth e.V. restaurierte die Burg zwischen 1996 und 2000. Danke dafür!

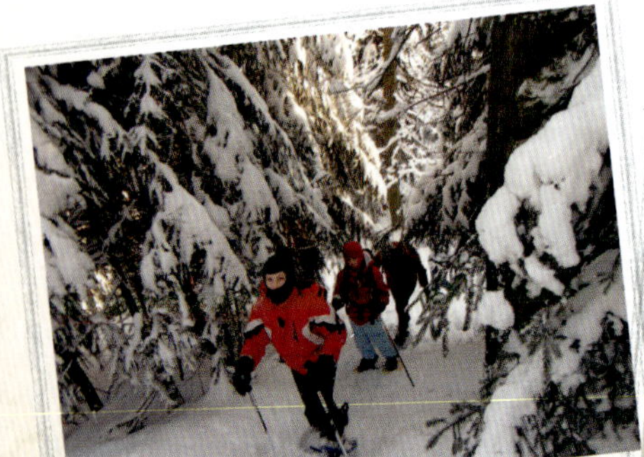

Der Vorteil von Winterwanderungen liegt in der ubiquitären Erfrischungsmöglichkeit!

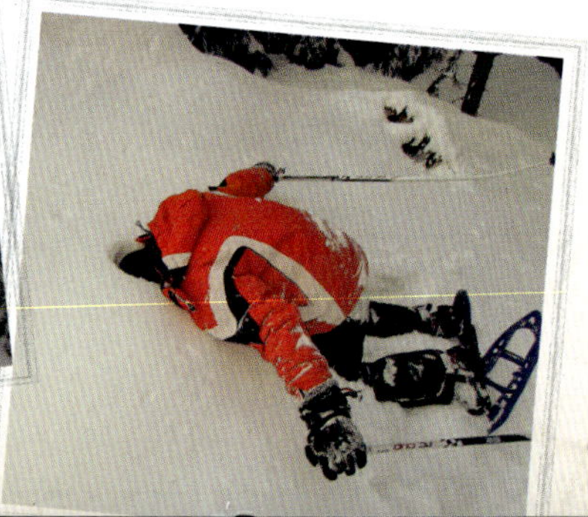